中央高校基本科研业
Fundamental Research Fu

社会工作介入社区矫正的本土经验研究：基于京沪等地的实践

方舒 胡洋 著

A Study on the Indigenous Experiences of
Social Work Intervention in Community Correction:
Practices from Beijing and Shanghai

中国财经出版传媒集团
经济科学出版社
Economic Science Press

图书在版编目（CIP）数据

社会工作介入社区矫正的本土经验研究：基于京沪等地的实践/方舒，胡洋著.—北京：经济科学出版社，2018.4

ISBN 978-7-5141-9220-9

Ⅰ.①社… Ⅱ.①方…②胡… Ⅲ.①社会工作-作用-社区-监督改造-研究-中国 Ⅳ.①D926.74

中国版本图书馆 CIP 数据核字（2018）第 076809 号

责任编辑：王　娟　张立莉
责任校对：王肖楠
责任印制：邱　天

社会工作介入社区矫正的本土经验研究：基于京沪等地的实践
方　舒　胡　洋　著
经济科学出版社出版、发行　新华书店经销
社址：北京市海淀区阜成路甲 28 号　邮编：100142
总编部电话：010-88191217　发行部电话：010-88191522
网址：www.esp.com.cn
电子邮件：esp@esp.com.cn
天猫网店：经济科学出版社旗舰店
网址：http://jjkxcbs.tmall.com
北京季蜂印刷有限公司印装
710×1000　16 开　16 印张　280000 字
2018 年 8 月第 1 版　2018 年 8 月第 1 次印刷
ISBN 978-7-5141-9220-9　定价：58.00 元
(图书出现印装问题，本社负责调换．电话：010-88191510)
(版权所有　侵权必究　举报电话：010-88191586
电子邮箱：dbts@esp.com.cn)

本书获批"中央财经大学学术著作出版资助"。

本书是司法部国家法治与法学理论研究项目"社会工作参与社区矫正的本土经验研究"（项目号13SFB3018）的最终成果。

本书同时受中央财经大学"第三批青年创新团队""本科专业提升计划"及"中央财经大学社会与心理学院学科推进计划"支持。

目　　录

第1章　导论 ··· 1
  1.1　研究问题的提出 ·· 1
  1.2　已有的研究基础 ·· 5
  1.3　本书的视角 ·· 9
  1.4　研究思路与方法 ··· 13
  1.5　研究实施过程 ··· 16
  1.6　研究的主要内容 ··· 22

第2章　社会工作介入社区矫正相关问题 ·························· 25
  2.1　创新社会治理与社会风险的管控 ···························· 25
  2.2　社会工作的福利属性 ······································· 30
  2.3　社区矫正体现了刑罚执行的福利转向 ························ 33
  2.4　社会工作与社区矫正的契合性 ······························ 40
  2.5　本章小结 ··· 45

第3章　社会工作介入社区矫正的理论基础 ························ 47
  3.1　人道主义的兴起与刑罚轻缓化 ······························ 47
  3.2　公民权利理论与社区服刑人员需求规范化 ·················· 52
  3.3　福利多元主义对社会工作和社区矫正的启示 ················ 56
  3.4　社会排斥与融合视角下的司法矫正社区化 ·················· 61
  3.5　积极福利理念与社区矫正现实功能的实现 ·················· 65

第4章　我国社会工作介入社区矫正的政策分析 ·················· 70
  4.1　我国社区矫正的政策演进 ··································· 70

4.2 当前社会工作介入社区矫正的政策发展 …………………… 78
4.3 当前社会工作介入社区矫正的政策不足 …………………… 87
4.4 本章小结 ……………………………………………………… 91

第5章 社会工作介入社区矫正的功能分析 …………………… 92
5.1 社区矫正对象的介入需要 …………………………………… 92
5.2 社会工作对社区矫正对象的积极功能 ……………………… 94
5.3 社区矫正社会工作的介入特点 ……………………………… 103
5.4 本章小结 ……………………………………………………… 107

第6章 社会工作介入青少年社区矫正实务 …………………… 109
6.1 国内外青少年社区矫正的发展历程 ………………………… 109
6.2 青少年社区矫正的价值和特色 ……………………………… 111
6.3 公众对青少年社区矫正的认知情况 ………………………… 113
6.4 社会工作介入青少年社区矫正服务策划 …………………… 118
6.5 社会工作介入青少年社区矫正实务过程 …………………… 123
6.6 社会工作介入青少年社区矫正实务经验 …………………… 130
6.7 本章小结 ……………………………………………………… 132

第7章 社会工作介入社区矫正的北京模式 …………………… 134
7.1 北京社区矫正发展历程与"北京模式"的形成 …………… 134
7.2 社区矫正"北京模式"的要素与结构 ……………………… 140
7.3 社会工作视野下的"北京模式" …………………………… 149

第8章 社会工作介入社区矫正的上海模式 …………………… 154
8.1 上海社区矫正发展历程与"上海模式"的形成 …………… 154
8.2 社区矫正"上海模式"的要素与结构 ……………………… 158
8.3 社会工作视野下的"上海模式" …………………………… 166

第9章 社会工作介入社区矫正的本土机制构建
——基于京沪模式比较的分析 ………………………… 172
9.1 社区矫正"京沪模式"的要素与结构比较 ………………… 172
9.2 社区矫正"京沪模式"的特色与优势比较 ………………… 176

9.3　社区矫正"京沪模式"的发展趋势比较 ················ 180

第10章　社会工作介入社区矫正的实践问题 ················ 183
　10.1　社会工作介入的矫正环节有限 ···················· 183
　10.2　社区矫正社会工作专业队伍发展不足 ·············· 195
　10.3　社会工作发展的独立性不强 ······················ 199
　10.4　本章小结 ······································ 202

第11章　社会工作介入社区矫正的国际经验 ················ 203
　11.1　美国社区矫正社会工作实践 ······················ 203
　11.2　加拿大社区矫正社会工作实践 ···················· 209
　11.3　英国社区矫正社会工作实践 ······················ 214
　11.4　日本社区矫正社会工作实践 ······················ 219
　11.5　本章小结 ······································ 224

第12章　发展中国特色社区矫正社会工作 ·················· 225
　12.1　社会工作在社区矫正领域的角色与作用 ············ 225
　12.2　我国社区矫正领域社会工作发展的现实问题 ········ 228
　12.3　社会工作本土化发展的反思与前瞻 ················ 232
　12.4　中国社区矫正制度与政策的改革与创新 ············ 237
　12.5　构建社会工作参与社区矫正的本土长效机制 ········ 243

第 1 章

导　论

1.1　研究问题的提出

本书主要解决的问题是：近年来，现代社会助人事业的社会工作是如何介入社区矫正创新实践中的，涉及的相关政策和介入过程是怎样的，是否可以总结出一定的经验，而本土社区矫正实践中社会工作介入机制将会怎样重构？之所以选取这一研究问题，与我国专业社会工作发展、社区矫正体制机制持续深入转型等宏观政策背景，有着密切而直接的联系。

改革开放以来，中国由计划经济体制转为市场经济体制，虽取得了举世瞩目的经济成就，创造了一个又一个经济增长的奇迹，但伴随着市场经济发展的还有各种接踵而来的城乡社会问题。在逐渐从城乡二元化结构格局中实现转型的过程中，城镇化的浪潮席卷了整个中国，大量的农村人口涌入城市，其中，作为经济增长、社会发展重心的城市，其社会治安、违法犯罪问题较为突出。

针对城市中的社会治安及违法犯罪问题，我国早在 20 世纪五六十年代就对一些量刑较轻、悔改意愿良好的违法犯罪分子实行了不同于在监狱中服刑和在劳动教养场所改造的制度，即以城市中的居民社区作为依托，系统地组织公安、司法等部门和共青团、工会、妇联等群众团体，依靠群众性自治组织如城市居民委员会，让那些违法犯罪分子在社区中由广大人民群众实施监督、教育和管教，并由一些公安、司法部门的行政人员定期地进行辅导和改造。这样的做法在当时取得了较为良好的效果。

在改革开放之初的 20 世纪 80 年代，由于违法犯罪率的抬升，政府在全社会进行综合的社会治安治理，我国的社区矫正再次得到发展，主要表现在社区被确定为矫正的重要主体和实施空间。城市社区居民委员会的工作人员、公安和司法部门的行政人员都致力于在社区中营造一个法治的氛围，如通过法制宣传日、法制宣传周、宣讲会、报告会、展览会等形式，树立和提高社区群众的法治意识，以此积极预防城市社会中的各类违法和犯罪行为，也为身处社区中的矫正对象提供一个较为良好的矫正环境。

尽管如此，我国本土的社区矫正发展仍是不足的。早在20世纪初期，西方学者就对个人犯罪的动机和原因从个人和社会两个维度进行深入探讨，认为单纯的监狱服刑手段不足以从根本上解决违法犯罪问题，必须在此基础上辅以对服刑人员开展诊治性的心理辅导和行为矫治，以实现其再社会化，重新融入正常的社会生活。西方犯罪矫治领域据此理念产生了对专业矫正社会工作者的需求。然而，我国当前社区矫正领域中，一线的矫正工作队伍中缺乏相对比较专业的社区矫正社会工作者。负责对社区矫正对象实施心理辅导和行为矫治的是公安或司法部门的公职人员，他们虽然执法经验丰富，但缺乏系统的专业服务素养，与矫正对象的接触方式也偏向于简单和强硬，使社区矫正工作往往不便于开展甚至流于形式。此外，由于社会公众对社区矫正社会工作的不熟悉、不了解和对违法犯罪分子存在抵触情绪，社区矫正队伍中理应发展壮大起来的社区志愿者力量，现实中也是极为欠缺的。在这样的复杂环境下，社区矫正对象往往无法获得很好的矫治效果。于是，我国本土的社区矫正创新发展适时而生。

自2003年以来，我国政府开始大力推进社区矫正的创新发展，社区矫正试点工作在一些省市开展起来。其中，北京、上海、江苏、河北等很多地方都较早地将现代助人事业——社会工作运用于社区矫正中，并积极实践、探索出了一系列各具特色的本土社区矫正社会工作的体制机制。2011年初的《刑法修正案（八）》的一系列加减乘除，使我国的社区矫正事业真正实现了"有法可依"[①]。2012年1月初，由"两高""两部"公布的《社区矫正实施办法》的第3条就明确规定，"社会工作者和志愿者在社区矫正机构的组织指导下参与社区矫正工作"[②]，赋予了社会工作参与社区矫正新的使命和要求。可见，发展社区矫正，必须广泛动员社会力量参与社区矫正工作，必须建立健全社会工作者和社会志愿者的聘用、管

---

① 刘武俊：《2011年中国法治亮点回眸与2012年中国司法前景展望》，载《民主与科学》2012年第1期。

② 郝赤勇：《按照社会管理创新要求推动社区矫正工作深入发展》，载《中国司法》2011年第2期。

理、考核、激励机制。

尤其是我国的《社区矫正实施办法》明确规定，社区矫正是一项严肃的刑罚执行活动，必须有一支职业化、专业化、规范化的执法队伍作为组织保障。同时，考虑到社区矫正的社会性，应当充分依靠社会力量开展工作。因此，各地为顺应社区矫正工作的性质要求，建立了以司法行政机关执法工作者为核心、社会工作者为辅助、社会志愿者为补充的"三位一体"的社区矫正工作队伍。其中，涉及社会化、专业化队伍建设的包含两个方面：一方面是建立社会工作者队伍，联合或委托人力资源和社会保障部门，采取政府购买服务、社会公开招聘等方式，使更多具有社工资质的人员担任社区矫正社会工作者，在社区矫正执法工作者的指导下，承担联系沟通社区矫正人员、开展"一对一"或"多对一"的谈话教育、心理矫正、社会适应性帮扶等专业化工作；另一方面是建立社区矫正工作志愿者队伍，联合群团组织、志愿组织面向社会招募热心社区矫正工作、具有教育学、心理学、社会学等专业知识的人员担任社区矫正工作志愿者，与社区矫正社会工作者一起协助执法工作者开展工作。

我国社区矫正试点工作的推进得益于一些地方主动的工作创新。比如，作为第一批试点地区的上海市2003年就提出"政府主导推动、社团自主运作、社会多方参与"的总体工作思路。上海市的每个区、县司法局专职从事社区矫正工作的人员一般是2人，每个街镇（乡镇）司法所都有1名专职干部负责社区矫正工作。同时，通过政府购买服务方式，培育各类社会组织参与社区矫正工作，成立了民办非企业的社工组织机构。政府出资向社工组织机构购买服务，按照与社区矫正人员1∶50的比例配备社工，派到司法所从事社区矫正工作。此外，上海市还成立了社会帮教志愿者协会，吸纳企业、个人等会员为社区矫正人员提供帮扶。又比如，江苏全省招聘了2100名专职工作者，这支队伍主要来源于大学毕业生、企业下岗人员、退休后的村支书、村（居）委会主任，他们协助司法所对社区矫正人员进行教育帮扶、心理矫正等；同时招募了5万多名有一定法律政策水平和专业知识，热心社区矫正工作的社会志愿者，经司法行政部门和志愿者组织登记，自愿协助开展社区矫正工作[①]。

各地通过不断探索，近年来逐步建立了一支由司法行政部门执法工作者、一定比例的具有相关教育背景、良好专业素质的社会工作者、社会志

---

① 司法部：《社区矫正实施办法》解读（一），中华人民共和国司法部网站，2016年6月2日。

愿者的社区矫正工作人员队伍，共同承担社区矫正的工作任务，较好地满足了当前工作的需要，也为社区矫正事业的长远发展提供了人才保障。可见，经过10余年的部门创新、地方经验和顶层设计，我国本土社区矫正已积累了较为雄厚的基础和相当成熟的经验。

北京市作为我国较早将社会工作介入社区矫正的地区，近年来在北京市委、市政府大力支持和各区县以及司法、民政等部门的积极推动下，在建设专业机构、壮大人才队伍和创新矫正方法上业已取得了诸多进展。同时，北京市推进社区矫正服务的创新发展起步也较早，相比于其他后发推进社区矫正的城市来说，经验也是更为丰富的。此外，多年来北京市政府一直大力支持社区的各方面发展，有了政府的资金和政策支持，越来越多的社区拥有了更加完善的基础设施，开展社区矫正服务项目的各种条件也就更加完备。同时，通过法制宣传，社区居民群众的法治意识也在提高，对违法犯罪人群有了更全面的评价，对社区矫正这种新型服刑形式也有了更深入的认识，更加有利于社区矫正项目的开展。

然而，我国社区矫正社会工作目前尚处于起步阶段，现实实践中存在不少问题。本书指出，在当前的社区矫正社会工作发展进程中，仍然存在着诸如专业社会工作者在社区矫正中作用有限，专业社工机构在社区矫正领域发展受阻，社区矫正社会工作者职业制度缺位，以及社会工作参与社区矫正的法制不健全等制度和实践层面的问题。这些问题也绝不只是出现在一两个地区，而是较为普遍的存在，因此需要学术界、决策层和实务界积极地应对。而这样的应对在政策层的顶层设计中已经陆续开始了。

针对现行社区矫正工作队伍中专业化、社会化服务力量薄弱的问题，2014年11月，由司法部、中央综治办、教育部、民政部、财政部、人力资源和社会保障部联合出台的《关于组织社会力量参与社区矫正工作的意见》，对进一步鼓励引导社会力量参与社区矫正工作，进一步解决好社区服刑人员就业就学和社会救助、社会保险等问题作出整体部署。意见指出，要充分认识社会力量参与社区矫正工作的重要性，社会力量广泛参与是社区矫正工作的显著特征。我国在推进引导社会力量参与社区矫正工作的政策方面取得了新进展，但仍然还面临着制度不健全、政策不完善、覆盖范围小、人员力量不足等一系列问题，这与社区矫正工作全面实施的良好势头很不相称。

所以说，作为社会化专业服务机制的社会工作有理由成为社区矫正的协同服务力量，介入矫正服务实践并发挥积极的作用。本书从分析社会工作介入社区矫正的现状开始，进而从学理上总结社会工作与社区矫正的理论关联、实证性剖析已有的经验与困难，尤其基于项目组行动研究，结合各地社区矫正社会工作创新经验，梳理、总结已有的体制机制，意在推动社会工作对社区矫正的深度参与和相关政策的进一步完善，逐步形成具有本土特色的社区矫正社会工作。

1.2 已有的研究基础

本书结合近10年来国内本土社区矫正社会工作研究中较具代表性的文献，主要从社会工作的角度，作了概括性的综述。

1.2.1 社会福利是社区矫正的属性之一

社区矫正是人类刑罚观念革新的产物，福利性是它的重要属性之一。社区矫正就是使犯罪者在不脱离社会、不脱离社区的情况下，通过政府、社会以及爱心人士的帮助，使其改正恶习，并帮助其复归社会的过程，因此，它本身就是一项社会福利活动。所以有学者明确主张，"社区矫正具有刑罚执行与社会福利两大属性，这是最基本的性质定位[1]。"这种观点，当前认可度较高。

福利性要求社区矫正必须超出刑法和惩戒范畴，审视原有的监狱矫正方式，更加注重罪犯回归社会、融入社会之中[2]。这就强调了社区矫正既有一定的惩罚性，但是，也具有同等重要的社会福利性[3]。有些学者也视社区矫正是一项尊重人的主体价值，体现以人为本思想，把人民利益作为一切工作出发点和落脚点，不断满足人们多方面需求和促进人的全面发展的系统性工作[4]。

---

[1] 史柏年：《刑罚执行与社会福利》，载《华东理工大学学报》（社会科学版）2009年第1期。
[2] 郑杭生：《社区矫正与当代社会学的使命》，载《江西社会科学》2004年第5期。
[3] 袁爱华、林怀满：《论社区矫正的理念及其实现》，载《云南农业大学学报》（社会科学版）2015年第1期。
[4] 刘淑娟：《浅析社会工作伦理价值在社区矫正中的应用》，载《社会工作·下半月》2008年第4期。

社区矫正的主要目标是实现矫正对象恢复社会功能、顺利回归社会，通过惩罚和福利性建设，帮助他们增强自我发展的能力，促使他们融入社会、回归社会，因此福利性和回归性是社区矫正的典型特点[1]。

还有些文献具体探讨了社区矫正福利性的实现途径。由于深化司法体制改革的时代要求，国家与社会需要通过刑罚变革，提高刑罚效益，推行社区矫正，增加福利性建设，获得与社会更多接触、联系的机会[2]。此外，有学者的研究指出，对犯罪人进行社区矫正不是让其与社会关系刚性断裂，而是柔性修复，把社会福利思想作为社区矫正观念的支持，则顺应了"大社会"理念的趋势，这样不仅有利于加强社会法制宣传，让公众能从生活的社区得到鲜活的案例教育，还更有助于社会矫正对象早日融入社会[3]。这就为作为社会福利传递机制的社会工作参与其中，提供了理论依据。

1.2.2　社会工作理念与方法在社区矫正中的运用

近年来，我国很多地方都已将社会工作理念和方法运用于社区矫正工作。比如，赵海林和金钊主张将社会工作"充权"理念运用于青少年社区矫正实践[4]，有学者将"充权"运用于假释犯等更多矫正对象身上，实现个人、社区和政治层面的能力资源改变，影响个人、人际、社会环境，从而实现个人能力和权力的提升[5]。还有学者全面论述了社会工作的三大方法即个案工作、团体工作和社区工作在社区矫正中运用的必要性、合理性和有效性[6]。

有学者指出，在社区矫正试点之初，吸收国外经验的基础之上，考虑到社会工作和社区矫正在促进社区矫正对象回归社会的目标的共同性，因此政府鼓励社会工作积极参与到社区矫正工作中去，并在上海设为初级示范点，在工作理念和方法上，选择了社会工作关于平等、接纳等价值理念

---

[1] 方舒：《我国社会工作参与社区矫正机制的检视与创新》，载《甘肃社会科学》2013年第3期。
[2] 翟中东：《中国社区矫正立法模式的选择》，载《河北法学》2012年第6期。
[3] 汪景洪：《社区矫正制度的研究》，南京大学硕士学位论文，2013年。
[4] 赵海林、金钊：《充权：弱势群体社会支持的新视角》，载《山东社会科学》2006年第12期。
[5] 周湘斌：《社会工作充权视角下释犯社区矫正政策分析》，载《北京科技大学学报》（社会科学版）2005年第10期。
[6] 费梅苹：《社会互动论视角下青少年社区矫正社会工作服务研究》，载《青少年犯罪问题》2004年第2期。

作为社区矫正工作者的基本理念①。所以社会工作是作为扩大社区矫正社会认同的有效途径,同时也是提高社区矫正效果的重要手段②。

同时有研究指出,我国的社区矫正自试点以来,由于种种原因,实践中出现了诸多问题,因此更加凸显了社工介入社区矫正的迫切性。因为社工运用其专业技巧和价值观可以帮助社区矫正对象回归社会,有助于他们较快地恢复正常生活③。此外,在社区矫正社会工作研究中,很多学者都强调了社工价值观对社区矫正的重要影响,认为社会工作源于人道主义和民主主义等理念,对所有人平等、尊重人的价值与尊重及注重个性等是最基本的价值理念,主要涉及以尊重、接纳、真诚、保密、案主自决、个别化等价值观念④。

有的学者比较系统地总结了社会工作介入社区矫正的现实功能,指出运用社会工作理念和方法介入社区矫正中,可以发挥社区组织和教育优势,并通过日常关系的维护,强化并延续邻里互助机制和社会主义核心价值观的确立,培养社区领袖,促进社区认同,构建社会支持,促进集体团结⑤。还有学者通过对社会工作价值和矫正社会工作内容的介绍,创造性地提出,社区矫正最终应由专业的社会工作者来实行,在我国原有的罪犯改造帮教模式中,必须加入社会工作的理念和方法,这样才能实现社区矫正制度设计的初衷⑥。

1.2.3 目前社会工作参与社区矫正的体制机制

经过多年的实践与探索,我国社区矫正取得了巨大进展,矫正力量多元化、矫正方法科学化、矫正工作规范化,形成了具有地方特色的工作模式。很多学者和司法工作者都对各地模式进行了深入分析,并针对性地提

---

① 赵玉峰:《社区矫正社会工作现状研究——广东省某社区服务站为例》,中国社会科学院研究生院硕士学位论文,2012年。
② 张丽芬、廖文、张青松:《论社会工作与社区矫正》,载《甘肃社会科学》2012年第1期。
③ 孙帅帅:《我国社会工作在社区管理教育罪犯中的应用》,载《知识经济》2015年第24期。
④ 钟莹:《社会工作在社区矫正中的功能定位与实现途径》,载《求索》2007年第10期。
⑤ 郭伟和:《走在社会恢复和治理技术之间——中国司法社会工作的实践策略述评》,载《社会建设》2015年第4期。
⑥ 刘津慧:《我国社区矫正制度研究》,南开大学硕士学位论文,2007年。

出一些行之有效的建议①。还有学者立足上海市社区矫正的试点经验，说明在将社区矫正刑罚执行与社会工作服务相统一的尝试中，上海市在社区矫正试点之初就采取了将社会工作参与社区矫正的体制机制中，在社区矫正的理念、功能和过程的基础上来重新认识刑罚执行和社会工作的关系②。

相关政策的建构性研究也明确了在司法实践中，应积极发挥司法行政职能的作用，并提出了具有中国特色的方法。其中，社会工作积极介入社区矫正的目的就是要利用社会工作福利柔性去软化社区矫正刑罚执行的刚性，同时在实践中，社会工作可以帮助社区矫正对象抚平伤痛，重新回到积极的生活中③。有学者对此的总结是，在国家治理的现代化转型中，中国司法体制改革也逐步引入社会工作参与到各个领域中，导致社会工作分享了司法权力的垄断权威，从而改善了司法治理的效果④。

有研究指出了社会工作介入对社区矫正的积极影响，即利用社会工作等社会资源、使用多元化手法矫正罪犯是社区矫正区别于监禁刑罚的重要特征，通过社会工作的自由，再加上政府理性力量的规范化的介入，在政府主导和社会参与中，促进了社区矫正的发展⑤。也有很多研究在总结国外的经验。在国外，社会工作早就应用于司法矫正领域，并已取得了良好的效果，而社会工作在我国虽然起步较晚，但是还是得到了重视与发展，将社会工作介入到社区矫正中去，必将使社区矫正在我国有更加广阔的发展空间⑥。

有学者指出，与监狱矫正相比，社区矫正等方面具有诸如工作场所、工作主体、工作对象和方式等突出特点，特别需要社会工作个案工作的介入⑦。而个案社会工作是由专业社会工作者通过直接的、面对面的沟通方式，运用专业知识和技术，对个人和家庭提供心理和环境等方面的支持、改造和服务，目的就是在于协调个人和家庭的资源和潜能，完善自我，增

---

① 但未丽：《社区矫正的"北京模式"与"上海模式"比较分析》，载《中国人民公安大学学报》（社会科学版）2011 年第 4 期。
② 张昱：《论复合型社区矫正制度》，载《学习与探索》2005 年第 5 期。
③ 赵玉峰：《社区矫正社会工作现状研究——广东省某社区服务站为例》，中国社会科学院研究生院硕士学位论文，2012 年。
④ 郭伟和：《走在社会恢复和治理技术之间——中国司法社会工作的实践策略述评》，载《社会建设》2015 年第 4 期。
⑤ 汪景洪：《社区矫正制度的研究》，南京大学硕士学位论文，2013 年。
⑥ 钟莹：《社会工作在社区矫正中的功能定位与实现途径》，载《求索》2007 年第 10 期。
⑦ 田国秀：《社会工作理念在社区矫正青少年罪犯中的运用》，载《中国青年研究》2004 年第 11 期。

进其适应社会和解决困难的能力,从而达到个人和家庭的良好福利状态[1]。还有不少研究直指社会工作介入对矫正对象的积极影响,认为要使社区矫正工作富有成效,就要灵活运用社会工作方法加入到不同的工作条件中去,实现社会工作方法与社区矫正的整合,达到相互支持、相互促进和构建个体再社会化的社会支持网络[2]。

虽然在实践中,各地都不同程度地将社会工作者看作社区矫正的重要力量,积极推进社区矫正法制化、规范化建设,并探索社区矫正的工作机制,但是相关主题的专业学术研究却不多见。目前对各地社会工作介入模式的梳理、概括也很不足,其质量和水平也有待进一步提高,已有文献仅从社工理念和方法上来谈[3],缺少针对"社工参与机制"的研究,而这正是本书的主要切入点。

1.3 本书的视角

本书以再社会化理论、社会互构论、嵌入理论、政社合作理论为研究视角,来分析本土社区矫正实践中社会工作介入相关问题。

1.3.1 再社会化理论

再社会化就是对人的某些方面的重新社会化,再社会化理论是本书的首要分析视角。郑杭生等人认为,社会化是指个体在与社会的互动的过程中,逐渐养成独特的个性和人格,通过学习社会角色知识和内化社会文化,逐渐适应社会生活,从一个生物人转变为社会人的过程[4]。而再社会化是指在社会化过程中,未成功取得社会人的资格,通过再教育的形式来改变这些人业已形成的反文化的个性,从而接受主文化所提倡的社会规范、文化习俗和行为方式。而社区矫正的主要矫正对象是罪犯,罪犯的再社会化就是要帮助他们恢复社会功能、顺利回归社会,通过惩罚和福利性

---

[1] 李迎生主编:《社会工作概论(第二版)》,中国人民大学出版社2010年版,187页。
[2] 方舒:《我国社会工作参与社区矫正机制的检视与创新》,载《甘肃社会科学》2013年第3期。
[3] 林兰芬、周劲松:《试析社区矫正的社会工作介入》,载《湖北经济学院学报》(人文社会科学版)2006年第6期。
[4] 郑杭生:《社会学概论新修(第四版)》,中国人民大学出版社2013年版,117页。

建设，帮助他们增强自我发展的能力，促使他们融入社会、回归社会①，以其行为、心理和文化观念的转变来重塑他们的生活世界。

对犯罪人实行再社会化，可以发挥社会工作自身所蕴含的矫正作用，让犯罪人改变以往的失范价值观和越轨行为模式，重塑新的价值观和行为模式。犯罪人再社会化的成功与否，直接关系到他们是否会重新犯罪，关系到社会的健康稳定。而如果犯罪人的再社会化仅仅是在强制下进行的，犯罪人必须在刑罚执行场所（包括监狱或社区）接受再社会化教育，那么，结果注定是不尽如人意的。

再社会化理论不仅对社会工作介入罪犯矫正教育提供了分析视角，而且还能够解释为何社会工作能够介入社区矫正。史柏年认为社区矫正具有刑罚执行与社会福利两大属性，这是最基本的性质定位②，因而要在社区矫正的基础上让罪犯更好地回归社会，给予其人文关怀，尊重其主体利益，所以说，促进社区矫正对象的再社会化，就是实施对其权利的保护尊重，体现着民主和人道主义的宽容。同时，通过对矫正对象的再社会化，要让其再次树立正确的人生观和价值观，进而掌握基本的生活技能和文化知识，使其重新定位自身的社会角色，增强社会责任感，了解自己的权利和义务，最终再次顺利地融入社会。

1.3.2 社会互构论

社会互构论是由郑杭生先生和杨敏教授提出的，是中国特色社会学的一个重要理论，主要研究个人与社会的关系问题，其认为个人和社会是互构共变的，个人经由社会化过程实现行为规范化和角色构化，同时社会的结构和变迁也经由无数个体的行为形塑而成。

在社区矫正社会工作研究过程中，社区矫正作为一种社会制度是构成性的社会设置，社会工作者的专业助人行动作为一种个体行动，二者是互构共塑的关系。这是因为，一方面，社区矫正社会工作最终是为了转变犯罪的思想观念和矫正犯罪的行为模式，从而使其能更快更好地回归社会，是其用专业行动塑造了社区矫正新机制。另一方面，社区矫正制度又赋予

---

① 方舒：《我国社会工作参与社区矫正机制的检视与创新》，载《甘肃社会科学》2013年第3期。

② 史柏年：《刑罚执行与社会福利》，载《华东理工大学学报》（社会科学版）2009年第1期。

了社会工作新的专业内容，形塑了社会工作新的体系，从而增添了社会工作的新生命力。

1.3.3 嵌入理论

嵌入理论最先应用于经济学领域，意思是经济活动融于具体的社会网络、政治构架、文化传统和制度基础之中，并深受其影响。后来适用领域不断扩大，为我们分析社会行为和社会网络的关系提供新的理论视角，即认为个人的行为受其人际关系网络的影响和束缚，但是在不同的社会形态中受影响的程度是不一样的。

王思斌教授最先把嵌入理论引用到社会工作领域中来，其认为在社会转型期的中国，专业化的社会工作是我国社会工作的发展方向，在构建和谐社会建设中发挥了重要的作用，在结构性张力中获得了嵌入型的发展[①]。从嵌入理论视之，经过多年的实践与探索，我国的社区矫正实现了迅速发展，发挥了矫正教育、预防犯罪等作用，起到了化解社会矛盾、维护社会稳定的良好效果。新时期，为进一步提高社区矫正工作水平，必须创新社会治理，把社会工作嵌入社会矫正工作体系中去。"在实践中，社区矫正能汲取平等、尊重、同理等社会工作价值，尊重矫正对象的人格与权利，正视他们的需求，从他们的立场出发开展工作。"[②] 因此，专业社会工作嵌入社区矫正有充分的必要性和合理性。

社会工作嵌入社区矫正有两个层面的意涵。一方面是专业手法的嵌入。将社会工作的价值理念、理论知识与专业技巧用合理恰当的方式嵌入于社区矫正之中，为矫正对象及其家人提供心理与情绪的疏导，帮助他们重建社会支持网络，从而使矫正对象顺利完成再社会化。另一方面是专业人员的嵌入。社区矫正机构是刑罚机构，主要以刚性和强制的矫正为主，同时内部工作人员的专业素养参差不齐，社会工作者的加入可为社区矫正增添清新的人文精神与强劲的专业力量。

[①] 王思斌、阮曾媛琪：《和谐社会建设背景下中国社会工作的发展》，载《中国社会科学》2009年第5期。

[②] 方舒：《我国社会工作参与社区矫正机制的检视与创新》，载《甘肃社会科学》2013年第3期。

1.3.4 政社合作理论

政社合作理论探讨的是公共物品提供上的国家与社会关系，它主要涉及的是权利如何在国家和社会之间分配，如何恰当划分私人领域与公共领域的界限，以及国家和社会如何保持一种平衡的状态来共同促进社会建设。在国家与社会的关系研究中，学者们相继提出了"国家在社会中""国家与社会共治""国家嵌入社会"等理论，国家与社会的关系核心是两者处于一种相互制约又相互合作的状态，形成合力推动民族国家不断前进。

社区矫正的实施主体大致分为政府与社会两个方面，两者之间既分工明确又相互联系。其中政府发挥主导作用，它不仅是社区矫正相关法律法规及政策的制定者、相关资源的配置者，还在社区矫正的环境营造、整体规划、服务项目发包、服务项目评估等方面发挥主要作用。社会力量是社区矫正的重要协助方，其具体作用有组建相关社会团体承接政府发包的社区矫正项目、实施社区矫正项目、矫正社会工作者的管理与服务等[①]。政社合作有理由成为未来我国本土社区矫正社会工作格局的基本服务框架。

目前，我国的社区矫正是在法律的框架下，通过矫正使矫正对象刑满后顺利回归社会为最终目的，主要实施者是司法行政部门，社会工作者与社会志愿者协同参与。2008年，广东省率先以政府购买服务的形式引入司法矫正社工制度，初步达到了国家与社会力量相结合的司法治理新要求。

"社区矫正与监禁矫正最本质的区别就是通过社会力量的广泛参与，充分依靠社会力量把罪犯管理好教育好，各地在社区矫正工作过程中通过组织社会力量，促进公众参与，利用各方面的资源，来共同构建对服刑人员的管理教育机制。"[②] 因此，我国的相关政策要求司法局、检察院等机构在社区矫正中，在紧紧围绕社会治理创新做好社区矫正之外，更要依靠社会力量积极参与的优势，在刑罚执行中，实现特殊人群管理与基本公共服务的有效统一。

综上，社会工作介入社区矫正以再社会化理论社会互构论、嵌入理论、政社合作理论为研究视角，将社区矫正作为一种社会制度，社会工作

[①] 张昱：《论复合型社区矫正制度》，载《学习与探索》2005年第5期。
[②] 郝赤勇：《按照社会管理创新要求推动社区矫正工作深入发展》，载《中国司法》2011年第2期。

者的专业助人行动作为一种个体行动,通过解决社会关系主体之间存在着互构共变的关系,实现社会的良性运行和协调发展;同时,将社会工作的价值理念、理论知识、专业人才及实务方式以合理、恰当的方式嵌入于社区矫正之中;此外,维护好国家和社会关系的协调化,在社区矫正中牢牢把握政社合作的方向,将社区矫正向着专业化、职业化的方向不断发展,使其为增促社会进步、缩减社会代价做出贡献。

1.4 研究思路与方法

1.4.1 研究思路

围绕社会工作如何在社区矫正工作领域实施介入这一研究主旨,在科学发展观的指导下,本书既立足于北京市近几年社区矫正社会工作发展的实践及其现状,同时在本土范围内将其他地方的社区矫正社会工作发展情况纳入研究范围,进而放眼全球,勾勒出具有特色的研究框架,实现较为明显的创新性。

据此,本书的研究思路为:其一,从学理的角度分别对社会工作、社区矫正进行内涵界定并就二者关系进行理论阐释,夯实社会工作介入社区矫正的理论基石;其二,本书专门就我国社区矫正制度创新、专业社会工作发展,梳理和分析了全国性、地方性的一系列政策,总结出本土社区矫正社会工作发展的政策基础及其当前存在的不足;其三,作为本书最大的亮点,研究团队通过在北京市某社区实施"社区矫正社会工作关注犯罪青少年的行动研究",充分展现了目前北京市将社会工作引入社区矫正工作中的成就、现状与特征,深入剖析以犯罪青少年为主要服务对象的社区矫正北京模式;其四,在行动研究的基础上,本书通过资料收集和文献研究,将北京与上海等地的社区矫正社会工作模式进行系统地比较与分析,并在此基础上进行"求同法"的研究,力图建构社区矫正社会工作的本土模式;其五,本书通过对北京等地社区矫正引入社会工作的实践分析,试图概括和建构我国本土的社区矫正社会工作介入模式,进而在梳理总结美国、加拿大、英国、日本社会工作发展较为成熟的国家与地区在发展社区矫正社会工作方面的成就和经验,并概括出当前全球社区矫正的三大模式

13

及社会工作的介入，并将其与本土的社区矫正社会工作发展机制进行比较；其六，本书将运用法学、政治学、社会学等相关理论，结合众多先进实践案例，在对本土社会工作介入社区矫正已有实践进行功能总结和问题分析的基础上，就如何通过社会工作发展与参与推进社区矫正制度化、规范化和科学化这一问题上形成一个操作性强、有本土特色、相对科学完善、富有前瞻性的政策建议方案。本书的研究框架见图1－1。

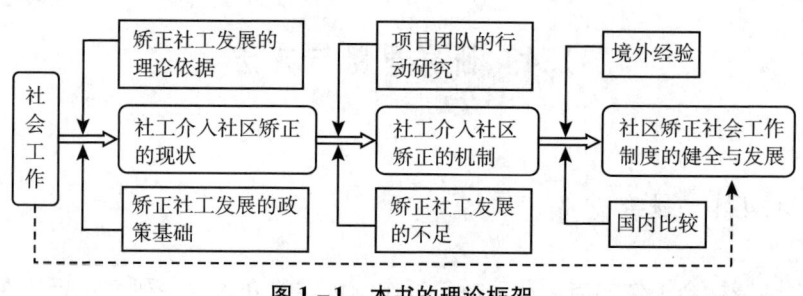

图1－1 本书的理论框架

1.4.2 研究方法

本书综合采用实证调查法、行动研究法和文献研究法等相结合的社会科学研究手法，从不同的渠道收集足以支撑本书论证的材料。下面对研究方法和具体机构分别作出介绍。

第一，本书以实地调查法收集基础性资料。实证主义是社会科学领域形成最早、影响范围最广的研究范式，具体包含了实验法、问卷法、访谈法等收集资料的实际手法。在本书中，2014~2015年，项目组从北京市为社区矫正提供专业服务的诸多机构中抽取了4家，他们是北京市丰台区阳光中途之家、北京市东城区助人社会工作事务所、北京市海淀区睿博社会工作事务所和北京市西城区超越社会工作事务所（4家机构排名不分先后）。之所以选取上述机构，是因为他们在北京市范围内从事社区矫正专业社工服务时间较长、业已深入社区矫正实务环节，并具有广泛的社会影响力。

本书中实地调查法的运用是比较多样的。一方面是个别访谈法的运用，项目组对北京4家从事社区矫正服务的专门机构（包含3家社会工作服务机构）进行了实地调查，并采用个别访谈法对机构一线的矫正社工完成了资料收集工作；另一方面是问卷调查法的运用，本项目组组建专业服务团队以"让折翼天使重新翱翔"为主题，依托中央财经大学和北京市西城区超越社会工作事务所的专业力量,深入基层社区实施了"居民社区矫正认同"的问卷调查,收集了大量的一手数据,并用于对当前社区矫正服务相关问题的分析中。问卷调查和个别访谈所收集的资料,能够确保本书对北京市社区矫正社会工作及其服务机构的现状,以及民众对社区矫正服务的态度和想法有比较客观和系统的了解,从而对本书的后续实施起到铺垫作用。

第二,本书以行动研究法实施社会工作介入社区矫正的过程。行动研究(action research)是一种干预性的研究方法,是实践者为提高新的行动效果而对其进行的系统性研究。行动研究一般要遵守八个重要的原则:(1)行动研究结合了研究和行动;(2)行动研究是研究者和参与者的协同研究;(3)行动研究必须建构理论知识;(4)行动研究的起点是希望社会变迁和致力于社会正义;(5)行动研究必须有高度的反身性(reflexivity);(6)行动研究要探索各种各样的实用性知识;(7)行动研究对于参与者而言必须产生强有力的学习(powerful learning);(8)行动研究必须将对知识的探究放在更宽广的历史、政治和意识形态脉络下[1]。可见,行动研究具有行动与研究交融、饱含反思性意识和追求现实目标等主要特征。

在本书中,项目组成立专门团队实施"让折翼天使重新翱翔"的青少年社区矫正服务,可被视为在既定的时间段内完成的阶段性行动研究。具体来说,将行动研究的理念融入社会工作对青少年社区矫正的介入过程,就要求服务团队运用专业社会工作手法,通过"研究"与"行动"的双重活动以及"研究者"与"被研究者"的"同行",在"行动的意念→行动→行动中反思→实践理论"这一"行动与反思"的循环过程中展开研究,最终在"行动"中提炼出本土情境下的(青少年)社区矫正的实践模式及其理论。

第三,本书还运用文献法作为收集资料的重要手段。项目研究过程中,对文献法的运用主要体现在三个方面:其一,研究开始之前和开始后的初期,项目组主要以收集各类相关议题的学术文献为主,通过查阅"中国知网"总共获得将近1300篇研究主题直接相关的学术论文,还有相关著作、论文集等近20部,而后项目组根据研究任务分主题地安排专人有针对性地进行文献整理和综述。其二,实地调研过程中,项目组特别注重在访谈中收集专业社工机构开展社区矫正服务方面的实践资料,如机构简介、项目信息、服务力量及开展情况等,这部分的整理和分析贯穿于整个

---

[1] 古学斌:《行动研究与社会工作的介入》,引自《中国社会工作研究》(第十辑),社会科学文献出版社2013年版,第1~30页。

研究始终。其三，结合实地调研过程，项目组还非常重视收集政策信息和各地实践资料，这部分的文献主要是项目组成员通过走访司法部社区矫正局接触主管部门工作人员、互联网查找及委托外地研究合作人员补充调查等形式完成收集的。

1.4.3 研究创新点

本书以北京市的社区矫正实践为例，通过探索本土社会工作介入社区矫正的政策、经验、机制与模式，在多个层面具有重要创新意义。

第一，实践层面的创新性。本书了解和阐述本土社会工作介入社区矫正的相关问题，积极探索提高北京市乃至于全国范围社区矫正的规范化和制度化，以及发展本土的社区矫正社会工作，尤其在社区矫正社会工作生成机制上使北京与上海等地的推进模式形成"对话"，在实践层面具有重要的创新意义。

第二，理论层面的创新性。从理论方面讲，本书探索本土化的社会工作介入社区矫正的演变、经验与机制，一来可以全面概括社区矫正社会工作的实际功能；二来归纳当前我国专业社会工作介入社区矫正的现状与问题；三来能够对中国特色矫正社会工作制度的健全与完善提供经验借鉴和理论建构。

第三，政策层面的创新性。理论研究必须具有现实关照，尤其是社会工作研究必须与宏观的福利政策形成互动和呼应。本书专门设置一章政策研究，力图梳理从新中国成立以来特别是改革开放以来我国社区矫正的政策转型及专业社会工作介入其中的政策依据，从而创造性地通过实证研究推动我国本土社区矫正社会工作相关政策的健全与发展。

1.5 研究实施过程

1.5.1 研究缘起与项目组织

从宏观政策层面来看，我国司法矫正领域改革与转型的试点工作正式开启于2003年，于2009年在全国范围内广泛铺开。随着各地社区矫正实践创新经验的不断丰富和完善，相关议题的研究逐渐被学术界所关注，专门的研究成果和学术活动也相应增多起来。正是基于这一背景，本书的主持人中央财经大学方舒副教授早在2010年在中国人民大学攻读社会学博士学位期间，受导师的委托参加了由首都师范大学举办的一次"司法矫正与社会工作国际论坛"。为参加论坛并有机会向国内外专家学习，本项目主持人在论坛开幕前的一个半月内初步收集和查阅了一批有关社区矫正社会工作的专业文献，对社区矫正有了系统的认识并完成了一篇相关学术论文，向论坛组委会投稿后获得收录，得以参加此次论坛。

该论坛的专业水准较高，参会人员众多。国内参会人员分别来自司法部，首都师范大学、华东理工大学、中央司法警官学院等高等院校；国外的参会人员来自加拿大、澳大利亚、美国等国家。通过参加此次论坛，本项目主持人聆听了诸多国内外专家、学者的专题演讲，深入学习了社区矫正相关理论、实践方面的知识，增加了对这一领域的学术兴趣和坚定了持续关注和研究这一问题的信心。此外，在此次论坛上，项目主持人还获取了不少有价值的文献资料，包括论坛论文集、专家演讲稿和获赠的相关著述，对后来项目组系统研究该问题提供了丰富的素材。

本书得以成型是受益于北京市哲学社会科学规划办的资助。2013年，项目主持人以"社会工作介入社区矫正的北京经验研究"为题，撰写项目书向北京市哲学社会科学规划办公室提出申请，并获准立项青年项目（项目号为13SHC023），于是正式开始了本项目系统的研究工作。在研究的过程中，项目组逐渐认识到，一方面要立足于北京市对社区矫正社会工作开展研究，另一方面要有更为宏阔的学术视野。即要以我国司法体制改革和社区矫正全面深化转型为宏观背景，从"本土社区矫正社会工作体制机制如何转型和重构"这一根本的研究任务出发，立足北京市社区矫正社会工作的实践经验，结合上海等我国社区矫正先行先试的其他地方的做法，在政策、功能和机制等维度来审视本土社区矫正社会工作的发展，并探讨出本土社区矫正社会工作体制机制的建构方案。于是，项目主持人于2013年末，在承担北京哲学社会科学青年项目的基础上，进一步拓宽了研究议题和研究任务，以"社会工作参与社区矫正的本土经验研究"为题向司法部研究室提交申请书，获准立项了"2013年度国家法治与法学理论研究青年项目"（项目号为13SFB3018）。此项目为进一步研究社区矫正问题开拓出了新的思路。

在上述两项课题的支持下，项目主持人整合已有的研究力量，积极开展项目调研和专业研讨，认真撰写研究报告。在整个研究过程中，项目组产出了一系列阶段性成果，其中包括在《甘肃社会科学》2013年第3期上发表的《我国社会工作参与社区矫正机制的检视与创新》，在《学习与实践》2014年第3期上发表的《风险治理视角下社会工作对突发公共事件的介入》（该文被人大报刊复印资料《社会工作》2014年第7期）、（《社会学文摘》2014年第9期分别全文转载），在《开发研究》2016年第2期上发表的《社会工作介入社区矫正的理论基础》，取得了良好的学术评价和一定的现实影响。

本书的最终完成是群策群力的结果。方舒作为项目主持人负责研究提纲的设计和研究人员的协调统筹，胡洋参与了协调统筹和组织实施了实地调研。各章的写作人员安排如下：第1章（方舒、李敏）；第2章（方舒）；第3章（方舒、苏苗苗）；第4章（方舒、刘世雄、邓霞秋）；第5章（胡洋）；第6章（陈晓丹、彭丹虹、梁可宁）；第7、8、9章（闵尊涛）；第10章（胡洋）；第11章（方舒、曹雅芳）；第12章（方舒、李玲玉）。

1.5.2 实地调研的开展

本书是立足于北京市完成了实地调查和行动研究相结合的项目研究，实施过程完整合理，主要包括项目设计与准备、实地调查、服务行动、课题研讨与写作及整理出版这五大块的内容。

项目组在实施前做了充分的设计与准备：在设计工作方面，本项目申请之初计划运用抽样方法选定北京市社区矫正工作者、社区矫正人员各80人，而后采用问卷法掌握两个群体的基本情况，但之后了解到当前矫正工作者人员数量有限、分布比较分散，所以改为对社区居民进行社区矫正认知度的问卷调查，同时采用个别访谈的方式完成对专业社工及其机构的调研；在准备工作方面，项目组积极联系和接触多家提供社区矫正专业服务的社工机构，初步了解了这一领域的现状，并在此基础上根据项目组成员的个人情况，重新组建了项目研究团队。

在项目实地调查阶段，本书依托于北京市范围内具有广泛影响力的开展司法矫正服务的专业社工机构，完成了对机构负责人、一线社工、矫正对象及其家属、矫正志愿者等相关人员的访谈，收集了非常珍贵的一手资料。

北京市丰台区阳光中途之家于 2011 年 8 月 4 日正式成立,是承担公益职能的事业机构。该机构专门对社区服刑人员提供临时安置、技能培训、集中教育、公益劳动和心理辅导等教育安置服务,目的是帮助他们克服困难,提高社会适应的能力。据介绍,经丰台区编办批准,专门设立了中途之家事业机构,核定全额拨款事业编制 15 名,通过公开招录方式招聘人员,保证人员高素质、装备高质量。同时,还制定了教育培训、图书阅览等制度①。丰台区的阳光中途之家是北京市近年来将社区矫正工作推向深入、面向所有区县建立专门矫正机构的一个缩影。北京市从 2003 年社区矫正试点工作开启以来,已经形成较为成熟的"3+N"专兼职结合的社区矫正工作机制,这一点下面将有详述。

北京市东城区助人社会工作事务所是北京市域内成立较早的一家专业性社会工作服务机构,该机构依托北京青年政治学院社会工作系、北京青年政治学院社区发展研究所和政府相关部门,其丰富的服务内容中就有社区矫正服务这一重要模块。本书通过对助人社工事务所负责人社区矫正服务项目主管和一线社区矫正社会工作者 LSS 的访谈,既掌握了助人社工事务所如何将社会工作介入社区矫正,又收集了不少社区矫正社会工作的具体实务案例。据了解,助人社工事务介入社区矫正服务项目是从 2012 年开始的,起初进行了五例庭前试调查,2013 年全面展开;他们一般是首先接到检察院的调查函,然后根据检察院介绍的情况,派专业社工去实施具体的调查。

北京市海淀区睿博社会工作事务所以首都师范大学社会工作系为业务依托、4A 级民办非营利的专业性社会工作服务机构。该机构曾于 2015 年入选"全国百强社工机构"目录,是北京市最大的民办专业社工机构,具有良好的专业资质和社会影响力,发展势头非常迅猛。海淀睿博秉持社会工作专业价值理念,为有需要的个人、家庭和社区提供多样化的社会工作专业服务,化解社会矛盾,促进社会和谐,同时也积极推动社会工作事业及社会工作者的个人进步与发展。其重点关注青少年社会工作服务和家庭综合援助暨司法保护社会工作服务的实务领域。本书对睿博社工事务所负责社区矫正服务的 KH 和 ZJ 两位社工进行了系统的、详细的个别访谈。

北京超越青少年社工事务所成立于 2012 年 11 月 20 日,是北京市成立的首家市级青少年司法类社会工作专业服务机构。该机构以"儿童权益

---

① 齐莹爽:《丰台"阳光中途之家"运行》,载《法制晚报》2011 年 8 月 4 日。

最大化"为核心理念,通过为具有不良行为及犯罪青少年提供专业服务,有效预防其再次实施犯罪行为,帮助其顺利回归社会。自成立以来,超越主要围绕青少年犯罪及偏差行为预防、未成年人刑事案件诉讼过程中呈现出的服务需求开展专业服务,目前已经形成相对成熟的 1-5-7 服务框架。1 是指事务所从事青少年司法社会工作服务的核心理念;5 是指事务所的 5 项服务模式;7 是指事务所的 7 项重点服务,分别是驻专门学校社工服务、违法未成年人社工综合服务、涉罪未成年人社会调查服务、涉罪未成年人帮教服务、刑事案件被害未成年人救助及被害预防服务、涉罪未成年人合适成年人服务和司法社工督导培训服务。本书组建的服务团队依托于超越社工事务所,完成了一份关于北京市社区居民对青少年社区矫正工作的了解和看法的调查问卷 120 份;此外还成立"让折翼天使重新翱翔"服务团队,实施了阶段性的青少年社区矫正实务。

1.5.3 服务——行动研究

从学理角度来说,本书认为,社会工作是一项非常系统的助人服务专业,因此对社区矫正领域进行研究的主要方法,除了实地调研还需开展实际的服务行动,以服务行动的基本方法来深入探讨社会工作介入(青少年)社区矫正的相关问题。下面就本书服务团队的实务过程,概要性地介绍"让折翼天使重新翱翔"服务项目的行动步骤及实施内容。

服务项目的团队成员均是中央财经大学社会工作专业 2014 级学生,具有社会工作专业背景,本项目团队采用透明公开的管理模式和社会化媒体的传播方式,挂靠专业社工事务所运营,有具体的服务场地和设施,并借鉴了社会企业的组织管理模式,严格做好整个团队的内控,不断吸纳和培训志愿者进入服务队伍。

本服务项目的主要行动步骤有,第一,团队及成员介绍,与社工机构相关负责人进行沟通;第二,对社工机构进行了解与参观;第三,对社工进行访谈,了解事务所的日常活动,以及熟悉在社区中需要矫正的青少年;第四,对志愿者进行培训,让他们先阅读社会矫正的相关书籍,再找到拥有丰富经验的执行社区矫正的人员进行相关事项的告知与培训;第五,为社区中的青少年购买礼物,礼物的主要形式为书籍;第六,以参与者的身份参与小组,在小组中认真了解和熟悉每一名成员并做好相关的记录;第七,进行团队后续活动规划,与机构的负责人及社工进行商议,讨论与分析团队设计活动实施的可行性。

其中重点实施的行动内容有行动前的现状调查、与专业机构形成合作关系、服务项目推介及风险管理三个方面。

第一,深入了解目标服务社区及社区服务对象的现状。在开展服务项目之前,对将要开展服务的社区的情况进行初步了解,并充分知晓服务对象的情况,比如服务团队需要知情服务对象所存在的问题,例如,自身缺乏自控能力、藐视规则或者因缺乏存在感或归属感而寻求刺激等问题,这样才能为他们量身定做一套最适合他们的服务方案,也有利于开展小组形式的社会工作服务,帮助他们在集体的范围里获得归属感。

第二,寻求与有经验的专业社会工作机构合作,获得专业指导。服务团队在开展具体服务之前,通过专业老师的介绍,联系到北京超越青少年社工事务所,并与该社工事务所达成合作协议,挂钩于该社工事务所,在项目上与它实行"方案合作、共同执行"的工作运行模式。当项目组达到服务的成熟期(有着固定愿意接受服务的服务对象,并积累一定的服务经验)时,通过自身对志愿者的招聘和培训的方式,逐渐独立于社工事务所,但仍会定期接受社工事务所的专业指导,以期更好地为服务对象提供服务。

第三,多类宣传扩大项目影响力与做好风险管理降低风险概率。采用多种类型的宣传方式,是吸引服务对象广泛参与和扩大服务项目影响力的主要方法。在服务初期,可以通过微博、微信公众平台等线上宣传与制作海报、分发问卷等线下宣传相结合的方式来进行项目的介绍和宣传。在服务的开展阶段,定期在宣传平台上公布相关活动或服务的详情,增加大众对该项目的关注和了解,从而提升项目的社会影响力,使项目影响更多的人,让更多的人从项目活动中获益。

服务项目的保障机制主要体现在时间规划、志愿者机制建设和项目评估三个方面:(1)时间的规划方面。由于团队成员大部分时间要在位于昌平沙河的中央财经大学参加课程学习,加上学校离机构较远,需要成员们提前做好时间规划,合理安排好时间,才能保证项目顺利地开展。(2)志愿者机制建设方面。为了避免志愿者临时缺席带来的负面影响,我们建立了志愿者替补机制,从而将这种突发事件的影响降到最小。(3)项目的评估方面。社会工作是以人为本的专业助人工作,因此,服务对象对矫正效果的满意度是评估项目效果的重要维度。项目主要通过问卷调查的方式测量服务对象对服务效果的评价,以此作为干预效果的评估依据。

综上,本书组建服务团队完成的"让折翼天使重新翱翔"青少年社区矫正项目,服务的内容较为丰富、服务的效果较为明显、风险防范机制也较为完备,为本书提供了鲜活的实务素材。

1.6 研究的主要内容

借鉴已有研究成果,具体来说本项目的研究内容为:

第2章从学理角度分别对社会工作、社区矫正进行内涵界定并就二者关系进行理论阐释。社会工作是现代社会一项旨在为有需要人士提供福祉并进而成为以服务促管理为特征的监控治理手法,具有福利性和监控性的双重属性;而社区矫正面向罪刑较轻微的罪犯实施的以惩罚为前提、以让罪犯重新回归社会为最终目标的刑罚执行方式,这种刑罚执行方式兼具惩戒性和福利性的双重属性。从这个角度来说,社区矫正所要实现的惩戒性目标就可由社会工作通过服务的方式实施监控来完成,社区矫正所要完成的罪犯回归社会的福利性目标就可由社会工作一系列服务行动本身来承担,由此二者的学理联系及其互动关系就被顺利打通了。

第3章主要解决社会工作为何能够介入社区矫正这一基础性理论问题。以法律设置为依据的罪犯刑罚观念,近代以来深受各种政治和道德思潮的影响,这为由两种专业人士协同完成司法矫正任务奠定了坚实的理论基础。因此,本书重点分析了人道主义的兴起与刑罚轻缓化、公民权理论在规范社区服刑人员需求上的对应、福利多元主义对社会工作协作社区矫正的启示、从社会排斥与融合视角看待司法矫正社区化、以积极福利理念拓展社区矫正如何实现现实功能的思路。

第4章系统地梳理我国社会工作介入社区矫正的相关政策。我国近年来通过制定法规和政策赋予社会工作介入社区矫正明确的合法性,但当前仍存在不少问题,如立法和政策的不完善、社区矫正队伍中相关人员职责与分工不清、社区矫正社会工作者的权利和地位得不到保障等,这些问题在现阶段还没有得到及时有效地解决。本书认为,只有通过制定完善的社区矫正方面的法律政策和社区矫正社会工作的实施操作细则,解决了立法问题、机构设置问题和人员配置问题,才能促使社区矫正社会工作发挥应有的作用,促进我国司法体系的完善和发展。

第5章专题研究社会工作介入社区矫正的功能分析。作为我国近些年发展起来的刑罚执行制度,社区矫正以科学、专业的工作理念和方法,对传统监禁刑制度的运用起到了重要的补充作用。以北京市的社区矫正社会工作实践为例,实证分析社区矫正中社会工作参与业已产生的积极功能,包括对矫正人员及其家庭、社区等不同主体,对监督管理、教育矫治、社会适应性帮扶等不同工作任务等方面。以此回答"现阶段社会工作究竟在社区矫正中有何作为"的问题。根据本书,社区矫正无论在解决矫正对象的个体问题,还是推动我国的社会治理方面都显现出了积极的功能。

第6章是本书组建的服务团队开展的服务行动研究。"让折翼天使重新翱翔"青少年社区矫正服务项目为有青少年矫正人员的社区提供社会工作服务,致力于帮助青少年矫正对象更好地进行心理恢复和技能学习,获得社区的认同,从而重新融入社会生活。同时,也增强了社区居民对青少年社区矫正的认知。

第7章专门系统全面地对社会工作介入社区矫正的北京经验进行总结。本部分由三大块内容构成,首先,从时间维度回顾了北京社区矫正的发展历程并将这一历程视为社区矫正社会工作"北京模式"的形成过程,其次,从八个方面完整地剖析了"北京模式"的要素与结构,最后,论证回到社会工作视野下,从专业要求的角度来分析和评价社区矫正社会工作的"北京模式"。

第8、9章是对社会工作介入社区矫正已有经验和现实模式进行的比较。上海市是最早实施社会工作介入社区矫正的,因此第8章首先对上海的社区矫正模式及社会工作的介入进行了系统总结。据此,第9章在此基础上对社区矫正社会工作发展的京沪模式进行了系统的比较研究。

第10章是对社会工作介入社区矫正在实践环节存在问题的概括。从现有经验看,社会工作已经成功介入了司法矫正领域并相应地发挥了社会服务等积极功能,但中间也暴露了一些问题。本部分通过对比考察广东、吉林、广西等地的情况,系统地总结了以下几大问题,即社会工作介入的矫正环节有限、社区矫正社会工作专业队伍发展不足、社会工作发展的独立性不强。

第11章是社会工作介入社区矫正的国际经验研究。社区矫正本身就是一个从西方国家引入的刑罚制度,像北美地区、英国、日本等均已形成了成熟的体制框架。所以本书从做法先进的国家和地区的社区矫正框架入手,重点描述了他们的社区矫正工作中的人员组成、工作模式、服务导向等内容,并从社会工作角度去看社会工作和社区矫正是如何结合的。通过对部分国家和地区将社会工作引入社区矫正的具体做法，本书总结出了三大类型的模式。

第12章即结语是对北京市乃至本土社区矫正社会工作发展所提的对策建议。本部分是在借鉴国内外社工介入社区矫正的发展趋势和国内有关部门的前瞻性措施基础上，结合最新理论进展，针对本土专业社工参与社区矫正的问题与不足，综合考量国情、社情，提出一个操作性强、普适度高、系统科学且富有前瞻性的政策建议方案，主要将发展社会工作、健全和完善社区矫正制度两个维度相衔接，为有关部门制订政策和发展本土社区矫正社会工作提供借鉴。

第 2 章

社会工作介入社区矫正相关问题

犯罪者是风险治理需要重点对待的特殊人群之一。随着国家的重视和司法体系的发展，目前，我国新型的非监禁刑罚执行方式——社区矫正，正发挥着越来越重要的作用，形成了对监狱刑罚重要的补充。自 2003 年我国社区矫正开始试点以来，很多地方将现代助人事业的社会工作引入其中，这是社会治理一大创新之举，专业社工人才在专职矫正人员的指导下，积极发挥专业优势业已产生了广泛积极的作用。本章主要从当前我国提出创新社会治理这一时代要求的大背景以及现代社会的风险及其管控的维度引入越轨与犯罪矫正这一问题，进而介绍社会工作和社区矫正两个基础概念，通过学理的梳理和论证，力图打通社会工作与社区矫正二者之间的契合性，为本书的后续深入论证打下基础。

2.1 创新社会治理与社会风险的管控

每一种社会类型都有自身的结构体系和运行规则，个体和社会的持续互构形塑了一个又一个社会秩序的形态。无论是哪种形态下的社会秩序，基于稳定逻辑下的良性运行和协调发展，都是公共部门行使和达成自身使命的首要追求。与此相对应，社会治理是旨在维系和优化社会秩序的公共行动，包括政府和社会对整个社会系统和社会关系进行的一系列干预、管控和引导，本质上是公共部门维护社会稳定、为经济社会发展提供制度保障的主要途径。

在现代社会中，社会治理是政府、社会组织和公众运用各种资源和手段，对社会生活、社会事务、社会组织进行规范、协调与服务的一系列活动及其过程，以规范社会成员的社会行为、管理与服务社会各类群体、协调社会利益关系、预防和应对风险及组织与整合社会各系统等为主要内容，实现解决社会问题、化解社会矛盾、维护社会稳定、促进社会公正、激发社会活力、增强社会凝聚力和提高社会生活质量等目标。尤其是，现代社会是一个充满风险的场域。由各类社会风险引致的突发公共事件，给社会秩序的平稳、健康运行带来不同程度的冲击，也严重影响社会成员的日常生活[1]。因此，提升公共安全是风险社会的本质要求。

现代社会里，与风险相对应的是"失控"，人类社会当下正处在一个社会风险明显"失控的世界"[2]。相应的，从失控状态走向有序状态，就需要"控制"，需要加强社会管控，提升公共安全。这充分说明了提升公共安全成为社会治理创新需要认真对待的一大问题。现代社会风险主要以各类违法犯罪行为、突发公共事件表现出来，大量犯罪行为和突发公共事件的发生使得社会秩序在运行过程中不断遭受干扰甚至冲击。社会治理是人类维持和优化社会秩序的组织化活动，在一系列风险面前，人类能做的就是进行有效的风险管控，积极应对和处置犯罪及其他公共事件。

规避、预防和化解社会风险，实现稳定和优良的社会秩序离不开社会控制。从法社会学的角度来看，社会控制与社会规范的关系十分密切，因为从根本上说法律就是一种社会规范，而法律又是实施社会控制的主要手段，它在协调个人、群体与公众的各种利益关系中发挥着重要的作用，从而实现有效的社会整合。通过考察各种学说对社会控制的界定可以发现，社会控制概念多从社会规范的服从——社会化和社会规范的违犯——社会越轨两个方向介入[3]。犯罪行为就是犯罪实施者对现行法律的违犯，是一种典型的、性质十分恶劣的越轨行为，对人民群众的财产和生命安全、人格尊严和精神生活乃至工作和生活等诸多方面，造成不可忽视的冲击和损害。进而可以说，犯罪行为的频繁发生已经成为现代社会秩序的最主要风险，也成为一项现代社会亟待解决的重大难题，容易造成更多的矛盾和冲突。所以说，对社会成员的犯罪和越轨行为类风险的社会控制，就成为以维系和优化社会秩序为目标的社会治理的首要任务。

社会工作就是现代社会中一种比较有效的风险管理手段，它通过介入对犯罪行为的管控、突发公共实践的处置，通过面向服刑人员等特殊群体

---

[1] 方舒：《风险治理视角下社会工作对突发公共事件的介入》，载《学习与实践》2014年第4期。
[2] [英]安东尼·吉登斯，周红云译：《失控的世界》，江西人民出版社2001年版。
[3] 郭星华主编：《法社会学教程》，中国人民大学出版社2010年版，第195页。

进行行为矫正和教育感化，并始终关注被风险事件冲击的社会群体的切身利益，致力于将社会风险最小化，从而提升公共安全。社会工作是遵循以人为本、助人自助、平等公正的专业价值观，在社会服务及社会管理等领域，综合运用专业知识、技能和方法，帮助有需要的个人、家庭、群体和社区，整合社会资源，协调社会关系，预防和解决社会问题，促进社会稳定和谐的专业和职业（李迎生，2010）[①]。社会工作对个人、家庭、群体和社区的现存问题和潜在风险坚持积极有为的态度，从五大主要使命出发实施的具体行动能产生有益于各类服务对象的积极作用，也进而在维持社会秩序过程中发挥着不可替代的重要作用。

社区矫正是人类刑罚观念革新的产物。第二次世界大战以来，社区矫正在欧美、日本和我国港台地区发展迅速，各国、各地区相继建立了健全的制度体系、完备的工作方法和有效的运行机制。其中，作为现代助人事业的社会工作，很早就介入社区矫正领域，运用专业理念、方法和技巧积极促成犯罪者发生改变，顺利回归社会。

现代意义上的社区矫正是一个产生于西方国家的事物，按照国内学者较为认可的观点，认为"社区矫正是依法在社区中监管、改造和帮扶犯罪人的非监禁刑执行制度"[②]。这个定义是在综合已有的社区矫正定义并认真思考中国社区矫正实践的基础上的一个概括性定义，具有较强的学术代表性。人类社会在刑罚执行方式的变迁历史上，历经了从监禁矫正单一模式到以监禁矫正和非监禁矫正相结合的二元化模式。与监禁矫正比较而言，社区矫正更具有制度和实践的优势。第一，有利于服刑人员保持与社区的联系；第二，有利于实现刑事司法工作的根本目的；第三，还有利于降低行刑成本、合理配置社会资源；第四，有利于体现刑罚人道主义化、增进社会和谐；第五，有利于避免监狱封闭式刑罚执行给服刑人员造成的负面后果[③]。概而言之，社区矫正就是以社区为基础（community-based），在社区这一服刑人员日常熟悉的社会生活系统内，通过社区矫正人员、社会工作者和社会志愿者组成"三位一体"的矫正工作队伍，依据人类行为和社会环境的相关理论实施一系列的措施，以期实现犯罪人员的感化改造和再社会化的目标。

在21世纪以前，我国一些地方已经陆续出现了社区矫正的具体形式

[①] 李迎生：《社会工作概论》，中国人民大学出版社2010年版，第6页。
[②] 吴宗宪主编：《社区矫正导论》，中国人民大学出版社2011年版，第5页。
[③] 吴宗宪主编：《社区矫正导论》，中国人民大学出版社2011年版，第12～15页。

和零星实践，2000年前后我国对现行刑法执行制度的改革尝试逐渐有了成效。特别是根据当时司法部的要求，我国的社区矫正工作于2002年8月在上海市率先开展试点工作，明确提出了"社区矫正"的概念。在工作组织上，上海市当时成立了由市政法委员会牵头协调，由公检法司等相关部门参加的上海市社区矫正领导小组，并发布了《关于开展社区矫正工作试点的意见》。继上海市创新试点之后，全国很多地方都开展了社区矫正领域的改革实践，并积累了越来越多的经验。于是，2003年7月，最高人民法院、最高人民检察院、公安部、司法部联合颁发了《关于开展社区矫正试点工作的通知》，标志着我国社区矫正工作在全国范围内正式拉开大幕。同年7月，北京市也开始系统性地对五类犯罪者实施社区矫正，并在政策颁布和制度建设方面取得了很大的实效，随后天津、山东、江苏等省市也开始试点社区矫正，各地的试点探索有力地推动了这一领域不断向前。2004年5月，在总结各地经验和深入研究的基础上，司法部印发了《司法行政机关社区矫正暂行办法》，这是中央政府部门在社区矫正方面发布的一份重要的综合性文件，对各地的试点工作给予了及时有效的指导。紧接着2005年，由最高人民法院、最高人民检察院、公安部、司法部又联合发布了《关于扩大社区矫正试点范围的通知》，制定了第二批次12个省区市社区矫正试点工作的计划。2009年9月，"两院""两部"总结多年试点经验，联合颁布了《关于在全国试行社区矫正工作的意见》，继而于2012年1月10日正式出台了《社区矫正实施办法》，我国社区矫正工作迎来了新的发展契机。

经过多年的实践与探索，社区矫正在我国取得了巨大进展，形成了各具特色的地方工作模式。而最新颁布的《社区矫正实施办法》对我国社区矫正的一大贡献，就是将社区矫正的内容归纳为三个方面：一是社区服刑人员的教育矫正；二是对社区服刑人员的监督管理；三是对社区服刑人员的帮困扶助。可见，教育矫正、监督管理和帮困扶助是在各地的模式中都不同程度地有所体现的共同之处。而就已有的试点实践来看，各地的经验中，也都尝试了将专业社会工作视为社区矫正的重要力量，并探索了其介入社区矫正的工作机制，这是将刑罚执行、司法行政、专业支持和志愿服务进行有效结合的一种积极尝试。

《社区矫正实施办法》明确规定，社会工作者可以从多层面介入对社区矫正人员的引导教育，并帮助他们重新融入社会。社区基层组织、家庭、单位等可以共同为社区矫正对象营造一个宽松的改造环境，使他们重新"扮演"正常角色,促进他们与社会之间尽快实现互融,从而达到积极、良好的矫正效果。同时,实行专群结合,坚持充分利用各种社会资源、广泛动员各种社会力量积极参与到社区矫正工作中来。我国《社区矫正实施办法》第三条规定,县级司法行政机关社区矫正机构对社区矫正人员进行监督管理和教育帮助,基层的司法所承担社区矫正日常工作,社会工作者和志愿者在社区矫正机构的组织指导下参与社区矫正工作。可见,目前社区矫正的专门机构是司法行政机关,社会工作者是其中重要的参与力量。

实际上在很多国家和地区,社会工作介入社区矫正是有比较清晰的发展历程的,且也已经形成了(社区)矫正社会工作的独特专业领域。借鉴"矫正社会工作"的概念定义,我们认为,社区矫正社会工作是社会工作实施于社区矫正体系中。它是指专业人员或志愿人士,在专业价值观指引下,运用社会工作的理论、知识和方法、技术,为罪犯(或具有犯罪危险性的人员)及其家人,在审判、监禁处遇、社会处遇或刑释期间,提供思想教育、心理辅导、行为纠正、信息咨询、就业培训、生活照顾以及社会环境改善等,使罪犯消除犯罪心理结构,修正行为模式,适应社会生活的一种福利服务[①]。《社区矫正实施办法》在推进社会工作者、志愿者加入社区矫正工作的人员队伍作出了明确要求:一方面,要建立社会工作者队伍。联合或委托人力资源和社会保障部门,采取政府购买服务的方式,面向社会公开招聘具有社工资质的人员担任社区矫正社会工作者,在社区矫正执法工作者的指导下,承担联系沟通社区矫正人员、开展"一对一"或"多对一"的谈话教育、心理矫正、社会适应性帮扶等专业化工作;另一方面,要建立社区矫正工作志愿者队伍。联合团委、志愿者协会面向社会招募热心社区矫正工作、具有教育学、心理学、社会学等专业知识的人员担任社区矫正工作志愿者,与社区矫正社会工作者一起协助开展工作。

然而,时逢我国社区矫正进入全面发展的"快车道",社会工作有效地协同和参与社区矫正工作仍然困难重重。因此,针对当前社区矫正社会工作发展的诸多问题,探索构建社会工作参与社区矫正的长效机制与本土经验,其现实价值就显得尤为突出了。因此,本书正是在我国大力推进社区矫正、发展专业社会工作的有利背景下,来梳理和总结作为专业机制的社会工作如何在中国特定国情和社情下参与、协同和嵌入社区矫正事业这

---

① 张昱主编:《矫正社会工作》,高等教育出版社2008年版,第6页。

一根本问题，以期能够为构建中国特色的社区矫正制度、推动社会工作的职业化和本土化尽绵薄之力。

2.2 社会工作的福利属性

社会工作是以专业化的手法介入个人、群体、社区各个层面的困境，通过一系列的福利服务过程，发挥着心理疏导、能力提升和资源链接等现实功能，实现扶危救困、缓解矛盾、解决问题和促进和谐的目标。可以说，社会工作正是以人为服务对象和参与主体，它秉持助人自助的核心理念，在协助受助者摆脱物质困境、走出心理危机和实现能力提升等方面具有比较显著的专业优势。在现实生活中，社会工作者正是以老年人群体、妇女儿童群体、贫困人群、社区服刑人员等社会特殊群体为重点关注对象，尤其是在社区矫正领域，针对部分社会成员的越轨行为，专门提供教育感化、心理矫正、协助帮扶等支持和服务。

国际上对社会工作的认识一般分为三类：一是个人慈善事业；二是由政府或私人团体举办的以解决各种因经济困难所导致的问题为目的的各种有组织活动；三是由政府或私人团体举办的专业服务[1]。实际上，社会工作的这三种界定是其自身发展不同阶段的特征，随着社会日益现代化，最后一类（即现代社会工作事业）正被越来越多的人所认可[2]。但由于中国社会工作起步较晚，此处对社会工作的理解并不限于第三类，而是要充分结合中国当前现实。

美国社会工作者协会（NASW）将社会工作界定为一种助人活动，有学者将社会工作看作是一种助人过程，或者助人方法，随着社会工作专业化，也有学者将社会工作界定一种专业[3]，还有的学者认为社会工作是一种制度。这些界定从不同侧面强调了社会工作的实践取向、行动过程、专业方法、专业特征和制度体系等特质，是比较片面的。所以，这里更倾向于综合地对社会工作进行定义。

综合性定义中具有代表性的观点是，社会工作是一种艺术、一种科

---

[1] 叶楚生：《社会工作概论》，台北同泰公司1980年版，第3~4页。
[2] 李迎生主编：《社会工作概论（第二版）》，中国人民大学出版社2010年版，第4页。
[3] 比如，台湾学者廖荣利在其《社会工作概要》一书中对"社会工作"的定义就侧重强调其作为"一种独特的专业领域"，参见廖荣利：《社会工作概要》（中国台湾），三民书局股份有限公司1996年版。

学,也是一种专业,其目的在于协助人们解决其个人、群体(尤其是家庭)、社区的问题,以及运用个案工作、群体工作、社区工作、行政和研究等方法,促使个人、群体和社区之间的关系达到满意的状态①。另外,李宗派、李增禄、徐震和林万亿等学者对社会工作的定义也是采用综合式的②。

境外学者对社会工作的界定无法满足中国社会工作研究与实践的需要,因此,从定义上看,国内学者对社会工作这一概念的认识较多地结合了本土的特征。其中,代表性观点有,社会工作是一种不以营利为目的的助人自助的专业性社会服务工作,也是一门独立的学科和专门的职业。它是为帮助人们满足那些仅凭个人努力无法满足的需求而采取的各种有组织的做法;它视受助者为积极能动的主体,而不只是被动消极的客体;它提供必要的条件和运用专业的方法使受助者发挥潜能以自己解决自己的问题;它是一门以现代科学所提供的知识为基础的应用性社会科学③。还有人认为,社会工作是以利他主义为指导,以科学的知识为基础,运用科学的理论、方法和技能解决社会问题,协调社会关系,满足人们基本需求,促进社会稳定和发展的专业助人服务活动④。

此处借用李迎生对社会工作的定义,认为社会工作是遵循以人为本、助人自助、平等公正的专业价值观,在社会服务及社会管理等领域,综合运用专业知识、技能和方法,帮助有需要的个人、家庭、群体和社区,整合社会资源,协调社会关系,预防和解决社会问题,促进社会稳定和谐的专业和职业⑤。这是一种经典的对社会工作的综合性阐述。

从定义中可看出:其一,社会工作的首要任务是对弱势人群提供帮助;其二,社会工作还面向社会群体和社区,对居民与公众提供福利服务;其三,社会工作需要通过争取资源、倡导政策和表达利益诉求等方式协调处理资源与利益分配;其四,社会工作不仅能解决问题、化解矛盾,而且还能有效应对社会突发事件及风险;其五,社会工作始终坚持助人自助、案主自决原则,强调公众参与管理与服务。可见,社会工作本身就是

---

① 这是斯基摩尔(Skidmore)的定义,参见徐震、林万亿:《当代中国社会工作》,台北五南图书出版公司1986年版,第4~6页。
② 李迎生主编:《社会工作概论》,中国人民大学出版社2010年版,第6页。
③ 陈良瑾主编:《中国社会工作百科全书(总论)》,中国社会出版社1994年版,第2页。
④ 在国内,王思斌和向德平均持这种观点,参见王思斌:《社会工作概论》,高等教育出版社2006年版;向德平编《社会工作概论》,中国广播电视出版社2004年版。
⑤ 李迎生主编:《社会工作概论(第二版)》,中国人民大学出版社2010年版,第6页。

现代社会中参与社会服务和社会管理的重要事业，它具有救助社会弱者、服务基层群众、协调资源配置、处理突发事件和倡导公众参与五大类行动。本质上，社会工作是一种旨在为有需要人士提供福利的社会行动，对个人、群体和社区的帮助与服务是社会工作实践过程，同时也是社会福利输送过程。

通过核心概念操作化，本书认为，社会工作本质上具有两大特征，即福利性和行动取向。福利性是表明社会工作隶属于社会福利范畴的根本性质，反映了社会工作饱含强烈的价值判断和道德色彩，而行动取向是社会工作达致目标的关键性质。福利属性指导着社会工作的具体实践，现实行动过程反映、体现和践行着其福利属性。从社会学理论看，社会秩序是社会主体（个人、群体和组织等）间关系结构及其互动模式，主要包括社会结构与社会关系两个范畴。社会秩序与社会行动相互作用、相互影响，社会秩序来自主体的行动过程，社会行动是社会秩序运行、发展和转化的根本动力。社会秩序在规范和制约社会主体行动的同时，也反映着行动主体的需求和价值。总之，受社会秩序规制的社会行动是维持和优化社会秩序的根本动力，因而，作为一项社会福利行动的社会工作也就成为旨在优化社会秩序的社会治理的重要专业力量。

在此需要说明的是，上述所界定的社会工作是一种事业，也是现代社会的一支成熟的职业，通常公众把从事社会工作事业的职业人员称为"社会工作者"（或者简称为'社工'）。所以在本书以下文字里，"社会工作"将是指称一种包含社会工作职业制度、专业教育和相关政策的综合性概念，而"社工"就特指本领域的从业人员，比如矫正社工就是指从事或参与（社区）矫正工作的专业社会工作者。通过在这里对这一概念的简要介绍，我们希望能够对目前"社会工作"这一术语比较混乱的提法有一个尝试性的厘清，便于研究的深入。

综上，社会工作具有行动性和福利性的二元属性，简而言之，这种二元属性的存在，是决定其能够介入社区矫正领域的根本因素。这是因为，说到底，社区矫正是一种刑罚执行方式，虽说是非监禁形式但也是指向特定犯罪人群的，惩戒性、监管性仍是其首要目的；而社会工作通过当时当场的陪伴、感化、倡导和服务，一方面既能实现福柯式的监控，另一方面又能通过各种福利输送的行动实现对犯罪人这一特殊人群的帮扶。所以说，作为一种旨在为有需要人士传递福利的专业行动，社会工作参与社区矫正就具有其自身的合理性和优势。

2.3 社区矫正体现了刑罚执行的福利转向

2.3.1 社区矫正的概念辨析

国内外学术界目前对社区矫正的界定可谓众说纷纭,不同国家和地区对其所作的定义彼此间差异很大,以至于很多时候人们对社区矫正确切定义的把握十分困难。究其原因,各国对社区矫正在司法执行中不同范围的实践,是导致大不相同的"社区矫正"定义的根源。然而,为了学术探究的需要,我们仍能看到关于社区矫正界定的几种常见学说,而依据适用人群是否限于被法院定罪这一标准,又可以将不同的定义划分为广义界定和狭义界定两大类。

(1) 广义的社区矫正是指,广泛针对罪犯、被告人、有犯罪危险的人和释刑人的一种惩戒与矫正的措施,是刑罚执行向非刑罚化和非犯罪化方向转变的司法努力。在广义的社区矫正界定上,目前主要有三种典型的观点[1]。第一种是认为"社区矫正适用对象包括起诉阶段的被告人"的观点,例如美国矫正协会社区矫正委员会在1996年给出的定义中就有这方面的明确表述。第二种是提出"社区矫正的适用对象还包括被判定为有风险的人"的观点,这样就使得社区矫正适用人群的范围进一步从罪犯、审判前的被告扩展到有犯罪风险而尚未实施犯罪的人。第三种是主张"社区矫正适用对象还应包含刑满出狱者"的观点,这样就把社区矫正的工作范围延伸到出狱人的保护、服刑人员的安置帮教等工作领域。

(2) 关于狭义的社区矫正定义也主要分为三种观点:第一种观点是"非监禁刑罚执行说",这一观点主要将社区矫正看成一种刑罚执行制度,与监狱刑罚方式进行对应,这种观点在我国具有广泛的认可度。比如,2003年发布的《关于开展社区矫正试点工作的通知》对"社区矫正"给出了明确界定,即社区矫正是与监禁矫正相对的行刑方式。第二种观点是"社会服刑说",这种观点基本上认定社区矫正是刑罚执行,但与监狱执行不同的是,社区矫正是司法社会化改革的产物,依靠和整合社会资源实现

---

[1] 但未丽:《社区矫正:立论基础与制度构建》,中国人民公安大学出版社2008年版,第16~18页。

对罪犯教育和改造的目的。比如，吴宗宪就指出"社区矫正是依法在社区中监管、改造和帮扶犯罪人的非监禁刑执行制度"①。第三种观点是"矫正服务说"，即认为社区矫正之所以将矫正对象置于社区场景中，意在将其与机构或监狱的矫正区分开来，通过"将犯罪者不纳入监狱等拘禁场所，直至其完全适应社会规范为止"②。此种观点主张将罪犯的矫正与福利服务的提供融合起来，达到在服务中教育、感化和矫正的目的。

我们在进行社区矫正相关现状调研的基础上，提出了本书的定义，即社区矫正是指专门的国家机关在相关社会力量的协助下，在法律允许的范围内，对判决前的被告人、刑满释放人员及其他法律规定的社区服刑人员进行社区监管、教育感化和安置帮教的专业性工作。

之所以这样定义社区矫正原因有三：一来结合了我国与社区矫正相关的2003年《关于开展社区矫正试点工作的通知》和2012年《社区矫正实施办法》的相关规定，也结合了国际上比较普遍的"大社区矫正"的概念，即越来越多的定义趋向于广义的界定；二来根据我们实地的调研，我国很多地方在推进社区矫正时，突出了对未成年人群的关注，把判决前的调查阶段当成实践的切入点，因此明确指出社区矫正的对象包括五类社区服刑人员，以及判决前的被告人（这方面主要适用于未成年人）；三来将社区监管、教育感化、安置帮教等社会化服务内容明确下来，便于将社区矫正与社会工作进行有机融合，而将此二者概念进行融合性理解，也是国际上界定社区矫正的一种普遍做法。

2.3.2 社区矫正的二元特征

按照我国相关法规的规定，在实践中社区矫正（community correction）是非监禁刑罚执行方式，是指将符合法定条件的罪犯置于社区内，由专门的国家机关在相关社会团体、民间组织和社会志愿者的协助下，在判决、裁定或决定确定的期限内，矫正其犯罪心理和行为恶习，促进其顺利回归社会的非监禁刑罚执行活动③。可见，社区矫正以将罪犯置于社区为形式，以工作人员、专业人士和志愿者为人力资源，聚焦于矫正和改造的内容，

---

① 吴宗宪主编：《社区矫正导论》，中国人民大学出版社2011年版，第5页。
② 李增禄主编：《社会工作概论》，台北巨流图书公司1996年版，第460页。
③ 最高人民法院、最高人民检察院、公安部、司法部：《关于在全国试行社区矫正工作的意见》，载《司法业务文选》2010年第3期。

以罪犯回归社会为最终目标。

因此可以说，它有两个层面涵义，其一是法学层面的，其二是社会学层面的。

从法学层面来说，社区矫正是一种刑罚执行方式。根据中央批准的社区矫正试点通知和全面试行意见，社区矫正的适用对象为：被判处管制、宣告缓刑、裁定假释、暂予监外执行以及被剥夺政治权利在社会上服刑的五种罪犯。社区矫正以非监禁的方式，依靠社区力量对他们进行有针对性的教育改造。虽然社区矫正属于开放性的监外执行，但其本质仍是一种对触犯法律者的刑罚方式，具有不可回避的惩戒性和教育性。

据文献介绍，美国人约翰·奥古斯塔斯（John Augustus, 1784~1859）是社区矫正产生和最初实践的先驱，他是第一个使用缓刑一词，甚至有人把他称为"缓刑之父"。在1841年进行的缓刑犯干预措施之后，缓刑在美国逐渐流行开来，随后在英美等国陆续发展起来。截至目前，缓刑是应用得最为广泛的罪犯处遇方式之一。从世界范围来看，20世纪60年代到70年代后期，缓刑已经成为许多国家刑事司法制度的重要组成部分[1]。同样，诸如假释、社区服务等非监禁处遇方式时至今日也已在很多国家形成了较为成熟的刑罚制度。所以，从根本上说，社区矫正属于非监禁的刑罚执行制度，对我国来说，尤其是《社区矫正实施办法》的出台，填补了我国非监禁刑罚执行制度的空白，畅通了与监禁执行的制度衔接。

从社会学层面看，社区矫正旨在实现矫正对象恢复社会功能、顺利回归社会的目标，恢复性和回归性是社区矫正的典型特点。故有学者认为，社区矫正"是以社区为平台，通过惩罚和帮助矫正对象，增强他们自我发展的能力，促使他们融入社会、回归社会的活动和过程"[2]。这一定义充分考虑了社区矫正的福利性和社会性内涵，强调了对矫正对象的帮扶及其最终回归社会的预期。

社会学看待社区矫正这一现象，实际上是从社区矫正的对象和内容谈起，就是说，社区服刑人员均是不同程度上的社会越轨者。在社会学原理当中对越轨行为的理解是，"社会越轨是对重要的社会规范的违犯。这种违犯常常导致社会努力去惩罚冒犯者并试图减少甚至消除进一步的不良行

---

[1] 吴宗宪主编：《社区矫正导论》，中国人民大学出版社2011年版，第24页。
[2] 马伊里等编：《社会工作案例精选》，华东理工大学出版社2007年版，第237页。

为。旨在防止越轨并鼓励遵从的努力就是社会控制"[①]。众所周知，犯罪者是一群公开违背法律的社会越轨者，其犯罪行为是对社会公众普遍认可的价值观和社会道德的背离，因而，也表明了这一特殊人群社会化的失败，以及其正常社会功能的受限。与监禁刑罚方式相比而言，社区矫正能够将特定犯罪人员置于日常的社区环境之中，通过教育矫正、帮困扶助和监控管理，有效避免了监禁刑罚给服刑人员造成社会疏离和功能受损等问题，使矫正对象能够尽快恢复社会功能和社会关系，重新走上生活正轨。

总的来说，社区矫正具有二元属性，它是监控管理与行为矫正的统一、惩戒机制与恢复功能的统一、刑罚执行和福利服务的统一。刑罚执行是社区矫正制度的基本属性，而福利性和服务性也是社区矫正的应有之意。

2.3.3 社区矫正的社会化要求

有学者指出，根据个人与社会二因素的犯罪原因理论，社区矫正的功能与作用也应该从个人和社会两个角度进行分析。一方面针对罪犯的功能与作用包括监管功能、矫正功能、服务功能；另一方面针对社会环境的功能与作用包括，营造有利于罪犯改过从新的家庭和社区环境，促进刑罚制度人性化和科学化发展[②]。这种提法具有一定合理性。我们认为，社区矫正的最终落脚点是犯罪人的再社会化。

首先，社区矫正符合行刑社会化的国际趋势。现行非监禁刑罚方式和社区矫正的产生，直接发端于近代西方进步思想家对旧刑罚传统下滥施酷刑等种种反人道现象的批判和反思[③]。在旧式刑罚传统中，肉刑、火刑以及间监禁刑等，都会对犯罪者造成无法挽回的生理和心理损耗。比如，监狱在禁锢犯罪者自由的同时，也可能禁锢他们的思维；监狱在剥夺犯罪者犯罪能力的同时，也可能剥夺其正常的生活能力，这就是"监狱行刑悖论"[④]。为了减少和避免监禁刑的弊端，实现罪犯顺利回归社会这一根本目标，第二次世界大战以来随着人权运动的发展，行刑社会化思想得到了广泛的认同，社区矫正制度在此背景下应运而生。

[①] [美]戴维·波普诺，李强等译：《社会学》（第十版），中国人民大学出版社2003年版，第208页。
[②] 张昱主编：《矫正社会工作》，高等教育出版社2008年版，第15~16页。
[③] 范燕宁主编：《矫正社会工作研究2008》，中国人民公安大学出版社2009年版，第118页。
[④] 冯卫国：《行刑社会化研究——开放社会中的刑罚趋向》，北京大学出版社2003年版，第2页。

其次，社区矫正需要动用社会化的资源和力量。社区矫正是积极利用各种社会资源，整合社会力量，将罪行较轻、主观恶性较小、社会危害性不大的罪犯置于社区中进行有针对性地管理、教育和改造的工作。因此，社区矫正需动员各种社会资源和社会力量。在社区矫正中可以利用的社会资源包括人力资源、设施资源、经费资源和技术资源，其中人力资源具有主导性地位[①]。比如，利用社区内的人际关系网络为矫正对象的物质和精神生活提供一定支持，使他们在社会生活中能够得到应有协助。社区矫正还可以广泛筹集和运用各种社会力量，如协调民政、社保等部门为犯罪者提供就业与社保等服务，帮助其实现矫正目标。

再其次，社区矫正最终要实现犯罪者再社会化的目标。在社会学的视野中，所谓社会化是指，个体在与社会的互动过程中，逐渐养成独特的个性和人格，从生物人转变成社会人，并通过社会文化的内化和角色知识的学习，逐渐适应社会生活的过程[②]。社会化包括初级社会化、继续社会化、再社会化等类型，是自然人走向社会人的必要手段，而再社会化的强度比社会化要强烈，而且要求个人放弃一种生活方式而采取另一种与从前迥异的生活方式，要求个人与过去一刀两断进而被完全"改造"[③]。为了克服监禁刑中矫正对象与社会的疏离，社区矫正通过再社会化手段促使他们在社会化的环境（社区）中服刑、在服刑过程中渗入再社会化意图，以期实现犯罪者有效地回归和融入社会的最终目标。

最后，社区矫正是一种社会化的社会管控手段。社区矫正是依法加强和创新特殊人群管理的必然要求，是推进社会治理创新的重要内容，是加强特殊人群社会管理的重要手段。众所周知，犯罪是一种社会越轨行为，是犯罪者对公认的社会规范体系的否定和违背，这些行为扰乱了正常的社会运行秩序，不利于社会稳定。社区矫正作为社会管理的重要手段，不仅包括政府部门的责任，还涵盖了各种社会力量，他们从犯罪者行为矫正和功能恢复入手，积极参与对社会越轨行为的治理，使针对社区服刑人员的社会管控手段更趋社会化。所以说，按照依法治理、源头治理、系统治理和综合治理的政策要求，社区矫正的实施必须综合运用政府和社会多方力量，对越轨行为乃至于违法犯罪加以控制和转变，维护社会稳定保障社会秩序。

---

① 吴宗宪：《利用社会资源开展社区矫正的模式探讨》，载《人民司法》2007 年第 1 期。
② 郑杭生主编：《社会学概论新修（第四版）》，中国人民大学出版社 2013 年版，第 116 页。
③ 张丽芬、廖文张、青松：《论社会工作与社区矫正》，载《甘肃社会科学》2012 年第 1 期。

2.3.4 社区矫正体现了刑法观念的转变

社会越轨是违反群体或社会的规范行为，而触犯法律是对重要的社会规范的严重违背。然而，人们对待违反社会规范、触犯法律的人群的态度却经历了漫长的变迁过程。可以说，人类的刑法执行观念在几千年的文明史中几经变迁。概括来说，是从早期的专制王权下强调惩戒犯人和警示民众作用的重刑主义到近代以来更加强调罪犯权利和功能恢复的人道主义的转变。

在社会学领域，涂尔干是研究社会失范与整合的代表人物，他认为近代以来人类社会经历了剧烈的结构性转型。具体来说，在传统社会下人类形成的是机械式的团结与整合的形式，在现代社会基于精细的社会分工而形成的是有机体式的团结与整合形式。在论述两大类型社会整合形式过程中，涂尔干还专门从犯罪—法律的维度进行过论述。他曾指出，"如果我们需要了解犯罪的内在组成，就应该从不同社会形态的各种犯罪现象中抽取共同的特征，低级社会的法律概念与高级社会的法律概念是同样值得我们重视的"①。基于这一基本的思路，涂尔干认为虽然任何社会对待犯罪的基本态度都是惩罚，但是传统的机械团结下的法律是压制性的，这与现代社会有机团结下对犯罪所持的恢复性制裁有着本质的不同。

根据涂尔干的观点，传统社会的机械团结具有成员身份的一致性，而且人们具有高度共通的集体感情，社会整合的主要工具是礼俗和道德意识，对于社会失范或犯罪行为持有压制性的态度，也就是说机械团结的社会对触犯法律的社会成员抱有高度的压制或不容忍的观念，但凡有犯罪情况发生社会就会非常机械地加以打击和抵抗。因而可以说机械团结的压制性司法的主要目的就是确保社会成员不能也不敢违背社会规范，从而确保社会团结的凝固。现代社会的有机团结基于精密的社会分工，社会成员相互之间因承担不同的社会职能而相互联系，整个社会秩序类似于一台高度精密的仪器或生物有机体，因此不容许任何社会成员违反社会规范或触犯法律，否则社会有机体就会出现故障。因此，在现代社会，法律制裁的最主要目的就是一旦出现"失范"或"故障"，就必须尽快对犯罪者个人、受影响的社会结构或运行秩序加以恢复。正如涂尔干所说，"恢复性制裁

---

① ［法］埃米尔·涂尔干，渠东译：《社会分工论》，生活·读书·新知三联书店 2000 年版，第 33~34 页。

的特殊性质已经足以说明与这种法律相应的社会团结完全是另一种样子。违反或拒认这种法律的人将不会遭受到与其罪行相对应的痛苦；他仅仅被判处要服从法律。区分这种制裁的标志就是它并不是具有抵偿性，而只是将事物'恢复原貌'"①。据此可见，在现代社会，恢复性司法有着其根本的社会性原因。

我们认为，两种社会团结形式下不同的司法形式，即从"压制性制裁"到"恢复性制裁"的根本转变，实际上就是人类刑罚执行制度发生转型的观念性根源。有学者评论说，"涂尔干展示了随着社会类型的不同，这两种法律各自所占比例的变化；涂尔干发现，社会与其法律之间的这种联系是与社会分工的变化联系在一起的"②。涂尔干所提出的刑罚观念转变的社会性原因，无论是在法学领域还是社会学领域都具有极高的借鉴价值，而且涂尔干的这种关于在机械团结和有机团结不同形态下对社会失范行为不同对待的设想，在另一位法国当代社会学家福柯那里，得到了知识考古学式的具体展现。

福柯《规训与惩罚》一书的出版奠定了他在"社会理论"界的地位。在这本经典之作中他从研究西方社会的刑罚方式起步，描述了王权统治下西欧社会的刑罚执行方式如何在近代以来发生根本转向的。虽然福柯对刑罚的讨论主要是为其论述现代社会权力与统治这一主题服务的，他甚至明确指出了"惩罚是现代社会的一项权力技术"③。但是我们在《规训与惩罚》一书中还是能够非常清晰地看到福柯对传统刑罚方式的细致描述，在他看来，君主统治之下的刑罚主要是以折磨犯罪者的身体达到操作人们灵魂的目的，本质上是通过恐怖的公开肉刑来恐吓和威慑民众，这就是涂尔干所说的"压制性制裁"。而随着西欧社会的发展，现代刑罚制度中重要的形式——监狱诞生了。所以对于统治政权而言，对犯罪者惩戒和矫治的不同方式，反映其统治权力的合理程度和权威类型。正如福柯所言，"刑事拘留应该以改造人的行为举止为其基本职能，剥夺自由的刑罚以改造犯人和使犯人重返社会为主要宗旨，这就是改造原则"④。也就是说作为权

---

① [法] 埃米尔·涂尔干，渠东译：《社会分工论》，生活·读书·新知三联书店2000年版，第73页。
② [美] 兰德尔·柯林斯、迈克尔·马科夫斯基，李霞译：《发现社会之旅——西方社会学思想述评》，中华书局2006年版，第165~166页。
③ 杨善华主编：《当代西方社会学理论》，北京大学出版社1999年版，第394页。
④ [法] 米歇尔·福柯，刘北成、杨远婴译：《规训与惩罚》，生活、读书、新知三联书店2012年版，第303页。

力实现手段的监狱,实际上是通过长期而有效的监控对社会越轨者尤其是犯罪人群进行约束和训练,以实现他们的社会性恢复,进而重新被纳入现代社会主流结构中。最终,"通过对个体的永久监视的特殊事件,通过对这些手段的普遍化,环视式监狱旨在恢复一种真正的纪律社会"①,实现现代社会秩序维系和优化的根本目标。

沿着福柯的这一观点,我们认为社区矫正作为人类社会新近发明的又一种刑罚执行方式,虽然在很多方面都与监狱有着很大区别,但从司法制度变迁的延续性角度来看,它本质上也是社会监控的一种方式,也是现代社会中统治权力对秩序风险的一种规避。只是对犯罪者个体而言,与监狱冰冷冷的硬性监视相比,这种新型的监视手段更加柔性化、隐形化和多样化。柔性化是指并不需要将犯罪者置于监狱而是只需要在社区服刑即可,隐形化是说社区服刑人员不容易被社会贴上标签,犯罪者的身份更加隐蔽且易于其释后更好地融入社会,多样化是指在社区矫正的监控上,可以综合采取人力、物力等方式对社区服刑人员加以限制。

2.4 社会工作与社区矫正的契合性

党的十八届三中全会通过的《关于全面深化改革若干重大问题的决定》旗帜鲜明地指出,创新社会治理、改进社会治理方式,必须坚持系统治理、依法治理、综合治理和源头治理。尤其是系统治理要求加强党委领导,发挥政府主导作用,鼓励和支持社会各方面参与,实现政府治理和社会自我调节、居民自治良性互动。这实际上指出了社会力量参与协同政府职能的时代趋势。具体落实到社区矫正领域来看,社区矫正作为国家治理中刑罚执行制度之一,也需要各方社会力量的介入和参与,而社会工作就是介入社区矫正较为理想的力量,具有专业知识的社工协同公检法司部门开展工作,实现社区矫正领域政社合作的突破和创新。

2.4.1 社会工作价值理念指引其积极参与社区矫正

社会工作价值观主要是用于引导和规范专业人员做决策和采取行动,

---

① [法]达尼洛·马尔图切利,郭家申译:《现代性社会学——二十世纪的历程》,译林出版社 2007 年版,第 240 页。

其中贯穿着如下人道主义的基本理念：第一是在价值理念上，人道主义要求社会工作者尊重人的价值与尊严；第二是在工作原则上，人道主义要求社会工作者与案主建立平等的关系；第三是在工作方式上，人道主义要求社会工作者找到阻碍案主潜能发挥和自我实现的障碍与困境；第四是在追求目标上，人道主义要求社会工作者将实现平等正义作为目标，而帮助和关心人是实现这一目标的保障①。这些社会工作的基本理念，与人道主义影响下的刑罚执行观念具有高度契合性。

这种契合性主要是源于社会工作和法律均是来自社会的价值观。一方面，"社会工作从业人员基本的专业价值观来源于社会的价值观，即来源于其所在的大型社会所持有的价值观"②。这说明社会工作具有的社会公正、个人的尊严与价值、诚信等核心价值观，与社会主流价值观是相符的。另一方面，如前所述，社区矫正是体现人道主义基本理念的新的刑罚执行方式，而法律理念改变的根源在社会层面。有学者认为，"对犯罪的研究常常假定，刑法准确地反映了几乎全体社会成员的社会准则"③，虽然这一提法有些绝对化，但是还是明确说明了法律是镶嵌在社会层面的事物，也体现了法律作为社会准则对社会成员的规范性意义。作为社会规范的法律在执行过程中，特别是在刑罚程序实施上必定具有自身的价值追求，也体现了社会对犯罪者的基本态度。

所以说，社区矫正与社会工作二者在价值观念的追求上具有目标导向的一致性。但是也必须清醒地认识到，作为更加强硬社会规范的法律对社会工作也具有原则上的约束性，"不管如何界定法律，它都是社会工作者第一时间直接关心的东西，法律会通过许多不同的途径影响社会工作实践"④，也就是说社会工作者的专业实践在很多方面受到法律的规定和授权，比如，开展业务的范围、提供什么样的服务以及特殊情况下向政府部门汇报某些情况等。

众所周知，"人是可以改造的"，这是我国刑罚执行制度的基本理念⑤。社区矫正作为一种刑罚执行方式，根本上也是遵从这一基本理念在

---

① 陈钟林、黄晓燕：《社会工作价值与伦理》，高等教育出版社2011年版，第30~31页。
②④ [美]拉尔夫·多戈夫、弗兰克·M·洛温伯格、唐纳·哈林顿，隋玉杰译：《社会工作伦理：实务工作指南》，中国人民大学出版社2005年版，第17页。
③ [美]文森特·帕里罗、约翰·史汀森、阿黛思·史汀森：《当代社会问题》，华夏出版社2002年版，第134页。
⑤ 《司法部副部长郝赤勇就〈社区矫正实施办法〉答记者问》，中华人民共和国司法部网站，2012年2月15日。

我国发展起来的，目的是改造好、教育好罪犯，使其顺利回归社会。这一理念与社会工作"人是可改变的"以及"人是具有潜能的"等专业价值具有强烈的一致性。社会工作自始至终秉持以人为本、人道主义的价值预设，在专业实务中社工能够将这一价值追求充分融入社区矫正，使后者能汲取专业社工信守的平等、尊重、同理等社会工作价值，从而做到尊重矫正对象的人格与权利、客观正视他们的需求、从他们的立场出发开展工作。

2.4.2 社会工作理论有助于社区矫正相关问题的分析

社会工作的理论有助于其较好地参与到社区矫正中。一个完整的社区矫正实施体系包含很多方面的内容：（1）在组织机构上，既有公检法司等公共部门，也有中途之家和其他民间组织；（2）在执行力量上，既有社区矫正官、矫正社会工作者，也有志愿者等其他社会力量；（3）在管理制度上，有审前调查、矫正接收、日常管理、档案管理和矫正结束等制度；（4）在矫正流程上，既有个案管理、分类管理和行为监督等方面，也有矫正帮扶和监督评估等内容。而在上述的内容中，有诸多方面都是需要有科学的理论进行指导的。

按照一般的界定，在社会工作专业领域内人们提及的理论大体分为两大类：为社会工作的理论和社会工作理论。前者是指从社会科学其他学科引入的能够用于社会工作专业的理论，比如心理学的精神分析理论、认知/行为理论等；社会学的结构视角、系统视角理论；哲学中的人本主义、激进传统等。后者即"社会工作的专业理论"是指从其实务领域中总结提炼出的理论，包括赋权理论、优势视角理论等。总的来说，社会工作理论"包括如何看待人与环境之间的关系、如何理解受助人或系统、如何理解助人者的角色、如何理解帮助的过程以及如何解读在这样的过程中更大的社会文化脉络是如何发挥影响的"[1]。从这个意义上说，社会工作理论在社区矫正中确实具有分析的实际功效。

2.4.3 社会工作方法能够较好地整合进社区矫正工作

社会工作之所以能够介入社区矫正，与其现今已具备的成熟完备的专

---

[1] 何雪松：《社会工作理论》，格致出版社、上海人民出版社2007年版，第1页。

业方法体系直接相关，社会工作的专业方法在社区矫正实施过程中有着广泛的适用空间。一般说来，在专业方法体系中，社会工作拥有两大类方法即直接方法和间接方法。直接方法是指社会工作者直接面对服务对象时所采用的服务方法，包括个案工作、小组工作和社区工作。间接方法是指社会工作者在统筹规划、组织协调、提供服务、监督管理等机构或项目层面所采取的相关方法，包括督导、评估、研究和行政几大块。"社区矫正是一项非常复杂而艰难的工作，要使社区矫正工作卓有成效，就须根据不同的工作条件系统而灵活地运用社会工作方法"[①]。《社区矫正实施办法》规定，专业社工在社区矫正执法工作者的指导下，主要承担联系沟通社区矫正人员、开展"一对一"或"多对一"的谈话教育、心理矫正、社会适应性帮扶等专业化工作。可见，政策层面也已经意识到，社会工作的个案工作、小组工作、社区工作及评估等专业方法能够很好地适用于社区矫正。

具体来说，首先，个案工作方法是矫正社会工作者面向矫正对象开展"一对一"形式监管和服务的主要手法。在这一过程中，通过社工与矫正对象的面谈，这种在私密场合下的"一对一"互动，便于矫正社工更深刻地了解矫正对象的生活现实和心理动态，进而可以有针对性地制定个性化的矫正方案和帮扶计划，有效促进矫正对象心理和行为的改变。

其次，小组工作方法是矫正社会工作者面向矫正对象开展"一对多"形式监管和服务的主要手法。首先是矫正社会工作者根据矫正对象的特点把他们分成不同类型的小组，如情绪控制矫正小组、暴力行为矫正小组、人际交往技能提升小组等，然后通过有针对性的小组活动培养成员的凝聚力和归属感，营造团结协作的小组氛围，使矫正对象在团体情境中接受教育改造、实现矫正。小组工作方法是通过团体的能量给成员提供心理和情感的支持，因此矫正的效果会更持久。

最后，社区工作方法是矫正社会工作者在社区层面或社区范围内，面向矫正对象开展多种形式监管和服务的主要手法。矫正社工通过认识和分析矫正对象所在社区的资源结构，为矫正对象发掘更多社区和社会的支持性资源，此构建矫正对象再社会化的社会支持网络。然而，社区工作方法运用于社区矫正，也是需要选择合适的主题和活动类型的，特别需要处理好矫正对象信息公开对其自身带来的负面心理压力。

---

① 马伊里等编：《社会工作案例精选》，华东理工大学出版社2007年版，第259页。

此外，社会工作评估是综合运用社会科学的研究方法，对特定个人、群体、社区、组织乃至服务项目进行综合评价的过程，包括需求评估、过程评估、效果评估和方案开发等几大类型，而这些具体的评估类型都是可以很好地运用于矫正对象的庭前调查、社区调查、矫正方案规划和矫正效果评估等方面的。

2.4.4 社会工作实务技巧在社区矫正中具有广泛的运用空间

社区矫正是改变矫正对象的病态价值观和偏差行为，使其恢复社会功能进而转变成守法公民的过程，而顺利完成这一过程所需的一系列专业技术，就可以从社会工作实务技巧的"工具箱"中取用。这是因为，一方面，从1907年玛丽·理士满《社会诊断》一书出版首倡个案治疗方法算起，社会工作在其已逾百年的专业演进中已经积累了系统而又成熟的实务技巧。另一方面，在一些国家和地区，作为对罪犯进行社会处遇的社区矫正，是社会工作者最主要的工作领域，也是专业社会工作实务技巧能够发挥作用的广阔空间之一。

在现代社会，社会工作已经发展成为一门具有丰富的技术经验储备的职业，在其职业技能体系框架中，以不同专业方法为界限可以划分出很多的实务技巧类型。比如，个案工作中的沟通技巧、倾听技巧、信任关系建立技巧和情绪疏导技巧等；小组工作中的活动设计技巧、引导互动技巧、干预与管理技巧等；社区工作中的社区观察技巧、资源整合技巧、社区教育技巧和社会倡导技巧等。社会工作的这些专业实务技巧在社区矫正领域大有可为。

第一，社会工作实务程序为社区矫正的开展提供科学的方案和健全的机制。完整的社会工作实务过程可以与社区矫正的实施过程有效融合，社区矫正社会工作开展的矫正服务，一般都需要经历矫正关系建立、矫正对象问题预估、搜集和分析矫正对象资料、制定矫正方案、实施社区矫正介入、社区矫正结案评估与跟进几大步骤。这既是社区矫正的工作过程，也是矫正社会工作的实务过程。

第二，社会工作实务技巧可以帮助实现个别化与个性化矫正的目标。矫正社工可以根据社区服刑人员的犯罪类型、性格特点、日常表现、家庭环境等具体情况，有针对性地进行个别教育，一人一策地做好个案矫正工作，提高教育矫正质量①。矫正社工在个案工作中，可以采取"动机式晤谈法""认知—行为治疗法""危机介入法"等介入技巧，为矫正人员提供认知、情感和行为方面的矫正服务。

第三，社会工作实务技巧可以帮助矫正对象搭建社会支持网络。社会工作的重要理论之一——社会支持网络认为：人是社会性动物，人无法自绝于社会而存在，人的生存需要与他人合作以及依赖他人的协助，遇到生活困境更需要他人的情感支持与资源帮助。专业社会工作者可以在社区内综合运用动员倡导的方法，发动居民自愿参与到对矫正对象的监管和帮扶中去，也可以建立和恢复矫正对象的家庭、邻里和单位等关系网络，从而为矫正对象顺利回归社会提供源源不断的情感、信息和资源方面的支持。

第四，社会工作实务技巧可以帮助拓展社区矫正的实践思路。在特定条件下，矫正社工可以综合运用小组动力学原理以及小组工作技巧，将同一类型的矫正对象打造成教育小组，通过小组成员的互动和小组凝聚力的营造，实现组员之间互助支持、互相促进、共同成长。这不仅丰富了社区矫正的形式，也提升了社区矫正的实效性。

2.5 本章小结

犯罪风险在现代社会始终是萦绕在公共管理领域的一个幽灵，防控犯罪风险对现代社会良性秩序的破坏，需要吸收和融合了专业社会工作的社会化矫正机制。从我国来看，坚持和完善中国特色社区矫正制度，是推进国家治理体系和治理能力现代化的客观需要，也是深入推进社会治理创新、加强犯罪人群管理与服务的客观需要。

从现实来看，经过各地多年的实践与探索，我国社区矫正从无到有、发展迅速，不仅降低了行刑的成本、提高了教育改造的质量还起到了化解社会矛盾、维护社会稳定的良好效果。在全国范围内，近年来我国社区服刑人员的再犯罪率始终保持在2‰以下，社区矫正工作可谓成绩斐然。为进一步提高社区矫正工作水平，我们必须树立创新社会治理、加强犯罪人群管理的宏观视野，必须积极推动把专业社会工作纳入社会矫正工作体系。2015年和2016年连续两年的政府工作报告中，都明确强调了要支持

---

① 孟建柱：《全面推进社区矫正工作促进社区服刑人员更好地融入社会》，中华人民共和国司法部网站，2014年7月11日。

发展专业社会工作，发挥其服务社会的专业优势。我国社区矫正如今的成就来之不易，总结经验，其中重要的一点就是，各地重视社会工作专业力量，对其参与社区矫正的重要性认识比较到位，并积极探索社会工作介入社区矫正的机制与模式。

  然而，当前社会工作参与社区矫正仍然存在诸多问题，直接影响了我国社区矫正工作的进一步发展。因此，我们必须把握好社区矫正与社会工作的契合度，在此基础上，分析当前我国社会工作介入社区矫正的困难及其原因，并提出相应的对策，最终尝试构建社会工作介入社区矫正的长效机制。这是推动我国社区矫正不断向前发展，更是创新社区服刑人员和刑释解教人员等特殊人群社会管理的重要途径。当然这也是本书的基本前提和最终落脚点。

第 3 章

社会工作介入社区矫正的理论基础

作为一种现代刑罚执行方式，社区矫正是人类文明从传统到现代转型的产物，意味着人类刑罚观念的一次本质意义上的变革。刑罚是人类在法律设置的基础上对违犯社会底线公平的人所实施的一种处置方式，其形态在人类社会的转型过程中历经了剧烈而深刻的变迁，社区矫正成为现代社会一项重要的人身监控系统和罪犯处遇模式正是这一深刻变迁的结果。可以说，作为法律设置依据的罪犯刑罚观念，在近代以来深受各种政治、道德和文化等社会思潮的影响，社会思潮与刑罚观念之间存在着十分密切的关联，不可不察。所以，本章主要解答社会工作为什么能够介入社区矫正这一基础性理论问题[1]，但不再像第 1 章那样从社会工作角度进行论证，而是从人类社会发展与刑罚方式变迁的角度，探讨社区矫正形成发展以及社会工作介入的理论依据。

3.1 人道主义的兴起与刑罚轻缓化

人道主义是人类近代以来形成的一种哲学思潮和社会观念，它是以人的主体性为基本立足点，强调充分彰显人的价值，尊重人的权益，并且承认人人平等，认为社会的终极目标是增进人类福祉。人道主义的兴起转变了社会的刑罚观念，使得传统社会的重刑主义逐渐得到扭转，促进了人类刑罚的轻缓化。

---

[1] 本章部分内容已获公开发表，请参见方舒、苏苗苗：《社会工作介入社区矫正的理论基础》，载《开发研究》2017 年第 2 期。

3.1.1 从重刑主义到现代行刑方式

近代以前,人类社会在处置犯人的方式上通常采用的是重典和酷刑,即一方面在法律设置上颁布惩罚力度较大的法典防控社会成员的越轨行为,另一方面对违法者施以严刑起到威慑公众和维护正义的作用,通过这样一前一后的司法制度设置,惩治了罪犯恶行、规范了社会关系进而维护了社会的稳定运行。其中,刑罚作为最古老、最为结构化地惩罚越轨行为的正式系统,成为传统社会中最重要的社会控制系统。中国古代很早就有多种严刑峻法,主要以"割裂肌肤,残害肢体"的刑罚手段为主。在18、19世纪以前,西欧各国仍然兴盛酷刑和重典,比如示众、上颈枷锁、戴铁项圈、鞭笞、烙印等。正如福柯在《规训与惩罚》一书中所描述的那样:

> 酷刑是一种技术,它并非一种无法无天的极端狂暴表现。惩罚要成为酷刑的话,必须符合三条基本标准:首先,它必须制造出某种程度的痛苦,这种痛苦必须能够被精确地度量;其次,酷刑应成为某种仪式的一部分,它应该标明受刑者,给受刑者打上耻辱的烙印;最后,从规定酷刑的法律的角度看,公开的酷刑和死刑应该让所有的人把它看成几乎是一场凯旋仪式,是伸张正义的仪式①。

无可否认,传统社会的重刑主义刑罚实践通过严惩罪犯、威慑民众起到恢复团结和维持秩序的现实作用。但是众所周知,严刑峻法也确确实实存在着一连串的弊端。首先,它破坏了罪刑内在的比例关系,违背了罪刑相适应的原则②,它与公平的法律原则是相悖的。其次,酷刑和重典对罪犯肉体的伤害、精神的折磨和尊严的践踏会使罪犯产生心理阴影和肢体残疾从而无法正常回归社会。最后,重刑主义不是对犯罪有效的遏制,一方面,它可能会引起民众的反感甚至抵制,制造社会紧张气氛;另一方面,它可能会导致罪犯刑满之后重新犯罪,著名刑法学家贝卡里亚就认为"酷

---

① [法]米歇尔·福柯,刘北成、杨远婴译:《规训与惩罚》,生活·读书·新知三联书店,2012年版,第36~38页。
② 赵波:《论重刑主义的弊端及刑罚轻缓化的必要性》,载《湖北第二师范学院学报》2011年第5期。

刑场面带给人们的通常是一副铁石心肠，而不是教人悔过"。

需要指出的是，重刑传统下的刑罚制度强调的是社会的保护功能，具有赤裸裸的工具色彩，为了维护统治秩序而无需对受罚的个体所承受的痛苦有任何多余的考虑，它忽视了法律本该具有的人权保障的价值蕴含，因此也更谈不上对自由、公平和正义的价值追求。

3.1.2 人道主义的兴起及其内涵

人道主义在英语中是"humanism"，该词来源于拉丁文的"humanistas"（人道精神）。人道主义在西方文化中可以追溯到古希腊罗马时代的人文精神，中间经过文艺复兴和启蒙运动，到 20 世纪已经形成为一个内容繁杂、影响很大的思想体系。作为资产阶级革命的意识形态，它对人的尊严和自由、平等的推崇，一方面张扬了人性的高贵和人类价值与目的的重要性，使人有尊严地、幸福地生活成为一种人权的要求，一种福利权利。另一方面，它也鼓励了个人自我中心主义意识的膨胀，使个人主义和利己主义成为具有政治合理性和道德合理性的要求[①]。尽管人道主义思潮内部存在着不同的派别，但人道主义不同思潮的共同点在于：重视人的价值，视每个人的自由、平等、幸福为最高价值。

人道主义是近代资产阶级反对封建主义和宗教神学统治的一面伟大旗帜。在中世纪的欧洲，很多的刑罚是在教会主导下实施的对"异端"的迫害，神职人员打着"神意"的幌子，用各种极其残忍的手段折磨、杀害行为或言论不遵从宗教规范的人们，进而对世人的言行和思想进行钳制。于是，人道主义在文艺复兴和启蒙运动中被思想先驱重新提起，目的就是为了重新张扬人的地位和价值而与宗教神学的教条所抗争。

人道主义将人类刑罚观念从只看到神意和宗教转变为重新思考如何对待人本身这一问题上，它对人类刑罚观念变迁具有重要的启发。"当其在刑事法治的天空中冉冉升起之后，酷刑体系开始逐步暗淡、泯灭。新的刑法制度、刑法规范因为植根于人道主义从而具备了正当性与合理性，刑法的人道性也成为检验刑法规范是否符合时代要求的一个标尺。"[②] 所以说，人道主义精神在近代的复兴和彰显，对传统重刑主义的衰落和新型刑罚观

---

① 钱宁：《从人道主义到公民权利——现代社会福利政治道德观念的历史演变》，载《社会学研究》2004 年第 1 期。
② 孙万怀：《罪刑关系法定化困境与人道主义补足》，载《政法论坛》2012 年第 1 期。

念的形成起到了价值引领的作用。

从现实来说,人道主义在司法制度上的广泛作用,让重刑实践日益减少,促使现代刑罚方式的产生。如前所述,重刑以肢体刑和生命刑为主,对罪犯的伤害是无法恢复的,而人道主义在法律领域播下了平等、公正和包容等现代刑罚观念的元素,这些元素塑造了"法律面前人人平等"的理念,在量刑、定罚和人格对待上,强调了回归人这一主体上。同时人道主义也促进了罪罚对等的现代司法原则的形成,使得现代刑罚观念和制度越来越多地融入了恢复性司法的精神。

3.1.3 人道主义思潮与社区矫正的刑罚理念

从社会学的角度说来,所谓刑罚,是指刑法通过对社会越轨行为实行结构化的系统惩罚而实现维持秩序的功能[①]。在现代社会,刑罚本身就具有了司法性和社会性的双重属性,而这与社区矫正这一现代刑罚执行方式在内涵上就是一致的。如第1章所述,社区矫正是将适合条件的罪犯置于社区,司法人员在专业人士和志愿者的协助下对其进行监管、教育和帮扶的系统工作。社区矫正兼具司法性和社会性的双重属性,所谓的司法性突出了其"矫正"的含义,主要指的是通过在社区服刑完成司法上的系统惩罚目的;所谓的社会性突出了其"社区"的含义,主要指的是服刑人员被安置于社区这一社会化环境中,并借用社区化、社会化的手段实施矫正,促使罪犯重新回归社会。

可见,社区矫正这一现代刑罚执行方式的出现表明了人类刑罚观念已经发生了新的变化,即从传统社会的重刑主义向现代社会的行刑轻缓化和刑罚个别化转变。之所以出现这样深刻而根本性的转变,背后的思想动力就是人道主义的价值精神,或者反过来说,人道主义的价值精神要求人类刑罚观念必须朝着轻缓化、个别化和人性化方向进行演变。

一方面,社区矫正代表了人类刑罚观念中行刑轻缓化的趋向。从世界背景来看,刑罚轻缓化乃是人道主义的发展与人权保障进步的结果。这一观点是对刑罚轻缓化的宏观定位,关注的乃是刑罚轻缓化的世界潮流[②]。行刑轻缓化不仅表现为人类刑罚对传统重刑主义下肢体刑、生命刑滥用的

[①] 郭星华主编:《法社会学教程》,中国人民大学出版社2010年版,第209页。
[②] 赵秉志、金翼翔:《论刑罚轻缓化的世界背景与中国实践》,载《法律适用》2012年第6期。

摒弃，也表现为更多地从能够使得罪犯在接受刑罚的过程中矫正自身的越轨行为从而重新回归社会。

另一方面，社区矫正也代表了人类刑罚制度的个别化走向。理性主义刑罚观认为，"为实现刑罚公正，必须在贯彻罪刑相当原则的同时考虑罪犯个人情况，刑罚适用应当有一个综合评定标准，必须从保障基本人权的角度出发，结合犯罪防控规律及社会的具体情况设定这个标准"①。刑罚个别化主张在社区矫正中可以得到更为明显的体现，庭审前的社会调查、针对个人的矫正方案、"一对一"或"一对多"的矫正干预以及事后的个案评估等，无不体现了社区矫正在人道主义影响下，更好地实现了刑罚个别化的目标。

3.1.4 人道主义视阈下的社会工作与社区矫正

社会工作作为现代社会的一项专业福利服务事业，其兴起和发展的推动力也是人道主义。在工业革命之初的英格兰，最初对大批涌入城市的破产农民、手工业者等贫民施以援手的，是信奉基督教的教徒和社会中的精英慈善人士。他们秉持着平等、博爱的人文精神，济贫扶困，开创了现代社会工作之先河。

所以说，人道主义精神、人本主义哲学理念对社会工作的发展起到了极大的推动作用，甚至是引导其介入社区矫正领域、开展犯罪人群管理与服务工作的决定性动因。对于人道主义的定义，最简单的表述就是："把人真正当作人来对待"。然而，也正是因为这唯一得到公认的解释是如此的含混，才使得人道主义的问题显得十分复杂。比如，萨特在思考"人是什么"的问题时，提出"存在主义的人道主义"概念。他是在对人的自由、行动、责任、价值的理解中来定义存在主义的，强调人在社会生活中必须贯彻自由与责任的统一②。而存在主义哲学思潮对社会工作具有极大的启发意义。在社会工作理论视阈下，存在主义是一种构成了某种哲学层面的反思和挑战的特殊社会工作理论模式。"在存在主义看来，社会工作是一门艺术，一种帮助他人寻求一种有意义的存在方式的艺术。"③ 基于

---

① 刘柏纯：《刑罚个别化之价值评析》，载《政法学刊》2006年第6期。
② 卢云昆：《自由与责任的深层悖论——浅析萨特'存在主义的人道主义'概念》，载《复旦学报》（社会科学版）2010年第3期。
③ 何雪松：《社会工作理论》，格致出版社、上海人民出版社2007年版，第110页。

这样一种认识,在具体开展实务时,存在主义范式要求社会工作者重点关注人自身对其生存的深层思考,聚焦于个人获得足以掌控其自身生活和改变其既有生活观念的能力。根结起来,存在主义基于人本传统,它的实务模式实际上就是"通过发现有意义的生活而实现对服务对象的影响作用"。

在存在主义理论模式中,诸如存在(包括自在的存在和自为的存在)、自由和责任、本真性、关系、焦虑等概念构成了其基础的阐释框架,我们认为这些概念对引导专业社工参与社区矫正具有较大的启发意义。存在主义的视角指引社工客观真实地面对社会当中的一类特殊群体——社区服刑人员,在对待他们时要评估其关于自由与刑罚、责任与选择、命运和关系,进而增强沟通、消除自欺的限制感,并与他们一道赋予未来生活以更加积极的"意义",重构他们的信念和人生,从而顺利完成更新和回归社会。

3.2 公民权利理论与社区服刑人员需求规范化

我们认为,社会工作介入社区矫正代表着一个社会的法律对待罪犯的一种态度。在国外的社会理论领域中,关于如何对待人本身的思想观念可谓精彩纷呈,其中社会权利理论在阐述如何对待所有社会成员特别是特殊人群的基本权利方面具有较强的解释力。它能够从社区服刑人员的权利解析出发,指出其生存、发展与参与等多层次需求应该包含哪些内容以及如何满足,并且也为专业社工如何开展矫正工作指明了方向。这种需求的规范化过程对于社区服刑人员这一特殊人群来说,是必要的。

3.2.1 刑罚背后的权利之辩

在现代社会,权利这一概念本身就是指由法律所规定的各类主体应享有的需求满足。而罪犯是在法律框架下被认定为违反既有规制的一群人,这就是说"罪犯"是有着其自身的法律地位的(无论是处罚或是其他方面),进而也就需要承认其也应享有法律所规定的权利。这种"罪犯权利论"拥有较为悠久的思想渊源,在古代,无论是在东方还是西方,罪犯仅是刑律制裁的客体,根本无权利可言,近代以来资产阶级思想家高举天赋人权的大旗,主张罪犯应该享有基本人权,它才逐渐成为法制体系中最为基础性的司法观念之一。

权利基本上是一个法律概念，指个人主张的合法性。英国学者马歇尔（T. H. Marshall）在其提出的公民权利理论中指出，权利可以分为民事权利（civil right）、政治权利（political right）和社会权利（social right）三个方面，而这三个方面也是公民资格的构成要素。其中民事权利是个人在社会生活中必不可少的基本权利，包括人身自由、言论和思想自由、财产权和获得公正的权利等；政治权利是指参与行使政治权力的权利；社会权利是指从公民的经济福利与安全到充分享有社会资源并根据社会通行标准享受文明生活的权利。一般认为，在西方各国的市民社会变迁史之中，公民资格中的三项基本权利是逐一出现和发展形成的。首先在资产阶级革命中实现了"人人生而平等""天赋人权"等思想的传播，人们的财产权、自由权和人身权等；19世纪末20世纪初，以投票权为代表的政治参与权利在男性公民中得到实现，并随后逐步扩大成公民普遍拥有的权利；以公民的民事权利、政治权利为基础，20世纪公民权利实现了其最终的形式——公民的社会权利。"社会权利是以成员资格为基础，它把改善所有社会的福利状况、保护并增加人民在教育和社会服务等方面的福利看作是国家行动的目标，社会权利是把实现公民的福利和社会保障看作是一种公共责任。"[①] 可见，作为保障性的权利，社会权利关系到人民生活是否真正幸福，实现社会福祉的障碍是否消除，以及由民事权利和政治权利所规定的公民个人的权利能否得以实现等。

然而，与其他公民相比，罪犯已不能完整地享有宪法和法律所规定的公民权利，他们的一部分原有权利已被依法剥夺，实体权利的范围缩小，从而在权利形态上表现出部分的缺失，如罪犯人身自由权的丧失等[②]。即便如此，在当今法学界，人们也普遍认可公民权利所规定的一系列公民权利对罪犯也是同样有效的观点。我国相关法律规定，作为社会成员的社区服刑人员拥有17项社会一般权利[③]，包括生命健康权、法定人身自由权、人格权、住宅权、法定通信权、婚姻家庭权、财产权和继承权、知识产权、法定政治权、宗教信仰自由、受教育权、劳动权、文化活动权、获得国家赔偿权、获得物质帮助权等。

我们认为，社会工作作为现代社会一项重要的福利事业，在确保和实

[①] 钱宁主编：《现代社会福利思想》，高等教育出版社2006年版，第187页。
[②] 赵运恒：《罪犯权利论》，载《中国刑事法》2001年第4期。
[③] 吴宗宪主编：《社区矫正导论》，中国人民大学出版社2011年版，第132～139页。

现社区服刑人员社会权利上具有重要作用。之所以作这样的论断，原因在于，社会工作介入社区矫正的适用范围是有限的，如政治权利、诉讼权利等方面并非与专业社工的服务直接相关，而属于马歇尔所划分的社会权利范围内的权利才是社工介入实施行动的主要工作方面，比如，婚姻家庭、受教育、人格与隐私、文化活动及物质帮助等权利。

3.2.2 公民权利与服刑人员的需求界定

按照社会学的观点，合法的权利背后所体现的是两大基本原则：一是以需求为本（need-based），强调人类的需求是可以区别出来的，一个合理化政府有义务满足人们的这些需求；二是以应得为本（desert-based），强调某些特定团体的特质和行为，自然而然就需要社会为它们义务提供一些服务①。而在社区矫正领域，一般将服刑人员的权利划分为作为社会成员的一般权利和作为矫正对象的特殊权利。根据这种观点，我们认为，社区矫正领域的工作对象即社区服刑人员，就成为既要以需求为本来强调政府对所有人权利和需要的实现，又要以应得为本更为突出社区服刑人员这一人群特殊需要的社会化满足。

罪犯权利与刑罚权之间是辩证统一的关系，两者又都来源于社会生活的需要，在犯罪者个人身上，二者权利是此消彼长、相互制约的。众所周知，在传统意义上，刑罚的目的包括两种：一种目的是对于已发生犯罪后果的报应、社会报复，其原理在于国家或受害人所在集体代表受害人，对犯罪实施者进行与其受害程度相匹配的惩罚，而惩罚中包含了通过设计而实施的疼痛和伤害，并被伤害所假定的某些价值正当化，例如，与犯罪造成的伤害实现相对意义上的对等。刑罚的另一种目的则是指外在的威慑，这种威慑可能发生在具体的或宏观的情境中，具体的威慑主要指对罪犯的威慑，以防止他们进一步越轨，宏观的威慑则是指对潜在的越轨行为做出的提醒，它主要通过提供具体案例，使得其他人远离犯罪行为②。然而，在法律文明发展中，当代西方各国都承认教育改造罪犯、预防重新犯罪也是刑罚的重要目的之一，而罪犯权利的赋予和罪犯合理需求的有效满足正是为了实现刑罚的恢复性目的，所以对于服刑人员需求如何满足就成为实

---

① 林闽钢：《现代西方社会福利思想——流派与名家》，中国劳动社会保障出版社2012年版，第16~17页。
② 郭星华主编：《法社会学教程》，中国人民大学出版社2010年版，第209页。

现这一人群权利的关键性议题。

人类一切社会活动的前提条件都是归结到物质和其他生活需要的满足。人类在生存的过程中会产生需求的问题,美国人本主义心理学家马斯洛就曾提出"需要层次理论",给出了人类需要的五层次说,即生理需要、安全需要、爱与归属的需要、受尊重的需要、自我实现的需要,而各种需求间有高低层次与顺序之分。英国社会政策学者布拉德肖则将需要分为四种形式:规范性需求(是以政府或专家在某一情境下所界定的需要)、感觉需求(个人依据其欲望或体验所感觉的需要)、比较性需求(对相同条件下所获进行比较产生的需要)、表达性需求(感觉到并急需表达出来的需求)。另外还有英国学者多亚尔和高夫等人提出的人的需要二分法理论,指出人的需要具有普遍性,可以分为基本需要和中介需要,其中健康和自主是人的基本需要,在实现人类基本需要时就对中介需要提出要求,比如要实现人的健康生存就需要具备足够的食物、干净的饮用水及安全的住宅等条件,要实现人的自主状态就需要具备接受教育、避免受压迫及成功就业等条件。

我们认为,由于社区服刑人员也是具有宪法和法律所规定的权利,因而也就具有了获得政府、社会和他人为其提供必要服务或支持,帮助其实现合理需求的权利。但是,由于服刑人员的特殊性,其需求又必须是在法律规定的权利范围内明显具有限制性。

3.2.3 对社会工作介入社区矫正的实务要求

公民权利在社区服刑人员身上也是必须得到充分彰显的。因此,"为教育罪犯认罪服法、真诚悔改,鼓励罪犯洗心革面、早日回归社会,实现特殊预防的目的,各国的刑事法律都不同程度地规定了基于罪犯特定身份而拥有的权利"[①],而具体的途径在于对这一群体合理的需求予以满足。这就为社会工作这一现代福利事业在社区矫正领域开展专业服务提供了必要的理论支撑,同时也对社会工作应当如何介入提出了具体的实务要求。

社会工作之所以被称为"社会工程学",专业社会工作者被世人称为"社会工程师",主要就是因其具有一系列对待各类社会问题、社会群体的处遇模式,在其专业手法上拥有众多的技术优势。我们认为,公民权利在社区服刑人员这里得以彰显,与专业社工的有效介入是相得益彰的,社会

---

① 万国海:《罪犯权利论纲》,载《扬州大学学报》(社会科学版) 2003 年第 6 期。

工作在社区矫正领域为了满足罪犯及其家庭、社区与社会等一系列主体的利益和需要,所要开展的工作项目是十分丰富的、发挥作用的空间也是比较宽阔的。大体说来,对社区矫正领域社会工作的实务要求主要体现如下。

第一,要求矫正社工在协助开展矫正服务时对服刑人员及其家人予以足够的尊重。马斯洛的需要层次理论提出,爱与归属的需要、受他人尊重和自尊的需要是每个人最主要的社会性、心理性的需要。同时,平等地给予每一位服务对象以充分的人格尊重,是社会工作专业价值观的基本要求。这就是说,矫正社工在实务中必须做到耐心地倾听,在实务手法上运用叙事治疗的方法,"叙事治疗是一种研究我们如何理解世界的方法"[①]。矫正社工将其运用于社区矫正,可以掌握服刑人员的心理和社会支持情况,进而有针对性地开展矫正和提供服务。

第二,要求矫正社工在协助开展矫正服务时需要秉持优势视角,围绕提高服刑人员自我效能感,帮助其尽快纠正犯罪的行为和心理,重塑新的精神面貌,进而开始新的人生道路。众所周知,助人自助的理念是社会工作的专业价值内核,优势视角主张"案主应被视为是有能力、有价值的个体"[②],矫正社工必须基于服刑人员的立场体察其自身的经历和体验,与服刑人员建立一种协同面对困境的陪伴者关系,消除其周围存在的阻碍其重新回归社会的消极因素,进而增强其应对困境的能力。

第三,要求矫正社工协助司法人员规划矫正方案时,应具有"人在情境中"的系统观念。这是因为,犯罪矫正的传统服务方案比较注重服刑者本人的康复、监管和治疗,而较少系统地涉及服刑者的配偶、父母、子女、亲戚和其他重要他人,从而使矫正的效果并不尽如人意。美国的一项研究表明,在服刑期间仍可维持家庭关系稳固的罪犯,在出狱后比较不容易再犯[③]。这就是说,矫正社工需要强化社区服刑人员的家庭支持系统,甚至必要时,为其家人提供支持性服务。

3.3 福利多元主义对社会工作和社区矫正的启示

社会工作介入司法矫正领域,一方面是专业的社会力量积极参与社会

---

① 何雪松:《社会工作理论》,格致出版社、上海人民出版社2007年版,第175页。
② 宋丽珍等:《社会工作理论——处遇模式与案例分析》,洪叶文化2002年版,第371页。
③ [美]艾伯特·R·罗伯茨主编,郑瑞隆等译:《矫正社会工作》,心理出版社2007年版,第427页。

治理的过程，另一方面也是依法为矫正对象输送合理社会福利的过程。因此，为实现社会工作福利传输的专业目的，借鉴社会福利、社会政策领域中的福利多元主义理论反思和形成专业实践，对本书来说是非常必要的一项任务。

3.3.1 福利多元组合对传统福利模式的超越

在人类社会的文明发展史上，社会福利制度是在一定的社会制度基础上建立起来的。社会制度是由一组相关的社会规范构成的，也是相对持久的社会关系的定型化，人类群体的生活主要发生在六种基本的社会制度中，它们是亲属、宗教、工作单位、市场、社区互助机构和政府，见表3-1。

表3-1　　　　　　　　社会制度、组织和功能

社会制度	主要组织形式	主要功能	社会福利功能
亲属	家庭	繁衍后代、社会化、保护、情感支持	抚养、家庭间的经济支持
宗教	教会	精神感悟、培养信仰	宗教性质的医疗、教育和社会服务、慈善救济
工作单位	行政的或商业的办公室、工厂、农场等	产品和服务的生产、管理等	职业福利
市场	生产者（企业）和消费者（家庭）	金钱与实物的交换	商业化的社会福利产品和服务
互助机构	邻里、支持群体、志愿机构	互助、慈善	自助及自愿服务、非营利性社会服务
政府	中央和地方政府	资源的筹集和分配	消除贫困、经济保障、医疗、教育、社会服务

资料来源：[英]尼尔·吉尔伯特、保罗·泰瑞尔：《社会福利政策导论》，黄晨熹等译，华东理工大学出版社2003年版，第4页。

人类早期主要由家庭和社区提供生活保障和老幼病残照顾，这种福利模式属于自我照顾和自我保障的范畴。然而，自从人类的工业化和城市化

进程开启以来，人们在就业、生活中的风险急剧增加，原本的家庭和社区等传统的福利保障模式已无法适应社会化大生产、高等分工所带来的一系列福利问题[①]，于是国家和政府逐渐从传统模式中辅助者的角色跃升为现代社会福利制度中的主导者角色。

这种现实中的福利模式的变迁在福利思想史上也有直观的体现。在经典的社会福利理论如福利国家理论中，强调国家在社会福利提供方面的主体性作用。但也有理论坚持应当在强调国家和政府福利角色的同时延续家庭等传统福利制度的作用，比如，美国学者罗斯就提出了福利多元组合的理论。他认为在现代社会中，福利来源于家庭、市场和国家三个部门，三者提供的福利整合后就形成了一个社会的福利整体，即家庭中生产的福利加上通过市场交换而获得的福利与国家提供的公共福利形成一个福利整体。

福利多元组合理论实现了对传统福利模式的超越，具有重要的理论价值。首先它摒弃的是视国家为福利制度唯一主体的"一元论"，看到了人类多种传统社会制度在现代社会中仍然具有福利保障的功能。同时，它理顺了在现代社会中个人的生存和发展所需福祉主要来源的关系，既强调国家的安全保障职能又动员个人从自身就业、家庭和社区等角度寻求保障。此外，从多方主体力量综合考虑福利如何供给的问题，对社区矫正工作的主体机制改革也具有直接的启发意义。

3.3.2 福利多元主义与志愿服务的兴起

根据社会学的学科观念，福利思想史上关于多元组合议题的探讨，其背后反映出的实际上是国家、市场与社会这三者之间的关系问题。众所周知，在现代社会，代表公共部门的国家、代表经济组织的市场和代表民间意志的社会是构成一个完整而又秩序良好社会的三大部门。我们看到，罗斯所提出的福利多元组合理论主张社会福利的来源应当多元化，福利是全社会的产物，因此既不能完全依赖市场，也不能完全依赖国家。但是他却没有厘清政府、市场、社会这三者之间的关系，对福利多元主义的理解也过于简单，因此，他的理论的解释力是有限的。

所以，有关福利组合问题的讨论并未在罗斯那里止步，后来的研究丰

---

① 钱宁主编：《现代社会福利思想》，高等教育出版社2006年版，第4页。

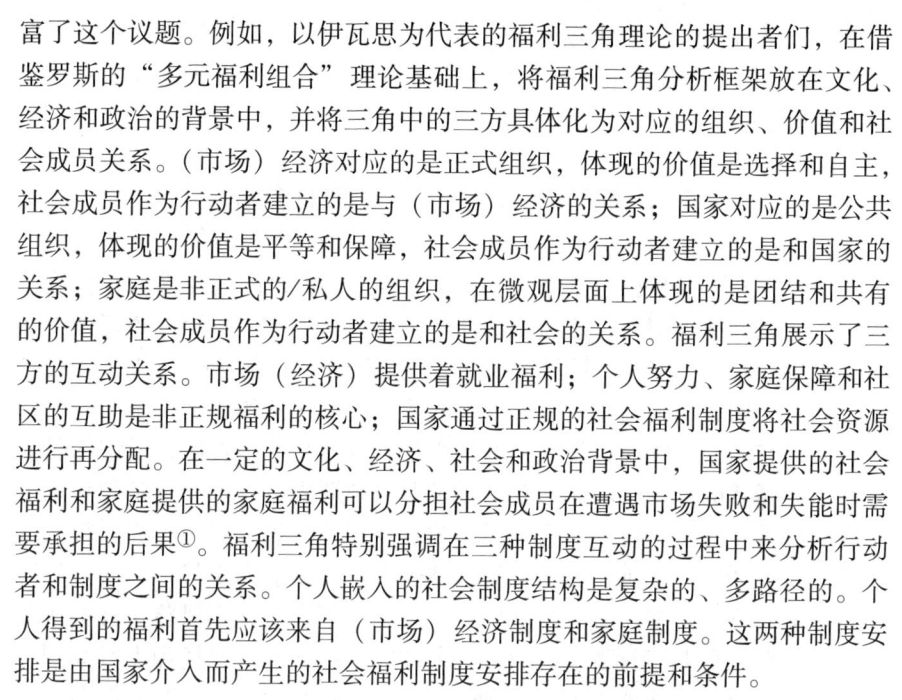

富了这个议题。例如，以伊瓦思为代表的福利三角理论的提出者们，在借鉴罗斯的"多元福利组合"理论基础上，将福利三角分析框架放在文化、经济和政治的背景中，并将三角中的三方具体化为对应的组织、价值和社会成员关系。（市场）经济对应的是正式组织，体现的价值是选择和自主，社会成员作为行动者建立的是与（市场）经济的关系；国家对应的是公共组织，体现的价值是平等和保障，社会成员作为行动者建立的是和国家的关系；家庭是非正式的/私人的组织，在微观层面上体现的是团结和共有的价值，社会成员作为行动者建立的是和社会的关系。福利三角展示了三方的互动关系。市场（经济）提供着就业福利；个人努力、家庭保障和社区的互助是非正规福利的核心；国家通过正规的社会福利制度将社会资源进行再分配。在一定的文化、经济、社会和政治背景中，国家提供的社会福利和家庭提供的家庭福利可以分担社会成员在遭遇市场失败和失能时需要承担的后果[①]。福利三角特别强调在三种制度互动的过程中来分析行动者和制度之间的关系。个人嵌入的社会制度结构是复杂的、多路径的。个人得到的福利首先应该来自（市场）经济制度和家庭制度。这两种制度安排是由国家介入而产生的社会福利制度安排存在的前提和条件。

福利多元主义的兴起实际上是当今世界从福利国家模式向混合福利转型这一现实的理论提炼。在20世纪中后期欧洲各国纷纷建成福利国家，到20世纪70年代福利国家危机，以及之后20年新自由主义崇尚自由市场机制的福利改革，先后出现了"政府失灵""市场失灵"的两大难题。也就是说，仅由政府或市场来承担的社会福利存在着难以克服的弊端，所以很多人主张从市民社会中发掘民间的福利力量，其中就以结社和志愿服务的运用为代表。所以，连伊瓦思本人后来也修正了自己的理论并提出现代社会福利的来源有市场、国家、社区和民间社会四大方面，他还特别强调民间社会的特殊福利作用。在此政治和思想的背景下，第三部门（介乎于政府、市场之外的社会中介力量通常被称为'第三部门'）、志愿服务的兴起成为一股新的潮流。

针对政府和市场两方面问题，第三部门发挥着开发新的服务种类以满足新的需求、向其他机构提供服务、进行机构之间的联络、代表少数利益

---

① 彭华民等著：《西方社会福利理论前沿：论国家、社会、体制与政策》，中国社会出版社2009年版，第3页。

群体、提供直接服务五大项作用，为福利问题提供了一个全新的解决框架[①]。所以，福利多元主义突出强调了民间组织、志愿服务在解决福利问题上的重要性。

3.3.3 多元主体协同下的社区矫正工作创新

福利多元主义强调通过家庭、市场和政府三方之间的互动为社会成员提供多元化的社会福利，这为丰富社区矫正的服务主体和社区矫正的工作内容提供了有益的启示，即社区矫正要实现服务主体的多样化和社会化。

众所周知，我国的社区矫正出现的比较晚，这是和我国传统的社会结构有关，我国的传统社会是以家本位为基础的社会，一直以来强调的是家庭对于犯罪者的支持作用。一个人犯了罪被判刑之后，也只有亲人特别是具有血缘关系的家人对其不离不弃，独自承担着犯罪者因为犯罪而带来的各种后果，如财务危机、名誉危机、情感危机和生活困境等。当前，我国处在社会转型加速期，激烈的市场竞争产生了更多的社会风险，社会成员尤其是犯罪人员要面对更多的困难。因此，在由国家、市场和家庭共同组成的现代社会中，矫正对象更需要多元化的支持，社区矫正工作需要政府、家庭、社区和社会力量的共同参与。第一，家庭。越轨行为的发生往往与家庭功能的缺失和家庭关系的不和谐有着密切的关联，同时，家庭也是社会成员应对困境的第一缓冲带，是矫正对象最坚强、最温暖的后盾，矫正对象是否拥有强有力的家庭支持系统，直接关系到社区矫正是否成功和刑满之后矫正对象是否会重新犯罪。因此，家庭应该在社区矫正工作中扮演重要主体。第二，政府相关部门。目前，社区矫正的主体是司法行政部门，但仅仅依靠司法部门的力量是不够的，还需引进专业化的力量为社区矫正提供专业技术支持。第三，社区。社区矫正顾名思义是在社区中展开的矫正活动，离开了社区也就不能称之为社区矫正了，另外，社区工作者参与社区矫正也比较具有优势，因为他们对矫正对象的需求以及社区的资源比较了解，能够更好地利用社区资源为矫正服务对象构建社会支持网络，使矫正对象能够顺利融入社会。第四，社会组织等社会力量。社会力量作为社区矫正的"第三领域"，具有其参与优势。以民间组织为载体，以社会志愿者为中坚的社会力量通过行为规训、心理矫治、就业接纳和网

[①] 方舒、李迎生：《第三部门失灵与我国残疾人托养服务体系建设——以北京 H 机构为例》，载《华东理工大学学报》（社会科学版）2011 年第 5 期。

络构建等路径介入社区矫正，满足矫正对象多元化的需求。

家庭、政府、社区和社会力量等多元主体协同机制对社区矫正的创新具有重大意义，那么各方主体之间如何实现互动是我们需要探讨的现实问题，下面我们将从如何厘清家庭、政府、社区和社会力量之间的关系以及如何实现各方力量的互动这两个方面来进行阐述。

关于家庭、政府、社区和社会力量之间的关系，我国的相关法律法规作了明确规定。如我国《社区矫正实施办法》第三条规定，县级司法行政机关社区矫正机构对社区矫正人员进行监督管理和教育帮助；司法所承担社区矫正日常工作；社会工作者和志愿者在社区矫正机构的组织指导下参与社区矫正工作。有关部门、村（居）民委员会、社区矫正人员所在单位、就读学校、家庭成员或者监护人、保证人等协助社区矫正机构进行社区矫正。

关于如何实现家庭、政府、社区和社会力量等各方力量的互动，结合本书的主要思路，我们认为：需要强化政府的罪犯监管和矫正服务的职能；推进社区的建设与发展，完善基层对罪犯的管理与服务的制度体系与主体网络；培育和发展社会组织，引导其良性发展，进一步增强他们参与社区矫正工作的意愿和能力；强调用人单位的社会责任和对罪犯个人回归社会的支持作用；倡导家庭的互助功能和个人的自助功能。作为社会建设与管理的重要内容，这些方面工作的开展还必须诉诸于社会工作这一力量，社会工作通过整合各种正式和非正式、制度化和非制度化的资源来解决个体、家庭、社区乃至社会的问题，同时也强调将罪犯个体放置于社会环境和系统中，关注个体的心理和行为与所处社会环境的关系。

3.4 社会排斥与融合视角下的司法矫正社区化

司法矫正是依照法律对罪犯进行严格惩罚与控制，对其进行生活政治化的过程。在这一过程中，矫正对象常被贴上"标签"遭受污名化，这种社会控制方式充满了社会排斥意味，阻碍了矫正对象顺利回归社会。社会工作秉持平等相待和非评判的价值观，积极消解对罪犯的社会排斥并促进其融入社会，协助矫正对象走上生活正规，这与社区化司法矫正模式的追求是一致的。

3.4.1 标签、排斥与融合的逻辑演进

在社会学的学科体系中,对犯罪及其预防、控制与矫正的研究集中在"法社会学"的分支领域,在此领域中一般将犯罪界定为一种越轨行为,广义的越轨行为是指社会成员中的个体、群体和组织偏离或违反现存社会规范的行为,而犯罪则是指违反国家刑事法律的行为。我们认为,无论是法学、社会学还是心理学,一切的学术研究最终还是要落实在现实问题的解决这一最终落脚点上,犯罪越轨行为的研究也不例外。

在当前的法理学、社会学、心理学等领域中,就"对越轨、犯罪行为的社会控制"这一议题具有普遍解释力的无疑是社会控制理论。如果说社会控制理论在法理学界是作为一种认识法律性质的重要工具,那么在西方犯罪学界,它则真正地与社会学、心理学、经济学理论结合起来,成为一种较为成熟的主流学派,对解释越轨、违法和犯罪行为作出了极为重要的理论贡献[1]。对罪犯个人来说,社会控制既来自外在压力也来自内在心理压力,外在压力主要是社会规范、律法等的硬性约束,内在心理压力主要是在社会互动过程中感受到的来自他人的否定性评判和区别化的对待,内在压力有时甚至比外在压力更让人畏惧。

美国社会学家、社会心理学家欧文·戈夫曼提出的"标签理论"对罪犯这一特殊群体社会控制心理机制的解释更有力度。根据这一理论,罪犯作为一类违反社会公共规范的人,是一种带有受损人格的特殊社会身份,社会公众在对待他们时,总是为其贴上"犯罪者"的标签,视他们为危险的或丢脸的"另类"。这种来自社会主流价值观的公众态度会给罪犯心理带来暗示,从而强化了他们的自我身份,认定自己原本就是社会的"边缘人"并且不可更改,进而无法回归到正常生活轨迹上。

从对"标签理论"的分析我们可以发现两方面意思。一方面,该理论深刻描述了人与人之间社会互动过程中的一种普遍现象,即社会公众对特殊身份人士的"另眼相看",而这种社会现象也客观上发挥了对特殊身份人士的社会控制。欧文·戈夫曼在《污名——受损身份管理札记》这本小册子中明确提出"恶名的显著功能是社会控制"观点[2]。另一方面,"标

---

[1] 郭星华主编:《法社会学教程》,中国人民大学出版社2010年版,第206页。
[2] [美]欧文·戈夫曼,宋立宏译:《污名——受损身份管理札记》,商务印书馆2009年版,第95页。

签理论"也解释了社会排斥问题。当越轨者、残障者、失能者等特殊身份人士被公众贴上与其印记对应的"标签"而污名化时,会使"我是什么样的人就会做什么样的事"这种负面的心理暗示在特殊身份人士的内心产生,而再经过"个人污名—公众标签—心理强化—(越轨)行为强化"这一过程,更不利于这些边缘人群回归和融入主流社会。

3.4.2 宽容、融合与司法矫正处遇模式社区化

在司法矫正领域,不同发展阶段人们认识和看待越轨行为和罪犯的观念是不同的。早期从生物学的角度将罪犯看作不同于正常人的体态理论和染色体理论,到后来心理学的解释强调罪犯的人格发展缺陷,乃至发展到社会学解释中诸如社会失范论、文化冲突论、和标签论等一系列具有综合解释力的理论[1],世人对待罪犯的分析视野可谓愈加宏阔。

在传统社会,人们通常将罪犯视为"违背神意"的异端,在惩治上也采用重典酷刑,倾向于从肉体上对罪犯施以创伤,但肉体上的受损乃至生命刑的实施其结果往往是无可挽回的,于是近代以来西方刑罚制度经历了一个深刻的转变,以监狱为主要机构的自由刑和劳动刑逐渐成为主流刑罚形式,形成了福柯所谓的"全景敞式监控技术体系",对此福柯的描述非常直接:"监狱服刑中惩罚与教养应该是在犯人和监督者之间展开的过程。这些过程应能对个人的全面改造发生效用,通过强制他从事劳动,改造他的身体和他的习惯,通过在精神上对他监督,改造他的精神和意志。"[2] 可见,监狱服刑的刑罚制度规避了传统刑罚的严酷、示众等弊端,以现代监控形式实施了公共权力的规制和训诫,是一种刑罚制度的进步。但是对于那些罪行较轻或过失犯罪的罪犯来说,传统的肉体刑固然造成身体上无可挽回的创伤,但监狱服刑也可能对其产生无法回避的社会隔离与释后社会再适应的问题。所以说,监禁的刑罚方式体现了一种社会宽容精神,但缺少了社会融合的理念。

宽容精神在司法矫正中的运用是随着人道主义思潮的传播而展开的,所以,"刑法中的宽容精神在很大程度上表现为刑罚的人道化,世界范围

---

[1] 郑杭生主编:《社会学概论新修(第四版)》,中国人民大学出版社2013年版,第413~416页。

[2] [法]米歇尔·福柯,刘北成、杨远婴译:《规训与惩罚》,生活·读书·新知三联书店2012年版,第140页。

内的刑罚逐渐轻缓化以及非监禁刑逐渐取代监禁刑成为刑罚体系的中心都是宽容精神在刑罚制度中的体现"[①]。这里所说的非监禁刑罚方式的典型代表就是社区矫正。在我们看来，社区矫正在司法矫正变迁史上，体现了司法矫正处遇模式的社区化，也就是将适合的罪犯置于社区的环境中实施刑罚和矫正。这种当前世界各国普遍采用的司法矫正模式，不仅体现了宽容精神对刑法制度的影响，更反映了其促进矫正对象矫正后尽快融入社会的价值预设。

在这种价值预设指引下，社区矫正蕴含的"融入视角"代表了司法矫正处遇模式的社区化：罪犯不必脱离于原来的熟悉环境和正常生活，在与家人、社会正常联系中接受教育，通过社区的集体努力，使其纠正越轨的心理和行为，以早日回归社会，重新融入原来的社区。

3.4.3 社会融合视角指引下的社会工作实务

涂尔干早在100多年前曾指出，社会秩序的紊乱是造成个人道德失范与越轨行为的关键原因，也就是说社会结构需要为社会失范行为负主要责任，而社会越轨者同时也可能是社会的受害者，因此，把越轨行为仅归结为个人因素，并对越轨者进行全方位地排斥不仅是不公平的，而且也会增加社会的不稳定因素。社会排斥具有经济、政治、文化、关系和制度等多个维度，因此需要通过制度设置予以减少甚至消除，而社区矫正制度正是此类相关制度中的一种。社区矫正的实践方向与社会融合的视角具有高度契合性。

作为道德与政治实践的社会工作利用专业的手法，在协助司法人员服务和管理社区服刑人员的过程中，能够充分考虑到个人对社会互动、接触与参与的需求，能够更好地促进矫正人员的社会融入。

首先，社会工作基于优势视角的理念即相信每个人都有通过自身的自然资源来改变自己的能力，通过帮助矫正对象认清自身优势，增强他们对生活的自信心和自尊心，为顺利融入社会提供内因支持。其次，社会工作可以通过赋权增能，从矫正对象的能动性出发，唤醒其权利观念，增加其权能，从而达到改善其状况的目的。再其次，社会工作也可以通过政策倡导，促使政府制定更多保障罪犯权益的法规和政策，从而为实现矫正对象

[①] 吴宗宪主编：《社区矫正导论》，中国人民大学出版社2011年版，第61页。

的增能提供政策支持。最后,社会工作通过帮助矫正对象构建社会支持网络,鼓励其与身边的亲友、邻里、社区和政府产生更多的接触和联系,使他们能够积极参与社区活动和其他社会活动,从而获得一个有利于其自身矫正、实现社会融入的良好社会认同。

可见在社区矫正领域,社会工作对促进社会融合具有不可替代的专业优势。

3.5 积极福利理念与社区矫正现实功能的实现

司法矫正社区化的主要目的是实现罪犯最大程度地矫正和顺利地回归社会。从宏观上说它维护了社会秩序的稳定,从中观上说它促进了社会劳动力的再生产,从微观上说它实现了罪犯个人的改过、自新和自我超越。所以,这种人力资本投资、劳动力再生产视野下的分析,将社区矫正与社会政策尤其是积极福利理念紧紧地结合起来。积极福利理念是社会政策领域最新成果,在从个体救助到能力发展、从控制社会问题到投资人力资源教育的政策转变过程中,实现了公共治理根本性的理念创新和政策变革,是未来构建"大格局""大视野"的社区矫正社会工作不可或缺的理论依据。

3.5.1 社会政策领域积极福利理念的兴起

20世纪50年代以来,欧洲的福利国家以其全方位、广覆盖的民生福利制度,广为世人所讨论。但自20世纪70年代中期以后,一系列经济的、政治的和社会的危机让国家福利的"神话"崩塌。于是在社会政策领域,积极福利理念开始兴起,诸如"第三条道路"社会福利观、"自由发展观"和发展型社会政策等都属于积极福利理念的理论流派。

"第三条道路"社会福利观以安东尼·吉登斯等人为代表,该理论是欧洲左翼人士为应对新自由主义对"福利国家"的攻击,同时也为改革福利国家所提出的。"第三条道路"社会福利观适时地提出"超越左与右"的新思维,主张"没有责任就没有权利"[①],构建新型混合经济,重建公

---

① 安东尼·吉登斯,李惠斌、杨雪冬译:《超越左与右——激进政治的未来》,社会科学文献出版社2003年版,第121页。

民社会，建设社会投资型国家，树立新型的民主以及全球治理等观念[1]，这是一组基于危机和机遇并存的全球化进程的一种理念创新。从社会福利角度来说，它最为现实的一种创新观点是提出了社会投资型国家，吉登斯主张建立社会政策的实施应该侧重于人力资本投资和教育事业，从增强劳动者和社会发展的潜力角度，促进社会的进步与发展。

"第三条道路"社会福利观以"无责任即无权利"原则改造旧的福利制度，探求建立社会投资型国家，改变助人思维，提升个人自身的保障能力，在处理经济发展与社会公正、权力与责任关系上的经验值得借鉴。具体表现在两个方面：一方面，政府对完全丧失就业能力者应实施无偿救助，不断提高救助标准改善其生活水平，作为社会一员的他们也拥有福利权，这是社会政策基本价值——公平正义的体现，同时对那些有能力进入就业市场的劳动者，政策应重点鼓励和支持其充分就业，制定相关配套政策对吸纳就业者的企业、组织予以支持。另一方面，政府应将政策资源进行合理分配，在确保能够对无力就业者进行救助基础上，必须将部分资源分配到增强劳动者适应市场和提升自我能力的事业上，比如兴办免费或低偿就业服务机构，在政策和税收上对其予以倾斜，实现就业者自我保障与发展的目标。

20世纪90年代以来，发展型社会政策的理论迅速发展，逐渐被世人所认同，并被吸纳进社会政策的设计之中。发展型社会政策的基本理念是在社会政策设计中关注"发展"。值得注意的是，实施这一政策的国家中，不仅只有发展中国家，也有很多发达国家。发展型社会政策的代表学者是美国加州大学伯克利分校的梅志里等人，他们在重新审视了福利与发展关系的基础上，提出了"社会福利视角下的发展观"[2]，他认为，长期以来，社会政策虽然从"剩余性"逐渐过渡到"制度性"，但是社会政策必须超越由各国政府提供社会服务的狭隘概念，需要重新界定社会政策的内涵，即"社会政策是影响人民生活和生计的一切计划及其相关措施"[3]，因而将更广泛的国计民生问题包含在内。

---

[1] 安东尼·吉登斯：《第三条道路：社会民主主义的复兴》，郑戈译，北京大学出版社2000年版。

[2] [美] 詹姆斯·米奇利，苗正民译：《社会发展：社会福利视角下的发展观》，格致出版社、上海人民出版社2009年版，第2页。

[3] [美] 安东尼·哈尔、詹姆斯·梅志里，罗敏等译：《发展型社会政策》，社会科学文献出版社2006年版，第109页。

发展型社会政策理论主张"福利的提供应该有利于经济发展"①,在这一思想的影响下,该视角主张建立社会规划机构,通过经济发展改善人们的生活,偏爱能促进经济发展的社会项目,强调经济和社会的发展目标应当协调。

3.5.2 积极福利理念在社区矫正中的践行

社会工作的终极目标就是实现人的自由而全面的发展,而自我意识的觉醒和内在能力的提升是个体自由的两大关键内容。20世纪90年代,诺贝尔经济学奖获得者、印度学者阿马蒂亚·森提出了"发展就是扩展自由"的观点,提倡一种"实质自由"(人们朝着实现自己向往的美好生活前进的可行或实际的能力)②。也就是说,个人内在蕴含的能力及其序列就是其应可享受的自由程度。社会工作的专业追求与森的理论直接关联起来,既然自由是发展的首要目的,那么救助弱者,助其摆脱贫困、疾病或发展受阻等困境,也就实现了其道德自主与人性自由。这里说的"自由",是指人对规律的认识和把握,是指人能"按照任何物种的尺度来进行生产"的能力,即能够把握自我、实现自我。社会中的弱势群体由于种种原因导致了掌握的资源不足和发展的能力欠缺等问题,本质上在自我实现上是不自由的,在对自我的认识上也是混沌不清的,而社会工作就是帮助他们从原本的消极状态转变为"我要改变或发展"及"我能改变或发展"的积极状态。从根本上说,社会工作要帮助社会弱者处理好理性、能力与自由之间的关系,这也就是积极福利理念的理论特色。

积极福利是改革福利国家的理念创新。"积极福利思想把贝弗里奇提出的每一个消极的概念都置换为积极的:变匮乏为自主,变疾病为积极的健康,变无知为一生中不断持续的教育,变悲惨为幸福,变懒惰为创造"③。而"如果福利只具有一种消极的内涵而且主要面向穷人,那么它必然会导致社会分化"④。这对社区矫正领域引入社会工作,扩大自身工

---

① 邓广良、颜文雄:《中国社会保障改革评估:发展型社会福利理论的视角》,载张秀兰、徐月宾、梅志里主编:《中国发展型社会政策论纲》,中国劳动社会保障出版社2007年版,第236页。
② [印度]阿马蒂亚·森,任赜等译:《以自由看待发展》,中国人民大学出版社2009年版。
③ [英]安东尼·吉登斯,郑戈译:《第三条道路:社会民主主义的复兴》,北京大学出版社2000年版,第57页。
④ [英]安东尼·吉登斯,郑戈译:《第三条道路:社会民主主义的复兴》,北京大学出版社2000年版,第61页。

作视域具有积极的理论支持价值。

第一,积极福利理念说明,社区矫正需要突破原有的帮扶模式而走向发展型政策设计之路,在切实提供生活保障的基础上,适度融入积极福利理念,提升矫正对象个人适应社会、再就业的能力。积极福利的实质是,进一步调整"福利三角"之间的权责关系,维持原有制度对整个社会的积极作用,同时尽量减少其消极因素,最终建立一个国家、企业和个人彼此协调负责,积极互动,充满创新和活力的新型福利局面。从这个角度论,社会政策不应是消极的而是积极的,它的目标不应是预防风险,而应当是利用机会,通过改革福利制度鼓励人们从事劳动和实现就业。

所以,今后的社区矫正体制创新应适度强调"授人以鱼不如授人以渔"的积极福利理念。由提供帮扶向提供技能转变,在帮扶方式上要变被动恩惠式为主动进取式、变事后补救式为事前预防式。这与我国社会政策的转变趋势也是分不开的。这是因为,如要实现社会福利从"消极福利"向"积极福利"转变,关键要建立以提高就业能力为核心的福利体制,从"最低保障政策"转向"发展型福利政策"①,把生活保障转变为就业福利。因此,政府应该着力转变人们的福利思维,鼓励人们主动面对风险。风险不仅是一个消极因素,风险中还蕴藏着机遇,社会福利的重点不是简单地提供物质救济,而是创造条件促进公民学习发展自我的技能,胜任实现其发展的工作。福利政策应与讲求竞争和风险的市场意识相结合,培养个人对自己负责的意识,发挥每个人的作用并对经济社会发展作出贡献。

第二,积极福利理念要求社区矫正工作中,注重人力资源投资,特别要加强对矫正教育事业的扶持,促进矫正对象顺利转化为正面的人力资源,推进社会劳动力的再生产。

例如,"第三条道路"在提倡积极福利原则时,着重强调教育经费和教育资源的足量投入。"推动人力资本发展的主要动力只能是教育。教育是培育经济效率和公民凝聚力的一种主要公共投资"②。教育事业可以增强人们实现自身发展的能力,同时每个人能力的提升也可以促进社会的发展,而且教育事业"应集中关注个人能够终生发展的那些能力。传统学校和其他教育机构很可能被其他各式各样的学习框架所包围,或在某种程度

---

① [英]安东尼·吉登斯,杨雪冬译:《"第三条道路"与新理论》,社会科学文献出版社2000年版,第68页。
② [英]安东尼·吉登斯,孙相东译:《第三条道路及其批评》,中共中央党校出版社2002年版,第56页。

上所取代"①。基于这样的理念启发，我们认为社区矫正的未来发展应考虑以下工作。

具体内容包括：积极创新矫正教育的工作，丰富矫正教育的方式；同时立足于矫正机构、社区的实际情况，完善矫正教育体系；为矫正对象提供职业培训、技术学习的机会和条件，切实提高他们就业、发展的能力，真正做到从"输血"到"造血"的转变。

---

① ［英］安东尼·吉登斯，孙相东译：《第三条道路及其批评》，中共中央党校出版社2002年版，第74页。

第 4 章

我国社会工作介入社区矫正的政策分析

4.1 我国社区矫正的政策演进

4.1.1 改革之前的司法矫正政策

我国于2003年开始社区矫正的试点工作，此前，并没有明确的社区矫正制度与规定，甚至对于社区矫正的概念也缺乏清楚的认识。应当说，在2003年以前我国虽然没有明确的社区矫正制度，但与社区矫正所对应的非监禁性刑罚制度是一直存在的，如管制、缓刑、假释等制度。我国的非监禁刑罚可以追溯到1952年中央人民政府公布的《惩治贪污条例》，该条例正式将管制规定为刑种，适用于罪行较轻的贪污犯、行贿犯、盗窃犯、诈骗犯等；1954年颁布的《劳动改造条例》规定，假释由省（市、区）人民法院批准决定，作为释放的一种形式，是犯人在服刑期间表现良好的奖励方法之一；1956年，全国人大常委会通过《关于反革命分子的管制一律由人民法院判决的决定》，其中规定："今后对于反革命分子和犯罪分子的管制一律由人民法院判决，交由公安机关执行"；1979年颁布的《刑法》确定了缓刑、假释的范围、对象、考察内容与执行机关；1997年颁布的新《刑法》也再次肯定了几经争议的管制刑[①]。

虽然非监禁刑罚一直在我国的刑罚体系中占有一席之地，但发挥的实际效果却十分有限，处于比较边缘的位置，定位也比较模糊，体系也比较零散。社区矫正制度建设的长期滞后引起了相关部门的重视，2002年初，

---

① 司法部社区矫正管理局：《社区矫正研究论文集2013》，法律出版社2013年版，第161页。

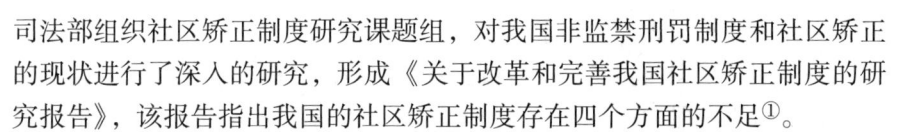

司法部组织社区矫正制度研究课题组，对我国非监禁刑罚制度和社区矫正的现状进行了深入的研究，形成《关于改革和完善我国社区矫正制度的研究报告》，该报告指出我国的社区矫正制度存在四个方面的不足[①]。

第一，法律规定适合社区矫正的刑罚种类太少。彼时的法律体系中，刑罚主要以监禁刑为主，非监禁刑处于非常次要的地位，在刑法典中作为主刑的非监禁刑只有管制一种，诸如缓刑、假释和监外执行等都是附加刑或者具体的行刑制度。另外，法律对缓刑、假释、监外执行等刑罚的对象及条件作了比较苛刻的限制。

第二，社区矫正的实际适用比例较低。在诸多西方国家，非监禁比例已经超过了监禁比例，非监禁刑罚已经成为主要的刑罚执行方式。而20世纪前后，我国非监禁比例一直处于较低水平。1999~2001年，管制人数占判处刑罚总人数的1.2%左右，缓刑人数占判处刑罚总人数的15%左右，假释人数占判处刑罚总人数的2%左右，监外执行人数占判处刑罚总人数的1%左右[②]，经我们测算，这几种类型的非监禁刑罚加在一起其比例也不足20%。

第三，缺乏专门的社区矫正执行机关和工作人员。按照之前的法律规定，缓刑、假释、管制及监外执行等措施由公安机关负责执行，实际上是由基层公安机关派出所负责执行。然而，公安机关的主要任务是打击现行犯罪、维护社会治安，任务已经相当繁重，加上内部也没有形成专门的社区矫正执行部门，因此不能有效地完成社区矫正的工作任务。

第四，缺乏专门的假释决定机构。根据我国《刑法》规定，假释案件的裁定权由中级以上人民法院行使。法院在审理假释案件时，往往只能审查执行机关的书面材料，对于罪犯的服刑期间的悔过和改造表现缺乏了解，容易使法院的审理裁定流于形式。

制度的缺陷制约着社区矫正的发展。该报告初步反映了我国社区矫正制度在发展过程中所遇到的困难，造成这种困难的重要原因在于，整个法律制度体系对于犯罪发生原因及刑罚实质意义的假定还停留在比较狭隘的层次。事实上，社区矫正作为一个新的概念、新的制度，在发展过程遇到一些困难和阻碍也在情理之中。与此同时，一些因素的发展变化也促使着社区矫正制度的建设日益迫切，成为公众关注和政府关切的重要议题。归

---

① 司法部社区矫正制度研究课题组：《改革和完善我国社区矫正制度之研究（下）》，载《中国司法》2003年第6期。
② 此处数据转引自司法部社区矫正制度研究课题组：《改革和完善我国社区矫正制度之研究（上）》，载《中国司法》2003年第5期。

结起来，主要有三方面的因素：

一是刑罚观念的转变。社区矫正制度之所以日渐得到人们重视，关键在于人们对于犯罪的认识有了深刻的转变：首先，摒弃了犯罪成因的个体化解释思维，不再把人的犯罪行为仅仅归结为个人意志主观选择的结果，更加重视社会因素对个体犯罪行为的影响。其次，弱化重刑主义和惩罚主义的色彩，更加强调人道主义和人文关怀。最后，对于刑罚的教育性和重塑性更加重视，寄希望于发挥刑罚的矫正功能和教化作用，促使罪犯改过自新，重新回归社会。

二是解决现实问题的需要。长期以来，我国的非监禁刑罚制度发展缓慢，过于倚重监禁刑罚的方式，使得在押犯人数量不断上升，在2002年左右，我国监狱在押罪犯超过150万人[1]。这一数字背后意味着巨大的人力、物力和财力的投入，成为国家财政的沉重负担。在社会转型变革的时期，犯罪行为多样且复杂，一股脑地使用监禁刑罚的方式并不可取。"除了经济成本高外，监禁刑罚矫正存在的其他弊端也日益突出，譬如，造成罪犯人格监狱化、罪犯家庭关系和情感淡化、犯罪恶习交叉感染、刑罚自身的恶化与异化[2]。"刑罚除了为了惩治和预防犯罪，还有社会恢复的意义所在，监禁刑罚虽然具有震慑罪犯的效果，但是在改造罪犯方面常常作用有限，隔离使得罪犯与社会更加疏离，再次犯罪的可能性较高，这与刑罚的初衷背道而驰。

三是实践的探索。虽然在2003年中国的法律体系在社区矫正方面几乎属于空白，但是一些地区做出了积极的尝试和探索，为推动中国社区矫正制度的发展积累了一定的经验和教训。2000年，北京市法院刑事案件审判工作座谈会上提出，对农民被告人的适用刑罚，既要严格遵循罪刑相适应的原则，又要充分考虑到农民犯罪主体的特殊性，依法适当地多使用非监禁刑罚，努力配合有关部门落实非监禁刑的监管措施，探索多种有效的刑罚方式，扩大缓刑的适用范围。上海市于2001年成立了由市政法委牵头，公、检、法、司和民政部门参加的社区矫治领导小组，领导小组办公室设在市司法局，各区成立社区矫正协调小组，在试点街道成立社区矫治工作小组，监狱管理局派6名警察加入工作小组，工作小组负责社区矫治的实际执行[3]。上述地区的探索工作虽然处于比较初级的层次，但毕竟迈

---

[1] 吴宗宪：《关于社区矫正若干问题思考》，载《中国司法》2004年第7期。
[2] 王维：《社区矫正制度研究》，西南政法大学博士学位论文，2006年。
[3] 司法部社区矫正制度研究课题组：《改革和完善我国社区矫正制度之研究（上）》，载《中国司法》2003年第5期。

出可贵的一步，为中国本土刑罚执行制度的改革和创新做出了贡献。

4.1.2 社区矫正试点以来的政策

2003年7月，经中央批准，最高人民法院、最高人民检察院、司法部、公安部四个部门联合印发了《关于开展社区矫正试点工作的通知》，确定在北京、上海、天津、浙江、江苏、山东6省（市）开展社区矫正试点工作，探索建立融合监督管理、教育矫正与社会适应性帮助为一体的社区矫正制度。经过一年多的探索，试点工作取得明显的成效，为进一步推动社区矫正试点工作的深入开展奠定了良好基础。2005年1月，最高人民法院、最高人民检察院、公安部、司法部联合印发《关于扩大社区矫正试点范围的通知》，决定将河北、内蒙古、黑龙江、安徽、湖北、湖南、广东、广西、海南、四川、贵州、重庆12个省（市、区）列为第二批社区矫正试点地区。上述试点地区的长期探索与尝试，为我国社区矫正事业积累了丰富的经验，使得在全国范围运行社区矫正制度的时机日益成熟，2009年9月，最高人民法院、最高人民检察院、公安部、司法部联合印发《关于在全国试行社区矫正工作的意见》，将社区矫正工作推向全国。

从2003年，我国开始了社区矫正的试点工作，直到2011年通过《刑法修正案（八）》，才真正将社区矫正制度确立为一种法律制度。在这近8年的时间里，最高人民法院、最高人民检察院、司法部和公安部，陆续发布了社区矫正相关的政策文件，推动了我国社区矫正工作持续地发展。表4-1收集了我国社区矫正试点工作期间主要的相关法律条例和政策文件。

表4-1　　社区矫正制度建设探索期间颁布的相关文件汇编

施行时间	文件名称	颁布单位	重要内容摘取
2001年4月12日	《关于审理未成年人刑事案件的若干规定》	最高人民法院	第四十一条　对于判处管制、拘役宣告缓刑或者有期徒刑宣告缓刑、免于刑事处罚等的未成年罪犯，少年法庭可以协助公安机关同其所在学校、单位、街道、居民委员会、村民委员会、监护人等制定帮教措施。 第四十二条　少年法庭可以适时走访被判处管制、拘役宣告缓刑或者有期徒刑宣告缓刑、免于刑事处罚等的未成年罪犯及其家庭，了解对未成年罪犯的管理和教育情况，以引导未成年罪犯的家庭正确地承担管教责任，为未成年罪犯改过自新创造良好的环境

续表

施行时间	文件名称	颁布单位	重要内容摘取
2003年7月10日	《关于开展社区矫正试点工作的通知》	最高人民法院、最高人民检察院、公安部、司法部	社区矫正是积极利用各种社会资源、整合社会各方面力量，对罪行较轻、主观恶性较小、社会危害性不大的罪犯或者经过监管改造、确有悔改表现、不致再危害社会的罪犯在社区中进行有针对性管理、教育和改造的工作，是当今世界各国刑罚制度发展的趋势。 审判、检察、公安、司法行政各部门在试点工作中既要依据我国刑法、刑事诉讼法、监狱法等有关法律的规定履行职责，又要坚持与时俱进，积极探索，通过开展试点工作，不断扩大社区矫正适用范围，健全社区矫正组织体制，完善社区矫正工作措施，推动刑罚执行制度改革
2004年5月9日	《司法行政机关社区矫正工作暂行办法》	司法部	第四条 社区矫正的任务是： （一）依照有关法律、法规和规章的有关规定，加强对社区服刑人员的管理和监督，确保刑罚的顺利实施； （二）采取多种形式，对社区服刑人员进行思想教育、法制教育和道德教育，矫正其不良心理和行为，促使其成为守法公民； （三）帮助社区服刑人员解决在就业、生活和心理等方面遇到的困难和问题，以利于其顺利适应社会生活
2005年1月20日	《关于扩大社区矫正试点范围的通知》	最高人民法院、最高人民检察院、公安部、司法部	2003年以来，按照《最高人民法院、最高人民检察院、公安部、司法部关于开展社区矫正试点工作的通知》和全国社区矫正试点工作会议精神，北京、天津、上海、江苏、浙江和山东六个社区矫正试点省（市）积极探索，试点工作取得了一定成效。为进一步推动社区矫正试点工作的深入开展，经研究，决定将河北、内蒙古、黑龙江、安徽、湖北、湖南、广东、广西、海南、四川、贵州、重庆12个省（市、区）列为第二批社区矫正试点地区
2006年1月26日	《关于审理未成年人刑事案件具体应用法律若干问题的解释》	最高人民法院	第十一条 对未成年罪犯适用刑罚，应当充分考虑是否有利于未成年罪犯的教育和矫正。 对未成年罪犯量刑应当依照刑法第六十一条的规定，并充分考虑未成年人实施犯罪行为的动机和目的、犯罪时的年龄、是否初次犯罪、犯罪后的悔罪表现、个人成长经历和一贯表现等因素。对符合管制、缓刑、单处罚金或者免于刑事处罚适用条件的未成年罪犯，应当依法适用管制、缓刑、单处罚金或者免于刑事处罚

续表

施行时间	文件名称	颁布单位	重要内容摘取
2006年12月28日	《关于办理未成年人刑事案件的规定》	最高人民检察院	第三十一条　对于具有下列情形之一，依法可能判处拘役、三年以下有期徒刑，悔罪态度较好，具备有效监护条件或者社会帮教措施、适用缓刑确实不致再危害社会的未成年被告人，人民检察院可以建议人民法院适用缓刑： （一）犯罪情节较轻，为造成严重后果的； （二）主观恶性不大的初犯或者胁从犯、从犯； （三）被害人同意和解或者被害人有明显过错的； （四）其他可以适用缓刑的情节 人民检察院提出对未成年被告人适用缓刑建议的，应当将未成年被告人能够获得有效监护、帮教的书面材料一并于判决前移送人民法院
2009年6月25日	《关于加强和规范监外执行工作的意见》	中央综治委、最高人民法院、最高人民检察院、公安部、司法部	13. 公安机关应当建立对监外执行罪犯的考核奖励制度，根据考核结果，对表现良好的应当给予表扬奖励；对符合法定减刑条件的，应当依法提出减刑建议，人民法院应当依法裁定。执行机关减刑建议书副本和人民法院减刑裁定书副本应当抄送同级人民检察院监所监察部门。 20. 人民检察院对人民法院、公安机关、监狱、看守所交付监外执行活动和监督管理监外执行罪犯活动实行法律监督，发现违法违规行为的，应当及时提出纠正意见
2009年9月2日	《关于在全国试行社区矫正工作的意见》	最高人民法院、最高人民检察院、公安部、司法部	经中央批准，2003年以来，先后分两批在全国18个省（区、市）开展了社区矫正试点工作，另有9个省（区）在党委、政府领导下先后进行了试点。社区矫正试点工作取得了明显成效，达到了预期目标。为推动社区矫正工作深入发展，经中央政法委批准，最高人民法院、最高人民检察院、公安部、司法部决定，从2009年起在全国试行社区矫正工作
2010年8月28日	《关于进一步建立和完善办理未成年人刑事案件配套工作体系的若干意见》	中央综治委、最高人民法院、最高人民检察院、公安部、司法部、团中央	在办理未成年人刑事案件中，加强对涉案未成年人的保护，是维护人权、实现司法公正的客观要求，是保障刑事诉讼活动顺利进行的需要。各级公安机关、人民检察院、人民法院、司法行政机关应当在办理未成年人刑事案件的各个阶段积极采取有效措施，尊重和维护涉案未成年人的合法权益。 司法行政机关社区矫正工作部门应当在公安机关配合和支持下负责未成年社区服刑人员的监督管理与教育矫治，做好对未成年社区服刑人员的日常矫治、行为考核和帮困扶助、刑罚执行建议等工作

资料来源：司法部社区矫正管理局编：《社区矫正法律法规与工作制度汇编》，法律出版社2014年版。

4.1.3 社区矫正全面实施的政策

2011年通过的《刑法修正案（八）》和2012年新修订的《刑事诉讼法》对社区矫正制度作出明确规定，标志着我国社区矫正法律制度正式确立。相应的，与社区矫正相关的法律条文和政策文件也逐渐开始完善，表4-2列举了部分我国社区矫正制度确立和发展的相关法律条例和政策文件。

表4-2　　　　社区矫正制度完善期间颁布的相关文件汇编

施行时间	文件名称	颁布单位	重要内容摘取
2011年2月25日	《中华人民共和国刑法修正案（八）》	全国人民代表大会	第三十八条　对判处管制的犯罪分子，依法实行社区矫正。 第七十六条　对宣告缓刑的犯罪分子，在缓刑考验期限内，依法实行社区矫正，如果没有本法第七十七条规定的情形，缓刑考验期满，原判的刑罚就不再执行，并公开予以宣告。 第八十五条　对假释的犯罪分子，在假释考验期限内，依法实行社区矫正，如果没有本法第八十六条规定的情形，假释考验期满，就认为原判刑罚已经执行完毕，并公开予以宣告
2012年3月14日	《中华人民共和国刑事诉讼法》（第二次修改）	全国人民代表大会	第二百五十八条　对被判处管制、宣告缓刑、假释或者暂予监外执行的罪犯，依法实行社区矫正，由社区矫正机构负责执行。 第二百六十六条　对犯罪的未成年人实行教育、感化、挽救的方针，坚持教育为主、惩罚为辅的原则。人民法院、人民检察院和公安机关办理未成年人刑事案件，应当保障未成年人行使其诉讼权利，保障未成年人得到法律帮助，并由熟悉未成年人身心特点的审判人员、检察人员、侦查人员承办
2013年1月1日	《中华人民共和国监狱法》（修正）	全国人民代表大会	第三十三条　人民法院裁定假释的，监狱应当按期假释并发给假释证明书。 对被假释的罪犯，依法实行社区矫正，由社区矫正机构负责执行。被假释的罪犯，在假释考验期限内有违反法律、行政法规或者国务院有关部门关于假释的监督管理规定的行为，尚未构成新的犯罪的，社区矫正机构应当向人民法院提出撤销假释的建议，人民法院应当自收到撤销假释建议书之日起一个月内予以审核裁定。人民法院裁定撤销假释的，由公安机关将罪犯送交监狱收监

续表

施行时间	文件名称	颁布单位	重要内容摘取
2013年1月1日	《中华人民共和国预防未成年人犯罪法》（修正）	全国人民代表大会	第四十七条 未成年人的父母或者其他监护人和学校、城市居民委员会、农村村民委员会，对因不满十六周岁而不予刑事处罚、免予刑事处罚的未成年人，或者被判处非监禁刑罚、被判处刑罚宣告缓刑、被假释的未成年人，应当采取有效的帮教措施，协助司法机关做好未成年人的教育、挽救工作。城市居民委员会、农村居民委员会可以聘请思想品德优秀，作风正派，热心未成年人教育工作的离退休人员或其他人员协助做好对前款规定的未成年人的教育、挽救工作
2011年4月28日	《关于对判处管制、宣告缓刑的犯罪分子适用禁止令有关问题的规定》（试行）	最高人民法院、最高人民检察院、公安部、司法部	第二条 人民法院宣告禁止令，应当根据犯罪分子的犯罪原因、犯罪性质、犯罪手段、犯罪后的悔罪表现、个人一贯表现等情况，充分考虑与犯罪分子所犯罪行的关联程度，有针对性地决定禁止其在管制执行期间、缓刑考验期限内"从事特定活动，进入特定区域、场所，接触特定的人"的一项或者几项内容。 第九条 禁止令由司法机关指导管理的社区矫正机构负责执行。 第十条 人民检察院对社区矫正机构执行禁止令的活动实行监督。发现有违反法律规定的情况，应当通知社区矫正机构纠正
2012年7月1日	《关于办理减刑、假释案件具体应用法律若干问题的规定》	最高人民法院	第一条 根据刑法第七十八条第一款的规定，被判处管制、拘役、有期徒刑、无期徒刑的犯罪分子，在执行期间，认真遵守监规，接受教育改造，确有悔改表现的，或者有立功表现的，可以减刑；有重大立功表现的，应当减刑。 第二十七条 在人民法院作出减刑、假释裁定前，执行机关书面提请撤回减刑、假释建议的，是否准许，由人民法院决定
2012年1月10日	《社区矫正实施办法》	最高人民法院、最高人民检察院、公安部、司法部	第三条 县级司法行政机关社区矫正机构对社区矫正人员进行监督管理和教育帮助。司法所承担社区矫正日常工作。 社会工作者和志愿者在社会矫正机构的组织指导下参与社区矫正工作。 有关部门、村（居）委会、社区矫正人员所在单位、就读学校、家庭成员或者监护人、保证人等协助社区矫正机构进行社区矫正。 第八条 司法所应当为社区矫正人员确定专门的矫正小组。矫正小组由司法所工作人员担任组长，由本办法第三条第二、第三款所列相关人员组成。社区矫正人员为女性的，矫正小组应当有女性成员

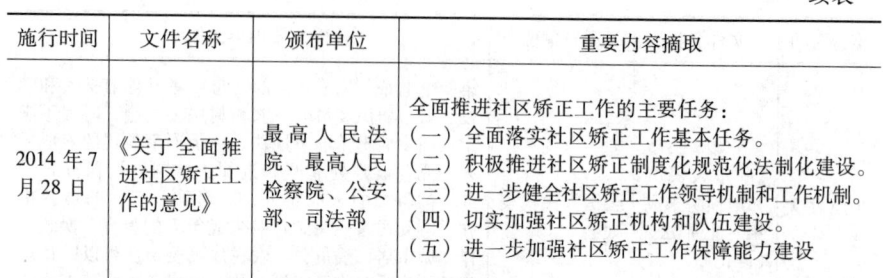

续表

施行时间	文件名称	颁布单位	重要内容摘取
2014年7月28日	《关于全面推进社区矫正工作的意见》	最高人民法院、最高人民检察院、公安部、司法部	全面推进社区矫正工作的主要任务： （一）全面落实社区矫正工作基本任务。 （二）积极推进社区矫正制度化规范化法制化建设。 （三）进一步健全社区矫正工作领导机制和工作机制。 （四）切实加强社区矫正机构和队伍建设。 （五）进一步加强社区矫正工作保障能力建设

资料来源：司法部社区矫正管理局编：《社区矫正法律法规与工作制度汇编》，法律出版社2014年版。

4.2 当前社会工作介入社区矫正的政策发展

4.2.1 中国社会工作的恢复与发展

虽然中国一直存在着传统意义上的以救济为主的社会工作实践，但是大多数学者还是认为现代意义上专业化、职业化的社会工作是从西方传入中国的，社会工作在中国的发展也并非一帆风顺。

早在20世纪初，社会工作的理念和方法就随着西方传教士在中国讲授社会学、社会服务等课程进入中国，一些大学开始从事社会服务教学与实践。我国现代或专业意义上的社会工作发轫于1922年，当时的燕京大学成立社会学系，其宗旨和原则是培养专门的社会服务理论和实务人才；"此时涌现一些进步知识分子从事社会工作的实践，体现为20世纪20~30年代对于乡村建设和民族复兴的探索工作。当时国内的社工实务主要以农村社区工作为主，其中就包括晏阳初开展的华北平民教育运动和梁漱溟开展的乡村建设运动，华北平民教育运动和乡村建设运动都是比较著名又有较大影响的实务运动①。"

从20世纪30~40年代末的抗日战争和解放战争期间，乡村建设运动遭到战争的破坏以至停止，进步知识分子通过乡村建设运动，从农村改造

---

① 李迎生、方舒：《中国社会工作模式的转型与发展》，载《中国人民大学学报》2010年第3期。

入手振兴农村，复兴民族，实现农村社会现代化以至强国救国的路径中断，中国早期具有一定专业性质的社会工作在基层社会的发展受到严重挫折。然而另一面，在战时特殊条件下，社会工作的发展体现在对于社会工作人才的培养上，如燕京大学等学府为配合抗战、开展社会调查和社会服务工作而开设了有关社会福利和救济工作人员课程来培养社会工作人才[①]。在雷洁琼、布济时、蒋旨昂等一批社会工作学者的努力下推动了社会工作的初步发展，如雷洁琼的社会工作思想主要体现在保障儿童福利、为妇女追求平等权益、倡导家庭的良性运行与发展等方面[②]。此外，中国红十字会等社会组织以及广大学生群体支援前线、为军队服务的活动，也在一定程度上为社会工作的发展积累经验，促进我国社会工作的发展。

为应对晚清到民国的政治解体和社会解体的总体性危机、人口众多而资源稀缺的现实危机和建立工业化体系以追赶发达国家发展步伐的理想危机，新中国成立后实行了高度集中的计划经济体制，由国家统一分配社会资源，并以单位制作为社会组织体系、现代化的动员机制和资源配置方式。"单位作为连接国家和个人的中间组织，对上成为国家代理，行使组织、治理、发展、控制和资源分配等职能，对下成为单位成员获取资源的途径，个人的工作和生活都在单位里面得到全面解决[③]。"这种全面福利保障挤占了作为福利传递机制的社会工作发展空间。

改革开放以来，一方面，随着单位制的解体，一部分人由于先天或后天的因素在市场竞争中处于不利地位，同时政府的保障又不到位，导致这部分人陷入生存困境；另一方面，随着"小政府大社会"改革目标的提出，政府治理的主动改革，为社会工作的发展提供了前所未有的广阔空间。

1979 年国家决定恢复社会学学科建设，社会工作课程作为应用社会学也在一些大学恢复起来[④]。1987 年 9 月，在民政部的召集下在北京马甸举行社会工作教育论证会，知名社会学与社会工作专家以及国家教委有关部门负责人共同参与，重新确认了社会工作的学科地位[⑤]。民政部认识到社会工作在我国民政系统服务中的重要作用，但是当时民政系统中从事

[①] 孙志丽、张昱：《中国社会工作的发端》，载《华东理工大学学报》（社会科学版）2009 年第 4 期。
[②] 邓欣：《雷洁琼的社会工作思想》，载《中国社会工作》2013 年第 22 期。
[③] 纪乃旺：《当代中国单位制的形成及其特征》，载《经济研究导刊》2011 年第 30 期。
[④] 王思斌：《社会工作专题讲座：第一讲社会工作的领域与内涵》，载《社会工作》2008 年第 1 期。
[⑤] 李迎生、韩文瑞、黄建忠：《中国社会工作教育的发展》，载《社会科学》2011 年第 5 期。

社会工作的人员虽然数量不少，但是总体学历水平较低，多数没有接受过系统的社会工作专业教育，这种状况让民政部下决心大力发展社会工作教育。

社会工作学科地位的重新确立，使得高校社会工作专业教育得以恢复。根据李迎生等人的划分，将中国改革以来的中国社会工作教育的发展进程划分为两个阶段：恢复重建阶段（1987~1998年）和快速发展阶段（1999年至今）①。

1987年原国家教委批准北京大学等高校开设社会工作专业，1988年北京大学正式在社会学系下增设社会工作专业，随后中国人民大学、吉林大学、厦门大学、上海大学等高校也开设了社会工作专业或课程。中国青年政治学院于1993年建立社会工作系，成为社会工作教育在中国恢复以后首个建立的系级专业教育机构。1994年4月，中国社会工作教育协会成立，并与亚太地区社会工作教育协会联合举办第二届华人地区社会工作教育发展研讨会。中国社会工作教育协会的成立为中国社会工作教育的恢复重建提供了组织支撑。

从1987年北京大学首先开设社会工作专业开始到1999年，社会工作教育在中国得到一定的恢复和重建，并且培养了最初一批从事社会工作相关工作的行业先行者。总体来说，改革开放初期，中国社会工作发展的主要动因是"教育研究性和民政部门性的"，民政部门在社工学科专业恢复重建、社工教育研究、社工组织建设等领域扮演核心角色，而中国社会工作教育始终是推动社会工作发展的重要力量，扮演启蒙性角色②。

进入21世纪以来，社会工作在中国得到飞速的发展。在教育方面，因1998年教育部重新颁布《高等院校本科专业目录》，将社会工作专业由"控制发展"的专业改为"非控制发展"的专业，至今已有300多所高校开设社会工作本科专业。21世纪初，中国人民大学、北京大学等多所高校在社会学一级学科下自主设置社会工作硕士研究生专业，开始提供社会工作研究生教育，MSW（Master of Social Work）专业学位教育于2009年出台，2010年正式招生，获得首批招生的高校达33家，2010年又有华东师范大学、河北大学等25所高校获得第二批招收MSW学生的资格③。另

---

① 李迎生、韩文瑞、黄建忠：《中国社会工作教育的发展》，载《社会科学》2011年第5期。
② 刘继同：《改革开放30年以来中国医务社会工作的历史回顾、现状与前瞻》，载《社会工作》2012年第1期。
③ 李迎生、韩文瑞、黄建忠：《中国社会工作教育的发展》，载《社会科学》2011年第5期。

外，1999年中国政府做出了扩大高等院校招生规模的决定也进一步加大了社会工作教育的规模，接受社会工作专业教育和毕业后从事社会工作事业的人数也逐渐增多。21世纪初，中国共产党提出了构建社会主义和谐社会及加快推进以改善民生为重点的社会建设的奋斗目标和战略部署，为社会工作教育的快速发展提供了重要的契机，加速推动了社会工作专业的发展。从2000年起，新开设社会工作专业的院校数量快速增长，招生规模不断扩大，招生层次也在不断升级完善，发展速度在国内和在国际上都是史无前例的。

  2006年人事部（现人力资源和社会保障部）和民政部联合颁发《社会工作者职业水平评价暂行规定》和《助理社会工作师、社会工作师职业水平考试实施办法》，这两个文件的颁布和实行确定了政府推广社会工作职业化发展的决心和基本思路[1]。同时，这两个文件确定了社会工作职业水平评定方法，通过职业水平资格考试获取职业资格证，成为社会工作从业人员需要具备的条件，同时也是对从业者社会工作专业理论和方法的检验，社会工作职业资格考试和职业资格证书的制定和标准化成为推动社会工作职业化的发展重要因素。"中共中央第十六届六中全会通过《中共中央关于构建社会主义和谐社会若干重大问题决定》，提出要'建设宏大的社会工作人才队伍'的目标和'建立健全以培养、评价、使用、激励为主要内容的政策措施和制度保障，确定职业规范和从业标准，加强专业培训，提高社会工作专业水平'的要求[2]。"中共中央十六届六中全会明确提出"建设宏大的社工人才队伍"的目标，这意味着社会工作学科发展与社会工作人才培养首次成为国家最高意志和国家发展议程的优先领域[3]。社会工作作为现代社会福利服务制度的基本要素和社会服务的主要承担者，被纳入国家社会建设和社会福利事业发展的战略规划中，开启了全面推进社会工作专业化与职业化的阶段[4]。2010年，中国政府在制定《国家中长期人才发展规划纲要（2010~2020）》，将社会工作人才列为优先发展的专业人才，提出满足适应构建社会主义和谐社会的需要，以人才培养和

---

[1] 孟亚男：《中国本土社会工作历史档案的整理与开发》，载《兰台世界》2012年第8期。
[2] 郑华、孙文生、张宇：《我国团体社会工作现状的历史研究》，载《牡丹江医学院学报》2014年第2期。
[3] 刘继同：《改革开放30年以来中国医务社会工作的历史回顾、现状与前瞻》，载《社会工作》2012年第1期。
[4] 钱宁：《社会福利制度改革背景下中国社会工作发展的历史与特色》，载《社会工作》2011年第1期。

岗位开发为基础,以中高级社会工作人才为重点,培养造就一支职业化、专业化的社会工作人才队伍;《纲要》提出到2015年,社会工作人才总量达到200万人,到2020年,社会工作人才总量达到300万人规模的社会工作者人才队伍的发展目标①。

为实现"小政府大社会"的改革目标,政府逐渐简政放权,将部分社会治理和社会服务的职能下放到社会团体和社会组织,使得一大批社会工作机构快速成长起来,特别是政府购买社会组织服务工作模式的试点和推广,极大地促进了社会工作机构的成立和发展。1998年通过的《社会团体登记管理条例》和《民办非企业单位登记管理暂行条例》以及2004年通过的《基金会管理条例》等专门法规的颁布,使得社会工作机构等社会组织的成立和发展合法化,并且能得到有效地规范管理,进一步促进了社会工作机构等社会组织的发展。

实务操作方面,随着我国社会工作实践的发展,我国也形成了具有不同地区特点的社会工作实务模式。2000年以来,上海市民政局在社工制度建设、社工人才培养和社工实务发展等方面,创造全国闻名的"上海模式",为中国社工制度、社工实务和社工专业发展首创"地方模式"②。同样,广东省特别是广州市毗邻香港特区,拥有天然地缘优势,方便学习香港特区社会工作实务的经验,同时结合本地的实际情况大力发展社会工作服务,也逐渐成为国内社会工作实务发展较为成熟的地区。北京地区社会工作的起步虽然略晚于上海和广州,但是由于地方政府的高度重视和大力支持,使得北京地区的社会工作事业也得到迅猛发展。

中国社会工作的发展虽然在新中国成立之初的近30年内被中断,但是社会的深刻快速转型,为社会工作的发展提供了契机和土壤,尤其是进入21世纪以来,中国的社会工作更是得到突飞猛进的发展。在政府的大力推动下,加上社会工作自身的优势,使得社会工作的社会认知度和专业影响力不断提升。随着社会需求的个性化和多元化,专业社工机构如雨后春笋般发展起来,这些行业组织在解决特定问题满足特定人群需求的过程中不断推动社会工作更加精细化发展。

---

① 中共中央国务院:《国家中长期人才发展规划纲要(2010~2020)》,中国网http://www.china.com.cn/policy/txt/2010-06/07/content_20197790.htm。
② 刘继同:《改革开放30年以来中国医务社会工作的历史回顾、现状与前瞻》,载《社会工作》2012年第1期。

4.2.2 社会工作介入社区矫正的政策支持

刑罚制度的发展历程大致可以分为以肉刑和生命刑为主、以监禁刑（自由刑）为主和以非监禁刑为主三个阶段，社区矫正作为刑罚处理方式的创新，正是体现了刑罚向以非监禁刑为主的刑罚方式的过渡和转变。根据司法部等6部门关于组织社会力量参与社区矫正工作的意见中将社区矫正界定为：社区矫正是我国的一项重要法律制度，是将管制、缓刑、假释、暂予监外执行的罪犯置于社区内，由专门的国家机关在相关人民团体、社会组织和社会志愿者的协助下，在判决、裁定或决定确定的期限内，矫正其犯罪心理和行为恶习，促进其顺利回归社会的刑罚执行活动。社区矫正是深化司法体制改革和社会体制改革的重要内容，是法治中国建设的重要方面，社会力量的参与则是健全社区矫正制度、落实社区矫正任务的内在要求[①]。

早在21世纪初，社区矫正就作为一种专业方法开始在我国出现。2002年8月，上海市领全国之先，在上海市徐汇区斜土街道、普陀区曹杨新村街道、闸北区宝山路街道率先开展社区矫正试点，这标志着我国社区矫正社会工作的正式诞生。2003年7月10日，最高人民法院、最高人民检察院、公安部、司法部联合下发了《关于开展社区矫正试点工作的通知》，在北京、上海、天津、苏州、浙江和山东率先启动了社区矫正改革试点，开始了我国刑罚执行制度改革的全新探索[②]。2005年1月，"两高两部"又下发了《关于扩大社区矫正试点范围的通知》，决定增加第二批试点省级行政区共12个试点省、市、自治区，包括河北、内蒙古、黑龙江、安徽、湖北、湖南、广东、广西、海南、四川、贵州、重庆。至此，我国社区矫正制度初步形成[③]。2009年"两高两部"出台《关于在全国试行社区矫正工作的意见》将社区矫正工作范围扩大到全国。

然而，处于司法领域的社区矫正更多时候强调的是惩罚功能，而忽略了它的恢复和预防功能，我们知道刑罚只是手段，真正的目的在于促使矫正对象恢复其社会功能，使其顺利回归社会，因此社区矫正需要以助人自

---

① 司法部、中央综治办、教育部、民政部、财政部、人力资源与社会保障部：《关于组织社会力量参与社区矫正工作的意见》，载《中华人民共和国国务院公报》2015年第5期。
② 孙静琴：《试论社会工作介入社区矫正的方式和途径》，载《行政与法》（社会管理）2010年第1期。
③ 王钰等：《中加社区矫正概览》，法律出版社2007年版，第6页。

助为目标的社会工作者的介入。在笔者看来，社会工作介入社区矫正领域应该至少包括两个方面的内容：一方面是社会工作者作为工作主体进入社区矫正领域，为社区矫正对象提供支持和服务，帮助他们链接资源，建立社会支持网络，从而促使他们恢复社会功能；另一方面是将社会工作的理念和方法引入社区矫正的工作中，用社会工作的价值理念和专业方法影响社区矫正领域中的其他工作主体，如司法行政机关中的执法人员等，从而从整体增强社区矫正的专业性和实效性。

关于社区矫正与社会工作的关系以及社区矫正社会工作的概念，国内学者提出了较权威的观点。如张丽芬认为，社会工作介入社区矫正是创新社会管理的重要内容，也是实现社区矫正目标的有力保障，同时围绕社区矫正的目标开展社会工作，能够进一步促进社会工作的专业化发展[1]。赵玉峰等人（2012）指出了社区矫正社会工作与矫正社会工作、社区矫正工作、司法矫正工作的区别和联系，并将"社区矫正社会工作"定义为在社区矫正这一刑罚执行和社会福利过程中开展的，运用专业的知识和方法，帮助矫正对象恢复社会功能，促进矫正对象社会融入的职业活动。因此，"社区矫正社会工作"特指在社区矫正领域开展的社会工作，而进行此类工作的社会工作者可称之为社区矫正社会工作者，简称"社矫社工"，同现在使用的司法社工、社区矫正工作者、矫正社会工作者区别开来[2]。社区矫正社会工者的外延和内涵至此确定了下来，社区矫正社会工作的实施内容也有了清晰的边界。

事实上，在 2002 年我国就出现了第一批专职社区矫正社会工作者。2002 年 11 月，第一批从监狱干警、事业单位及社会招聘的 61 名社区矫正社会工作者在华东理工大学社会工作系进行了为期 40 天的专业培训后，2003 年初即在上海市徐汇区等四个试点区正式上岗开始工作。2004 年 2 月 18 日，上海市新航社区服务总站正式挂牌，共招聘了 400 多名社区矫正社会工作者在全市各个社区开展矫正社会工作[3]。可见社会工作对社区矫正的介入有着较好的实施基础，为社区矫正社会工作后续的发展集聚了力量。

虽然专职社区矫正社会工作者出现时间较早，但根据法律和政策的规

---

[1] 张丽芬：《论社会工作与社区矫正》，载《甘肃社会科学》2012 年第 1 期。
[2] 赵玉峰、范燕宁：《'社区矫正社会工作'研究述评》，载《长春理工大学学报》（社会科学版）2012 年第 3 期。
[3] 高巍：《社会工作与社区矫正》，载《中国司法》2012 年第 11 期。

定，社会工作者并非一开始就具备作为工作主体在社区矫正领域开展工作的资格。社区矫正制度实施之初，依照1997年《刑法》第38条、第58条、第76条、第85条规定，缓刑、假释、管制、剥夺政治权利和暂予监外执行犯罪分子的监督考察主体是公安机关；《刑事诉讼法》（1996年修正）第214条、第217条、第218条也规定，暂予监外执行、假释、管制和剥夺政治权利有公安机关执行，缓刑有公安机关交罪犯所在单位或基层组织予以考察[①]。从法律规定来看，社区矫正的执行机关只能是公安机关，其中并没有社会工作者等社会力量的参与。

在社区矫正试点工作的初期，社会工作的作用也没有得到有效发挥。从2003年开始到2012年，"两高两部"分别发布了《关于开展社区矫正试点工作的通知》（2003年）、《关于扩大社区矫正试点范围的通知》（2005年）、《关于在全国试行社区矫正工作的意见》（2009年），期间司法部还印发了《司法行政机关社区矫正工作暂行办法》（2004年），这些文件普遍采用"社区矫正是与监禁矫正相对的行刑方式，是指将符合社区矫正条件的罪犯置于社区内，由专门的国家机关在相关社会团体和民间组织以及社会志愿者的协助下，在判决、裁定或决定确定的期限内，矫正其犯罪心理和行为恶习，并促进其顺利回归社会的非监禁刑罚执行活动"的定义[②]。这些文件中规定社区矫正是由司法行政机关牵头，由街道、乡镇司法所具体承担社区矫正的日常管理工作。虽然其中提到相关社会团体和民间组织以及社会志愿者的作用，但对于什么样的社会团体和民间组织能介入社区矫正并没有给予明确的说明，更没有突出强调社会工作者的专业作用。

为了保障社区矫正工作的顺利有序进行，增强执法效力和促进社会公众对社区矫正的关注和参与，2012年1月10日，最高人民法院、最高人民检察院、公安部、司法部印发了《社区矫正实施办法》，并在第三条规定：县级司法行政机关社区矫正社会工作机构对社区矫正人员进行监督管理和教育帮助，基层司法所承担社区矫正日常工作，社会工作者和志愿者在社区矫正社会工作机构的组织指导下参与社区矫正工作。《社区矫正实施办法》中这一规定明确了社会工作者在社区矫正中的地位和作用，为社

[①] 司法部社区矫正管理局编：《社区矫正研究论文集2013》，法律出版社2013年版，第515页。

[②] 最高人民法院、最高人民检察院、公安部、司法部：《关于开展社区矫正试点工作的通知》《关于扩大社区矫正试点范围的通知》《关于在全国试行社区矫正工作的意见》《司法行政机关社区矫正工作暂行办法》等文件。

会工作者介入社区矫正领域开展社区矫正社会工作服务提供了政策支持。2012年5月30日,司法部印发了《社区矫正执法文书格式》,在社区矫正工作中许多内容都可以由社区矫正社会工作者完成,如社区矫正人员基本信息收集、调查评估意见、治安管理处罚建议,等等。2014年7月28日,最高人民法院、最高人民检察院、公安部、司法部又制定了《关于全面推进社区矫正工作的意见》,其中提到要切实加强社区矫正机构和队伍建设,要求各地"从各自实际出发,积极研究探索采取政府购买服务的方式,充实社区矫正机构工作人员,坚持专群结合,发展社会工作者和社会志愿者队伍,组织和引导企事业单位、社会团体、社会工作者和志愿者参与社区矫正工作。"在这一文件中,政府认识到了社会工作者在社区矫正中的重要作用,并开始积极推动社区矫正社会工作者的人才队伍建设,为我国社区矫正社会工作的发展提供了机会。

在地方政策方面,各地根据自身具体情况制定了相关的政策条例(如关于本地区社区矫正实施办法的实施细则),促进了各地社区矫正工作的发展。上海市作为社区矫正发展最早的地区,同时也是我国社会工作发展较为成熟的地区,上海市《关于社区矫正实施办法的实施细则》较好地将社区矫正与社会工作结合起来。如上海市印发的《关于贯彻落实〈社区矫正实施办法〉的实施细则》第十一条规定,司法所应当指派社区矫正专职干部会同社会工作者到公安派出所、居(村)委、有关单位、家庭、学校等地开展调查,形成《调查评估意见书》,报区(县)司法行政机关审核。在上海市司法局发布的《上海市司法局关于开展社区矫正工作的若干规定》中,第一章第五条规定参与社区矫正的社会工作者组织配合司法行政机关开展社区矫正工作;第二章第一节第七条规定,司法所可以组织召开由社区民警、社会工作者、志愿者、社区居民代表和有关单位人员参加的评议会,讨论犯罪嫌疑人、被告人、罪犯是否适合社区矫正。在这一规定文件中评估调查、监督管理等方面都能见到社会工作的作用。从上海市关于社区矫正的相关政策来看,社会工作专业力量得到相关政府部门的认可和重视,社会工作者在社区矫正中也开始慢慢发挥作用。

2014年3月1日起正式实施的我国首部社区矫正地方性法规《江苏省社区矫正工作条例》第八条规定"社区矫正工作人员由社区矫正执法工作者、社区矫正社会工作者组成。"第十条规定"社区矫正社会工作者在社区矫正社会工作机构组织下,协助开展社区矫正工作。明确规定社区矫正社会工作者由下列人员担任:①县(市、区)人民政府公开招聘的社会工作者；②通过政府购买服务方式接受委托的社会组织派出的人员。县（市、区）人民政府应当按照规定配备社区矫正社会工作者，保证社区矫正工作需要。"可见，江苏在社区矫正工作上也十分重视社会工作参与，且以地方性法规形式规定了社会工作者在社区矫正中的地位和作用，这是一种有益的尝试，为社会工作介入社区矫正领域正名。

目前，社区矫正社会工作已经在北京、浙江、江苏、广东等省市推广，经过多年的实践和探索，我国在社会工作介入社区矫正领域方面，已经取得了初步成效，初步形成了一支具有社会工作理念和方法，已经开始向职业化和专业化方向发展的社区矫正社会工作人才队伍。

4.3 当前社会工作介入社区矫正的政策不足

我国自2003年开始社区矫正试点工作至今已经十余年，政府对于在作为非监禁刑的社区矫正领域引入社会工作也高度重视，陆续发布了《关于开展社区矫正试点工作的通知》《司法行政机关社区矫正工作暂行办法》《社区矫正实施办法》等政策文件，但是社会工作介入社区矫正领域的过程并非完全顺畅，社区矫正社会工作的发展依然存在着许多问题。在此无法将所有关于社会工作介入社区矫正面临的问题一一列举，所以选择一些较为突出的问题加以阐述和分析。

4.3.1 现有法律依据不足、政策文件法律效力不强

我国始终致力于建成法治国家，无论是十一届三中全会提出的"有法可依、有法必依、执法必严、违法必究"十六字方针，还是十八届四中全会提出的"科学立法、严格执法、公正司法、全民守法"十六字方针，都体现了我国依法治国的施政治国理念。其中"有法可依"和"科学立法"都是依法治国的前提和依据，因此制定全面合理、行之有效的法律就显得极为重要。2011年2月25日，十一届全国人大常委会第十九次会议审议通过了《中华人民共和国刑法修正案（八）》，其中明确规定了对判处管制、缓刑以及假释的罪犯依法实行社区矫正，"这标志着我国社区矫正法律制度的初步确立，部分结束了我国社区矫正工作长期以来无法可依的情

况,但是现有的社区矫正模式与当前的法律制度间仍然存在着较大的冲突[①]。"根据《中华人民共和国刑事诉讼法》的规定,处拘役、管制、缓刑、暂予监外执行、假释和剥夺政治权利的刑罚执行主体是公安机关,但现实执行情况是由司法行政机关牵头组织,街道、乡镇司法所具体承担日常管理工作,公安机关配合司法行政机关加强监督考察。显然在这种模式中,法律规定的执法主体即公安机关不是矫正措施的具体实施者,而承担社区矫正工作的司法行政部门并不是法律意义上的执行机关,这就使得社区矫正的法律执行主体和实际执行主体相分离。此外,虽然目前《刑事诉讼法修正案(草案)》已经将社区矫正正式写入并作了"对于被判处管制、宣告缓刑、假释或者暂予监外执行的罪犯,依法实行社区矫正,由社区矫正机构负责执行"的规定,但是,仍然没有关于社区矫正机构的具体规定,也就是说,仍然没有明确司法行政机关作为社区矫正执行机构的地位,也没有明确社会工作等社会力量参与社区矫正的主体作用。

社区矫正领域的工作者往往面临着一个难题,即法律规定了应对被判处管制、缓刑、假释或暂予监外执行的罪犯实行社区矫正,但是对于实施社区矫正的具体情况没有明确的法律规定。即使我国现行法律中对社区矫正的具体实施有若干规定,但是大多条文粗疏、笼统,缺乏可操作性,如"确有悔改表现""不致再危害社会"等表述,在立法上未约定衡量标准,导致司法人员在执行时无所适从。在现行法律下,社区矫正由司法行政机关、公安机关等政府力量执行,并未体现社会工作等社会力量的主体作用,因而现行法律下的社区矫正制度仍然是行政性的。当前社区矫正具体依据的是《社区矫正实施办法》以及各地方根据该办法结合本地区情况制定的实施办法,虽然这类实施办法对如何开展社区矫正有较为具体的规定,但是由最高人民法院、最高人民检察院、公安部、司法部发布的《社区矫正实施办法》不属于法律,因而不具备法律效力,对于社区矫正的指导和规范作用并不明显。

为了社区矫正工作顺利开展,确保社区矫正实效性,有必要制定一部统一的《社区矫正法》,使社区矫正每一项工作都有法可依。《社区矫正法》中关于社会工作在社区矫正领域中的地位和作用的规定、对社区矫正专业机构的界定及关于社区矫正社会工作者权利和义务的规定,决定了社区矫正社会工作的发展前景。

---

① 周炎:《论我国社区矫正的现状与完善——基于对市社区矫正状况的调查分析》,山东大学硕士学位论文,2012年。

4.3.2 社区矫正机构设置不明确、专业社会工作服务机构参与不足

《刑事诉讼法修正案（草案）》中已经规定了"对于被判处管制、宣告缓刑、假释或者暂予监外执行的罪犯，依法实行社区矫正，由社区矫正机构负责执行"，但是现有法律及政策文件并未对社区矫正机构进行清晰的界定。这个"社区矫正机构"是政府机构，还是民间机构？如果是政府机构，是公安机关还是司法行政机关？如果是民间机构，应该具备什么样资质的民间机构才能负责执行社区矫正？这一系列问题现有的法律并未给出明确的规定，因而在社区矫正的执行过程中各个部门之间往往权责不明，或互相推诿，或争相执行，使得社区矫正在执行上比较混乱。

当前社区矫正的机构构成较为复杂，包括了司法行政机关、公安机关、基层司法所、社会工作机构、社会志愿者、社区居（村）委会，甚至还有社会团体、企事业单位。在现实中，社区矫正的执行情况多由司法行政机关牵头组织，街道、乡镇基层司法所负责日常管理工作，公安机关配合司法行政机关进行监督考察，此外还会有社会力量如社会工作者和社会志愿者参与社区矫正。在社区矫正工作实际开展中，通常情况下会成立一个由多方参与（包括司法行政机关、基层司法所、公安机关、居委会或村委会、社会工作者、社会志愿者，等等）的社区矫正工作小组，由该工作小组领导开展社区矫正工作。虽然社区矫正有多方参与，但是却没有一个明确的管理机构和工作机构，基层政府也没有配套的社区矫正部门，仅仅依靠一个社区矫正工作小组开展工作显得既不正规也不专业。因此，应当设立专门的社区矫正的管理机构和工作机构，使得社区矫正相关机构权责明确。

现行社区矫正制度下，基层司法部门成为行使社区矫正职能的主体，司法所是基层的司法行政机关，要在社区矫正工作中承担大量具体的日常管理工作，然而人员配置不到位、司法所人员矫正内容和方法单一等问题促使社区矫正领域引入社会力量参与。社会工作在社区矫正领域中有其独特的优势和必要性，因而许多地区，尤其是社会工作发展较为成熟、社会对于社会工作认可度较高的地区，往往更加注重在社区矫正领域引入社会工作人才以及所带来的理念和方法。当前社会工作介入社区矫正领域多表现为社区矫正管理部门聘请具有社会工作资质的工作人员或者在社区矫正

部门内设立社会工作岗位，另一种较为常见的是社区矫正部门购买具备社区矫正服务资格的社会工作机构的服务。

目前我国社会工作服务机构虽然发展较快，但是大多处于发展的初期阶段，许多机构还在探索自身的定位和机构未来的发展方向，真正找准自己服务领域的机构并不多，而以社区矫正这个领域作为自己主要服务领域的社工机构就更少了。培育和发展更多的从事社区矫正社会工作服务的社工机构，促进社区矫正社会工作的专业性，填补社区矫正领域中社会工作机构的缺失，是发展社区矫正社会工作的重要途径。

4.3.3 社区矫正工作队伍责权划分不清、专业能力有待提升

当前我国社区矫正领域的工作机构构成较为复杂，因而社区矫正的人员构成也较为多样，包括司法行政机关工作人员、公安机关工作人员、基层司法所工作人员、社会工作者和其他相关社会服务机构人员、社会志愿者、社区居（村）委会工作人员、相关社会团体和企事业单位负责人员等，同时，并不是所有人员都直接参与社区矫正的管理与服务工作。按照行政权和专业划分，我国目前真正参与社区矫正的工作人员主要有四类，即国家司法行政领域工作人员、专业矫正工作人员、社会公益志愿者以及少数司法行政领域社会工作者。由于社区矫正领域人员构成的复杂性，因此只有从政策上和操作上对各方的人员进行职责界定与合理分工才能保证社区矫正工作的顺利开展。

此外，社区矫正虽然已经在全国推广，但是目前我国的社区矫正还处于发展的初期，各方面的条件还不太成熟，尤其是社区矫正专业人员数量不足、社区矫正社会工作者缺口太大。即使按照每个基层司法所配备一名社区矫正社会工作者来算，我国目前社区矫正社会工作者的缺口也是极大的。

除了社区矫正社会工作者的数量不足之外，工作人员专业化水平低也是社区矫正领域的一大问题。由于专业社区矫正社会工作者的缺失，社区矫正的日常工作主要由一线司法行政人员以及社区居委会人员负责。即使是现存的数量有限的社会工作者也存在着专业化水平低的问题。一方面我国的社区矫正社会工作起步比较晚，专业人才供应不足，导致有些进入社区矫正领域从事服务工作的社会工作者并未系统地接受过专业训练。另一方面我国当前的社会工作教育存在着不足，首先，我国的社会工作教育比较倾向书本理论的学习而缺少实务训练，使得社会工作专业的学生缺乏实

践操作能力；其次，目前我国的社会工作教育并没有针对具体的领域而细分人才培养，导致培养出的学生缺乏现实应用能力。

另外，社会工作者的专业能力在实际的社区矫正工作中也没有得到发挥。虽然政策允许社会工作者介入社区矫正，但是却并没有对社会工作者的权利和地位作出明确的规定，以至于社会工作者在社区矫正中定位不明确。在当前社区矫正的实践中，社区矫正社会工作者往往处于从属且被动的地位，一般承担的是一些边缘化的零碎任务，致使社会工作者无法发挥积极主动性和专业优势。

因此，在深化我国社会工作教育改革的同时也应当通过法律政策的改革来明确社区矫正社会工作者在社区矫正中的权利和地位，从而使社会工作的专业优势在社区矫正实践中得到最大的发挥。

4.4 本章小结

自20世纪80年代后期社会工作在我国恢复以来，尤其是迈入21世纪之后，我国的社会工作得到快速发展，恰逢社区矫正的实施，使得社会工作在社区矫正领域找到了发展的突破口。我国政府坚持以人为本，顺应刑罚制度改革的潮流，建立了社区矫正制度，积极恢复犯罪人的社会功能。为了给罪犯提供更专业的服务和满足他们多元化的需求，政府通过制定相关的政策法规明确了社会工作介入社区矫正的合法性，为社会工作在社区矫正领域的发展提供了政策支持。

虽然社会工作介入社区矫正事业得到了国家的高度重视和大力支持，但是当前我国社区矫正社会工作的发展依然存在不少问题，如相关政策法规的不完善、社区矫正机构（部门）的不健全、专业社区矫正社会工作机构和专业社区矫正社会工作者人才的缺失、社区矫正人员的职责与分工不清、矫正专业化水平较低、社区矫正社会工作者的权利和地位得不到保障等。通过完善社区矫正方面的政策法规和探索社区矫正社会工作的操作细则，才能促使社区矫正社会工作发挥其应有的专业优势。

第 5 章

社会工作介入社区矫正的功能分析

作为我国近些年发展起来的刑罚执行制度，社区矫正以科学、专业的工作理念和方法，对传统监禁刑起到了重要的补充作用。从 2003 年部分省市试点工作发展至今，社区矫正工作已经在全国范围内得以普遍开展，并发挥了日益重要的社会功能，它不仅促使矫正对象较好地复归社会，还推动我国社会治理的创新。而社会工作作为专业的社会服务提供者，介入社区矫正中更有利于其积极功能的发挥。本章结合前面章节社区矫正的理论阐述和政策分析，从社区矫正对象的社会特征出发，讨论并总结社会工作介入社区矫正的积极功能，以期为社会工作介入社区矫正找到充分的合理性，毕竟现实的积极功能是验证社会工作专业服务对社区矫正改革创新有无介入必要的最好依据。

5.1 社区矫正对象的介入需要

社区矫正对象作为一类特殊的社会群体，也是生活在一定的社会情境中，受社会环境的影响。根据人在情境中的社会工作视角，个体和环境之间是一种交互关系，但是这种关系的正常运转需要具备一定的条件和要素，如果这些条件欠缺就会导致个体生活系统的紊乱，进而产生一系列个体和社会的问题。概括来说，矫正对象是犯罪人群，犯罪行为和判决实施前后，其生活轨迹已发生巨变，在经济、社会、文化和心理等方面可能遭受巨大的冲击，由此产生诸多的现实需要。

5.1.1 再犯罪风险的存在与抵御

矫正对象存在再犯罪的风险，与其原有的生活轨迹有关。有些矫正对象走上犯罪道路是由于受到交往"圈子"的影响,这些圈子的亚文化往往充斥着江湖规矩,由于受哥们义气的绑架,他们不得已走上了犯罪道路。在社区矫正期间或监狱服刑期满之后,犯罪者容易遭受其他人的排斥和冷漠对待,很有可能重新接触犯罪亚文化群体,再次陷入以往的生活模式而不能自拔。每个犯罪者,在犯罪之后可能都是后悔或愧疚的,也不太愿意重回之前的交往圈子,希望刑满之后重新规划和开始新的生活,但是现实往往是残酷的,由于社会的排斥以及江湖圈子的吸力,使得其不自觉地又成为其中的一员。一个个体很难摆脱交往圈子和环境的影响,在这种情况下,个体特别是犯罪者往往有种无力感。

因此,在矫正过程中要针对不同的矫正对象制定和实施具体的有针对性的矫正方案,帮助他们抵御再犯罪的风险。具体来说,从个体心理层面,增强矫正对象的自信心和改变生活的勇气;从社会交往层面,通过服务和管理,使其摆脱原有的交往关系。

5.1.2 生活困境的发生与摆脱

犯罪的发生及矫正往往与生活困境有着千丝万缕的联系。一方面,一些矫正对象做出违法行为部分原因可能与生活处于较为困难的境地有关,他们由于掌握的物质生活资源有限,为了过上想要或更好的生活,于是有些人选择铤而走险,走上犯罪道路。另一方面,判刑和服刑的过程,对犯罪人来说往往伴随而来是失业、生活来源中断等结果,这些会给犯罪者的生活带来冲击,使其陷入生活困境。

所以,在社区服刑的人员身上往往也可能体现生活困境,尤其是对那些有向善之心、从善之意的矫正对象来说,如何在刑满解矫之后重新回归主流社会生活,帮助其摆脱和度过当下的生活困境,是政府和社会必须要采取的基本措施。摆脱生活困境不仅能够帮助刑满解矫人士减轻经济生活压力,而且还能温暖和打动他们被社会隔离、疏远的心,进而使其怀有感恩之心重新自立、回报社会。

5.1.3 情绪与心理压力的管理

对于犯罪者特别是初犯来说,在实施犯罪行为之后或判刑之后,由于他们的生活轨迹发生了改变,内心遭受了剧烈的冲击,伴随而来的愧疚感、羞耻感和无助感，使得生活陷入茫然和不知所措的状态，这时他们渴望有人可以拉自己一把，给自己情感的支持和慰藉，或者有人可以倾听自己的恐惧和困惑，陪自己走过这个人生低谷。此时，负面情绪和压力的管理显得如此重要，如果处理不好，可能会使矫正对象破罐子破摔，再次做出越轨的行为。

情绪和压力需要适当的管理，这样才更有利于矫正目标的实现。因此，社区矫正过程中要特别注意对矫正对象的倾听和情绪的疏导，使其认清和接受现实，并积极去应对，努力做出改变。这样的管理过程需要专业的方法，因此需要社会工作者的介入。

5.1.4 社会功能的中断与恢复

犯罪者也是社会人，也是在一定的社会结构中扮演着一定的社会角色、承担着一定的社会功能。在家庭、单位和更大的社会范围内，社区服刑人员原本通过持续的社会化过程完成社会生活所需的各类能力的学习和资源的获取。然而，一旦犯罪行为实施、判决和服刑开始，他们或多或少都会与原有的社会结构和社会角色发生分离，进而导致其社会功能的中断以及其自身能力的缩减和退化。

对犯罪人来说，如果在接受刑罚矫正后想要积极改变人生，重新恢复原有的正常生活、回归主流的社会，就需要有专门的工作避免使其社会功能中断或者社会功能恢复。社区矫正的立意正是为了实现犯罪人矫正过程的正常化与社会化。将矫正对象置于其相对熟悉的社区环境中实施管理和服务，就是为了矫正对象社会功能尽可能避免中断，或者在最大程度上维持和恢复他们的社会功能。

5.2 社会工作对社区矫正对象的积极功能

正如李斯特所言"最好的社会政策与最好的刑事政策一样有效"，社会工作作为社会政策的一种体现，在为服务对象输送社会福利的同时也促进了社会的公平正义，因此，社会工作介入社区矫正具有诸多积极功能。

5.2.1 惩罚与预防犯罪

社区矫正作为一种全新的刑罚执行方式，依然以惩罚作为首要功能。社区矫正的对象是罪犯，他们应当就其犯罪行为给社会造成的危害承担惩罚性后果，得到应有的惩罚。"否认社区矫正的惩罚性是有悖于刑法的目的和任务的，同时也弱化了刑法预防、惩治犯罪的功能而且可能导致社会公众尤其是受害人对社区矫正制度的质疑或否定[1]。"

社区矫正社会工作正是遵循了这种理念，以维护社会公正和平等作为重要目标。这种刑罚执行与传统的监禁刑有着相似的功能，即让矫正对象遭受自由和权力的损失，为其的违法行为做出补偿。对社区矫正对象进行惩罚的一个具体表现是限制其人身自由和权利。《北京市社区矫正实施细则》明确规定，社区矫正对象在接受社区矫正期间不得出境，未经批准不得离开所居住的区县或变更居住的区县。在经批准的条件下，离开所居住区县也不得超过一个月。除了长期居住场所，矫正对象的社会活动范围也受到一定程度的限制。矫正对象如被人民法院裁定禁止进入举办大型群众性活动的场所和中小学校区、幼儿园园区等相关场所，则需要持特殊理由，经区县司法局审批才能被允许进入。这些规定的执行和监管可以由社会工作者进行开展，充分发挥其组织者、资源整合者、管理者、调停者等角色。在北京开展试点工作阶段，各区县的阳光社区矫正服务中心就充分利用了专业的社会工作团队，协助司法所开展了大量的惩罚和监管工作。

社区矫正社会工作与矫正改善主义一脉相承，矫正改善主义的代表人物李斯特提出，刑罚能够使犯罪者回归普通人的生活，而预防的重点并非是可能犯罪的人，而是防止已经犯罪的人再次犯罪[2]。研究发现矫正对象再次犯罪的成因有很多，既包括个体因素，比如，法律意识淡薄、缺少生存技能、违法思想顽固等，也包括一些社会因素。比如，缺乏家庭关爱、社会支持网络的缺失、不良的社会交往、社会保障机制不足等。社区矫正社会工作可以通过不同层面的干预和管理，降低矫正对象未来犯罪的不确定和可能性。如在个人层面，通过对矫正对象进行心理干预和情绪疏导；在社区层面，帮助矫正对象修复和重建社会生态系统；在社会层面，通过

---

[1] 徐楷：《社区矫治的社会学理论分析》，载《黑龙江省政法管理干部学院学报》2004年第6期。

[2] 张昱主编：《矫正社会工作》，高等教育出版社2008年版，第26页。

政策倡导消除那些导致犯罪的结构和制度性因素等，通过社区矫正社会工作者的这些努力，可以有效降低矫正对象再犯罪的可能性。

总之，社区矫正社会工作者既扮演协助监管者的角色，对矫正对象实施惩罚，同时又扮演服务者的角色，限制甚至消除了导致矫正对象再次犯罪的因素，从而有效地预防了犯罪。

5.2.2 矫正与救助帮扶

矫正最初是医学用语，指"通过手术或药物治疗，使身体部位的形状或机能方面发生畸变的患者得到康复，以重新过上和正常人一样生活的过程[①]。"这一内涵中有关畸变、康复，以及正常化的解释后来被应用到司法领域，形成了当今的社区矫正及相关社会工作。从字面来看，矫正本身就是社区矫正社会工作的一个重要功能，这里的矫正工作主要涉及对矫正对象的行为、认知和心理等方面的治疗。

社区矫正工作本身的目的价值决定了具体的矫正执行方式，惩戒虽然是一个重要功能，但并非最终目的，矫正的最终目的是通过教育、感化等方式使得矫正对象实现再社会化[②]。社区矫正与传统监禁刑的目的都是为了矫治犯罪人的心理和行为，但两者又有本质不同。社区矫正是为了化解监禁刑与再社会化的矛盾而出现的。现代犯罪学研究成果表明，犯罪人之所以犯罪是由于其社会化进程未全面完成，而传统的监禁矫正，将罪犯投入监狱，使其隔离于社会之外，大大削弱了社会化的基本条件和环境，反而使得罪犯的社会化速度远远滞后于正常社会成员，再加上犯罪人在监狱中还会有被交叉感染的风险，因此传统监禁刑并不利于犯罪者的矫正。而社区矫正是将罪犯置于社会化环境下生活，使罪犯能够最大可能地承担家庭和社会责任，并在此基础上对罪犯进行有针对性的心理引导和行为规范，促进罪犯形成健康社会人格、实现再社会化，使罪犯最终顺利回归社会。

社会工作和社区矫正在价值理念和社会功能上存在相似之处。社会工作注重关注人的价值、尊严和权益，尤其相信个体自我提高和改良的潜

---

① 张昱主编：《矫正社会工作》，高等教育出版社 2008 年版，第 26 页。
② 马聪、李敏：《论我国违法行为社区矫正制度体系的构建》，载《山东社会科学》2012 年第 2 期。

力[1]，倾向于将个人问题纳入社会环境中进行考虑，这些专业价值理念可以运用到社区矫正中来，为实现犯罪人的矫治提供价值指导。

同时，社会工作作为一种助人的专业，在矛盾调解、人文关怀、心理疏导、行为矫正等方面具有专业优势。经过多年的发展，社会工作已经积累了多种理论视角。比如，社会工作者可以运用认知行为理论，将矫正工作的重点放在矫正对象的认知图式上。"根据该理论的假设，矫正对象的问题并非事件本身所引起的，而是由于其持有非理性的认知影响到了其情绪和感受，最终导致矫正对象产生了负面的行为方式。按照这种逻辑，社会工作者的干预方式主要是修正矫正对象的认知形态，用理性、正确的认知替代矫正对象身上常常存在的认知曲解，进而帮助其实现自我控制和管理[2]。"

除了在个体层面对社区服刑人员进行矫正，社会工作者还胜任各类社区工作，比如通过配合司法所在社区的法制工作，以宣传和教育的方式开展早期干预，发现和识别犯罪风险人群。"对于刑释解教的人群，社会工作者也能够提供后续服务和必要的支持，以巩固矫正的成果。从这种意义上说，社会工作介入社区矫正将犯罪预防、矫正以及防止再犯罪三个环节的工作系统整合起来，形成一个完整的干预体系[3]。"可见社会工作除了对罪犯的心理和行为矫治提供技术支持之外，还可以为矫正对象输送社会福利，增强其应对风险的能力。

北京地区的社区矫正工作经过多年发展已经积累了丰富的实践经验。从试点阶段开始，由市公安局、检察院、法院、司法局等部门成立的市社区矫正工作领导小组就积极探索社会工作者、社会组织等社会力量介入社区矫正领域的模式。实践表明，社会工作者可以承担起诸多社区矫正的任务，比如开展社区矫正宣传、组织志愿者等社会力量对社区服刑人员进行帮教、参与矫正方案制定和协助阳光社区矫正服务中心对社区服刑人员开展教育辅导。

《北京市社区矫正实施细则》规定：矫正对象需要定期汇报遵纪守法、接受监督管理、参加教育学习、社区服务和社会活动的情况。这些规定的执行很大程度上依托于各区县的阳光社区矫正服务中心，包括中心配备的社会工作者团队。在传统的教育学习、社区服务等方式的基础上，北京地

---

[1] 王思斌主编：《社会工作导论》，高等教育出版社2013年版，第23页。
[2] 何雪松：《社会工作理论》，上海人民出版社2007年版，第60页。
[3] 钟莹：《社会工作在社区矫正中的功能定位与实现途径》，载《求索》2007年第10期。

区的社会工作者协助司法所实施了诸多有针对性的矫正项目，比如，个人及家庭咨询、健康关心、毒品和酒精滥用的矫治处遇等。此外，社会工作者在实际工作中还面向矫正对象开展社会服务，比如，协助其申请低保救助、帮助其子女正常入学、为其提供职业技能培训机会及就业信息等，这些都反映出社会工作介入社区矫正的另一个重要功能：救助帮扶矫正对象。

所以说，帮困扶助是社区矫正工作的又一重要使命，"是对社区服刑人员监督管理、教育矫正基础上的社会适应性帮助"[1]，以促进矫正对象的社会适应性、提升矫正对象的社会功能为目标。社会工作者作为专业协作力量，在社区矫正工作实际开展中主要扮演帮扶和服务的角色。

这种角色和作用的发挥取决于社会工作本身就是一种专业助人和解决社会问题的福利性质工作。众所周知，社会工作主要关注社会上的弱势群体，致力于提升他们的福利水平和生活质量；而矫正对象的生活较之前发生了重大转折，他们需要面对和处理因服刑带来的诸多危机和困境。概括来说，社区矫正社会工作者在救助帮扶方面主要承担以下角色：

第一，社区矫正社会工作者作为专业力量，为矫正对象提供专业的帮扶服务，缓解其个人和家庭的基本生存困难。社区矫正对象在法院判决后进入服刑期，很可能会从原工作岗位脱离，丧失工作机会，这一系列的变故会直接导致矫正对象经济收入锐减，长此以往会造成他们的基本生存问题。针对物质生活困顿的问题，社会工作者依托既定社会政策积极面向矫正对象开展福利资源的输送工作，比如，协助矫正对象家庭成员申请低保救助，如遇需要就医、助残等特殊情况，还可运用个案管理的手法一对一进行系统性帮扶。

第二，社会工作者通过专业手法为矫正对象重建社会支持网络，帮助他们处理家庭危机。众所周知，在中国文化传统中因某位家庭成员犯罪而使整个家庭"蒙羞"是比较普遍的一种文化心态，这种由于矫正对象犯罪及服刑给家庭成员及亲友带来污名化的文化氛围，很容易会给矫正对象的家庭成员及亲友带来恐惧、焦虑、羞耻及排斥等负面心理，进而产生家庭关系危机，不利于矫正对象回归社会、恢复社会功能。社会工作者的介入可以将专业社工的家庭服务技巧带入矫正过程，一方面积极与矫正对象的家庭成员接触，帮助其形成对犯罪及犯罪人的正确认识；另一方面，通过助人自助的理念倡导，将更多的家庭成员及亲友都转变成为向矫正对象伸

---

[1] 司法部法制司、社区矫正管理局：《社区矫正实施办法解读》，法律出版社2012年版，第28页。

出援助之手的积极力量。通过上述两手工作，为矫正对象营造良好的家庭支持条件和犯罪矫正氛围，形成有利于其尽快恢复正常价值观念及社会行为的"合力"。

第三，社会工作者作为资源链接者和资源动员者，通过帮助矫正对象链接专业的资源如法律援助、就业技能培训和心理救助等，提升他们面对问题和应对困境的能力，增加他们的生存技能，解决他们刑满后的就业或就学等问题，使他们恢复和回归独立自主的正常生活。

由前文可知，社区矫正帮困扶助工作直接关系到社区服刑人员平稳融入社会的能力和持续性，是社区矫正实施效果的重要保障，而社会工作作为专业助人的专业，必定在此领域发光发热。

5.2.3 社会化与能力发展

社会化是指个体在特定的社会文化环境中，学习社会行为方式和塑造人格特征，适应社会并积极作用于社会的过程。犯罪本身就是社会化特别是法律社会化过程的缺陷或障碍导致的，因此犯罪人的社会化是指再社会化，即指个体从越轨的生活方式向正常的生活方式转变、适应主流社会价值和内化社会规范的过程。

通过社会化的定义我们知道，个体必须在参加社会交往和特定实践的活动中，在与社会环境充分接触中才能顺利实现再社会化。而传统的监禁刑是通过限制犯罪人社会活动自由的方式对其进行惩治的，这种方式本身就不利于犯罪人的再社会化。社区矫正作为非监禁刑的一种，有效地弥补了监禁刑的这一缺陷。社区矫正的最终目的就是实现矫正对象的再社会化，而要顺利实现矫正对象的再社会化，首先要做的是为矫正对象去标签化，减少甚至消除社会公众对他们的排斥，使其能够正常参加社会活动，融入到生活环境和其他群体中去。其次是通过教育辅导和榜样示范的方式，帮助矫正对象树立正确的价值观、人生观和世界观，重新确立新的生活目标和人生方向。最后是丰富他们的生存策略，提升他们的生活技能，增强他们应对危机的能力。下面就从社会工作的角度详细阐述这三个方面。

第一，提升矫正对象的社区参与能力，实现其去标签化。

犯罪者被宣判之后经常会被污名化和标签化，被打上"犯罪人"的烙印。这个烙印会使他们遭受周围人的"嫌弃"，受社会的排斥，从而影响他们的就业、家庭关系、社交活动等。最重要的是，这种烙印可能会深入犯罪者的骨髓里，使其一辈子都摆脱不了，一辈子都要深受这烙印带来的羞耻感的折磨，最终他们会下意识地接受标签带来的暗喻，内化自己是犯罪人的印象，从而进一步强化或者重复其越轨行为，即使其最初的犯罪行为并非是有意或恶意的[①]。

社会工作从诞生开始就致力于推动社会平等和融合。针对矫正对象的标签化问题，社会工作可以利用社区工作方法从其社区环境入手，调动社区成员和社会资源，帮助矫正对象去标签化，重塑他们对自我的认知。在常用的社区方法中，地方发展模式在改造社区成长的环境、调动社区成员参与方面有巨大价值。在这种模式中，社会工作者主要承担协调和沟通的角色，通过一些任务型的团体项目增进社区成员的沟通，通过多方参与达成社区共识，帮助矫正对象与当地社区环境更好地融合。在整个过程中，社会工作者、相关政府机构、社区成员、矫正对象等利益方在共识达成的基础上会产生公众舆论，这一方面提高了社区的凝聚力，另一方面可以充分应用社区文化的传播功能，改善社区成员对矫正对象的刻板印象，形成合力理解、支持和参与社区矫正的相关工作。

由于标签化的影响，矫正对象的心理认知、就业或就学以及社会交往都可能会遇到隐形障碍，这就需要社会工作者发挥其资源整合和矛盾调解的角色，通过整合可利用的社区资源满足矫正对象多元化的需求，使其顺利完成再社会化。社区矫正领域常见的社区资源主要有两类，一类是物质资源，包括司法所、居委会等组织资源、社区矫正中心为代表的设施资源以及经费和技术资源等；另一类是社会资源，包括社会工作者、矫正志愿者在内的人力资源、专家学者组成的智力资源以及各类文化和关系资源等。这两类资源可以相互融合，为社区矫正社会工作者综合利用。

实际案例表明，很多执行假释的矫正对象在出狱后对所在的社区已经比较陌生，遇到困难和问题也不知道如何寻找支持和帮助，以至于让自己陷入了一种孤立无助的生存状态。社会工作者可以主动接触了解矫正对象，在分析评估他们需求的基础上，为其链接相应资源。比如，部分矫正对象会在出狱后需要办理户口，但其对相关程序并不熟悉。如果个别矫正对象本身没有耐心或者情绪容易波动，在与政府部门工作人员的接触中可能就会产生抵触或沮丧的负面情绪。这对他们的矫正是非常不利的，甚至

---

① 谢钢、林婷婷：《从标签理论视角看社区矫正的基层推广》，载《吉林师范大学学报》（人文社会科学版）2010年第4期。

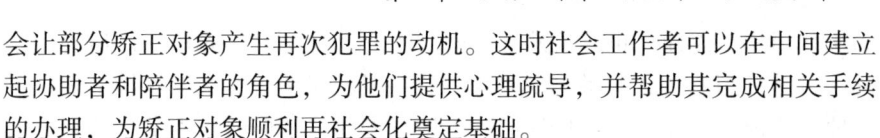

会让部分矫正对象产生再次犯罪的动机。这时社会工作者可以在中间建立起协助者和陪伴者的角色,为他们提供心理疏导,并帮助其完成相关手续的办理,为矫正对象顺利再社会化奠定基础。

在现实生活中,矫正对象与其他社会成员相比,本身在阶层、职业、收入、学历、人际关系等方面就处于劣势,可利用的社会支持网络就比较有限,再加上服刑对他们已有的社会交往圈子和社会关系网络的冲击和破坏,使得他们很有可能处于山穷水尽、与世隔绝的境地。社区是矫正对象获得社会支持网络的重要平台,矫正对象社会功能的修复很大程度上依赖于其所在社区的社会关系,因此提升矫正对象的社区参与能力显得尤为重要。经过几十年的发展,社会工作已经形成了成熟的社区工作方法,"它通过组织成员有计划地参与集体行动,解决社区问题和满足需求。社区成员在参与过程中建立对社区的归属感,培养自助、互助和自决的精神,加强其社区参与及影响决策的能力和意识,发挥成员的潜能[①]。"矫正对象要树立对社区的归属感,发挥其社区成员的潜能,首要的任务是要融入当地的社区环境,在与社区成员的互动中获得社区成员的身份。这方面,社会工作者可以组织矫正对象参与相关社区活动,比如,社区劳动、慰问独居或失独老人、文体活动、服务残疾人等。参与这样带有社区公益性质的活动一方面可以增强矫正对象对社区的认同和归属感,为其后期的社会融入奠定情感基础;另一方面,通过这些对社区的贡献,可以让社区成员逐渐消除对矫正对象的成见,促进矫正对象良性社会关系的建立,使矫正对象迈出融入社会的重要一步。

第二,促进矫正对象的价值观念和行为方式的转变,实现其社会融入。

社区矫正本身是矫正其犯罪心理和行为恶习,促进其顺利回归社会的非监禁刑罚执行活动,因此它工作的重中之重是通过多元化途径促使矫正对象转变越轨和偏差的心理与行为。社会工作作为一种专业的助人活动,它是运用社会的和心理的科学原则,帮助困境者减除个人的生活逆境和压力,从而实现助人自助的目标,它在促进矫正对象的价值观念和行为方式转变方面发挥着特殊专业优势。

首先,运用社会工作价值理念,从思想上感化和带动矫正对象。一些人走上犯罪道路往往也具有特定的动机和内在的想法,必须及时转变这些

[①] 王思斌主编:《社会工作导论》,高等教育出版社2013年版,第224页。

动机和想法才能使矫正对象发生正向的改变。社会工作的核心价值理念是助人自助，当面对犯罪者时专业社工能够以客观中立的态度接纳他们，平等地对待他们并能充分尊重他们的人格，进而与其形成较为平顺的专业服务关系。在这种专业关系框架下，专业社工通过倾听诉求、救难帮困、主动沟通及倡导改变等积极态度的带动，用生命影响生命，推动矫正对象不断受到感化进而产生积极的人生变化。

其次，运用专业社工方法开展心理与行为的矫治。教育矫治是社区矫正的主要功能和使命之一，这一领域为专业社工方法介入并发挥优势提供了机会和平台。专业社工通常采取个案工作、小组工作等专业方法面对矫正对象实施教育矫正。一方面，一对一的个案工作形式能够做到矫正教育的精细化、个性化，"因人施教"能够最大程度地对矫正对象施加影响，这种影响往往由正面树立典型的示范效应和反面树立典型的警示效应组成。另一方面，从实践中来看，小组工作在社区矫正社会工作实务中产生集体化力量，关于这方面现实的效果，在本书第6章中将系统呈现出来。

最后，运用专业社工机制开展全方位服务管理工作。从微观层面来说，专业社工能够对矫正对象开展持续的监督和评估。人的心理和价值观念是在后天成长过程中逐渐、缓慢地形成的，因此这些方面的改变也绝非一日之功。因此，在教育矫正过程中如何掌握矫正对象的思想动态、价值观念变化的进程，就需要社会工作评估体系的跟进。从中观层面来说，专业社工可以发动和组织社区志愿者参与到矫正对象的服务管理工作中来，实现群众监督、群众参与和群众帮扶的结合，社工加志愿者的专业机制能够确保社区矫正对象得到一个较为全面的支持系统。

第三，增强矫正对象的社会适应能力，实现其正常生活的可持续发展。

犯罪者走上犯罪的道路的原因有很多，其中一个重要原因是社会生存能力较弱，缺乏社会支持系统，为了生存或更高质量的生活而走上了犯罪道路。在第一点中提到要建立矫正对象的社会支持网络，为实现其顺利矫正提供外力支持。我们知道，内因是事物发展变化的决定因素，外因要通过内因起作用。因此，提升矫正对象自身的社会生存能力，增强其应对风险的能力成为社区矫正工作的主要内容，并且决定着社区矫正工作的成效和效果的可持续性，因为丧失社会生存手段和能力，矫正对象很可能被现实所迫，再次走上犯罪的道路。

社区矫正社会工作者在增强矫正对象的社会生存能力方面从两面入手，一方面是为其提供基本的救助帮扶，如协助矫正对象申请低保、领取失业救济,这仅仅是维持其生存的基本保障;另一方面是积极促进其就业,增强其自身应该对风险的能力。

职业对于矫正对象意义非常重大,不仅解决其生存等基本经济问题,培养其责任意识,增加社会对他们的认同,同时还能帮助他们树立生活的信心,重建社会关系网络,为其社会化搭建平台。因此,社区矫正社会工作者要着重做好矫正对象的就业服务。首先,社区矫正社会工作者为矫正对象做好职业生涯规划的指导,帮助矫正对象规划未来的工作领域和发展方向。其次,社区矫正社会工作者可以通过链接教育培训或专家智力资源为矫正对象提供职业技能培训的机会,提升他们的工作技术水平,从而为其顺利就业做好准备。最后,通过连通企业或单位为矫正对象提供工作机会,帮助他们顺利就业,从而为其生存提供持续的保障。

在北京地区,由司法行政机关与劳动和社会保障部门共同为矫正对象建立了就业保障机制,并积极动员社会力量为其提供相关服务,比如联系其原工作单位看是否能提供工作机会、免费为其提供工作岗位信息和职业培训等。在 16 个区县的阳光社区矫正服务中心,矫正对象不仅能够享受食宿等社会救助服务,同时还有机会参与丰富的职业技能培训。"截至 2011 年,全市范围内的阳光社区矫正服务中心对社区矫正对象和刑释解教人员共提供了 1600 余人次的心理咨询和辅导,1400 余人次的就业帮扶"[1]。一直以来,各矫正服务中心也立足本区县的实际情况,为矫正对象提供更多职业能力培训的机会。比如,在 2014 年,海淀区的阳光社区矫正服务中心就与海淀职业学校、北京工贸技师学校建立了合作关系,为矫正对象开展就业能力相关的培训。司法部的数据显示,2014 年全国范围内的社区矫正服务中心已经达到 1108 家,较 2013 年的增幅达 1.34%。在此过程中,矫正服务中心配备的社会工作者也积极发挥着资源整合的角色,结合矫正对象的就业意愿和自身优势,将矫正服务中心和司法所的社会资源进行整合和链接,满足矫正对象在职业发展方面的多元化需求。

5.3 社区矫正社会工作的介入特点

社区矫正在预防和控制犯罪方面发挥的积极功能已经被西方社会普遍

---

[1] 张荆:《北京社区矫正模式特色与问题点分析》,载《中国人民公安大学学报》(社会科学版)2013 年第 3 期。

认可，也逐渐为我国的实践经验所证明。虽然本身具有社会化属性，但社区矫正与监禁矫正一样都是我国的一种刑罚制度，因而带有浓厚的司法色彩。相应的，这个领域的社会工作在介入层面也呈现了自身的特点，与其他领域的社会工作有所区别。

5.3.1 服务与刑罚兼顾

社会工作已经在全球范围内得以广泛发展，虽然应用的文化背景不同，但社会工作以案主为中心的服务理念却从未改变。这一专业价值理念的延续与其诞生的历史环境有着密切的联系。社会工作是在回应个人需求与社会进步的关系中发展起来的，这从早期英国颁布的《济贫法》中能够得以体现。"《济贫法》中提倡的院外救助可以说是社会工作的萌芽形式，随后蓬勃发展的慈善组织会社和睦邻组织运动进一步对人类生活中的痛苦经历和需求作出回应，并将西方宗教文化中的爱、给予和人性等理念融入到了社会工作的专业发展中。作为一门助人自助的专业，社会工作无论在哪个领域运用其知识和专业方法都以服务案主为出发点，据此推动社会正义和和谐发展，这当然包括介入社区矫正工作[1]。"

从本质上讲，社区矫正社会工作是司法体系中的社会福利服务的提供者，服务的对象（案主）为犯罪者。犯罪者跟其他社会成员一样，都有生存和发展的权利。但是，他们由于获取资源的能力有限再加上缺少必要的社会支持网络，使得一旦遭遇贫困、失业、家庭矛盾和城市融入等生活困境时很容易产生非理性情绪，进而引发越轨行为。所以在某种程度上而言，犯罪人是特殊的社会弱势群体，需要社会工作提供专业服务，帮助其重新回归主流社会。

从我国的实务经验来看，社区矫正社会工作的服务已经覆盖了刑事司法的全过程，包括针对矫正对象提供的生活照料、经济支持、疾病救济、就业指导、教育矫正、家庭关系调适、社会适应能力提升等方面[2]。社会工作秉承的以服务对象为中心的服务理念不仅有助于社区矫正目标的积极实现，同时也利于巩固已有的社区矫正成果。

社区矫正社会工作与其他领域的社会工作重要区别在于尽管本身带有服务的性质，但仍然离不开刑罚的范畴。矫正对象虽然被赋予接受社会工

---

[1] 王思斌主编：《社会工作导论》，高等教育出版社2013年版，第94页。
[2] 张昱主编：《矫正社会工作》，高等教育出版社2008年版，第16页。

作服务的权利，但其与其他犯罪者一样，都触犯了法律，损害了其他社会成员的利益，从社会公正的角度，应该接受惩罚，这种惩罚如前文所述，是通过对矫正对象人身自由、公民权利的限制和相关部门的监督管理来实现的。"当前我国部分地区的社区矫正过分强调了其福利性，却在一定程度上忽视了社区矫正的首要任务是惩罚矫正对象[1]。"这种做法实际上是对社区矫正制度的歪曲和误解，不仅损害了社会的公平正义，同时也不利于社会犯罪的预防。

5.3.2 微观与宏观并举

针对矫正对象的问题和需求，社会工作的介入有多种层面也有多种方式。既可以针对个体和家庭提供微观层面的直接服务，也可以利用社区和其他社会资源，从更宏观的社会倡导角度服务案主。

第一次工业革命之后，西方的社会工作在萌芽阶段受到了友善访问员志愿服务的影响。这些访问员多是一些中产阶级的妇女，她们负责自己熟悉社区的居民，通过实地走访的方式了解贫困家庭中经常遇到的教育、住房、医疗等问题，在提供直接物质帮助的同时，也给予服务对象咨询建议。友善访问员这种从微观层面介入个人及其家庭的服务方式，为社会工作专业方法的形成积累了丰富经验，比如，个案工作在很大程度上就受到了这种志愿服务的影响。根据美国《社会工作百科全书》的定义，个案工作"所注重的不是社会问题本身，而是'个案'，尤其注重为社会问题所困或无法与社会环境或关系圆满适应的个人或家庭。个案工作的目的是对于人与人或人与环境的适应遭遇困难的个人及家庭，恢复、加强或改造其社会功能。"

我国社区矫正适用对象只包括被宣告缓刑、假释等五类人群，尽管他们都具备犯罪情节轻微、社会危害性小的共同特点，但其处境和面临的问题却多种多样。社会工作的个案工作方法正是以包容的态度回应矫正对象的个体差异性，从"人在情境"的角度去剖析矫正对象在心理、认知、行为、生存、教育、就业等方面的问题，然后通过一对一的方式帮助其解决个性化问题，为其提供个性化的支持。

宏观层面，社会工作主要通过社区工作的方式帮助矫正对象实现其再

---

[1] 武玉红：《社区矫正的惩罚性不容忽视》，载《探索与争鸣》2009年第7期。

社会化的需要。在社会工作的专业方法中，社区矫正需要社区工作的专业方法作为支撑，二者在很大程度上追求是一致，都凸显社区在一个人生存发展过程中的价值，以及这种价值如何通过利用社会支持网络等社会资源得以发挥。所以说，社区矫正工作最终能否顺利达到预期目标，帮助矫正对象实现再社会化，很大程度上取决于是否能将矫正工作拓展到社区关系层面，从社会环境上为矫正对象去标签化。

社会工作者掌握专业的社区工作方法，不仅熟悉社区资源和问题，同时也能很好地利用相关资源改善社区环境，在矫正对象和社区成员之间建立沟通、互动的平台。通过组织开展一些满足社区需求的活动，一方面可以调动社区成员的参与热情，通过互动合作提高社区成员对矫正对象的包容和理解；另一方面，也有助于矫正对象自身认知的矫正，帮助其建立对社区的归属感和责任意识，强化其回归社会的主观动机。具体实践中，社会工作者不仅要协助矫正对象与社区成员之间建立良性的互动关系，同时整合社会资源，最大程度地满足矫正对象的多方面需求，还可以运用社会工作者的专业优势和社会资源，呼吁社会和政府关注社区矫正事业，并通过政策倡导促使政府完善相关政策法规，积极维护社区矫正对象的权益。

5.3.3 对社会治理的积极践行

社会工作介入社区矫正主要从作为案主的矫正对象着眼，针对其特定需求和问题开展矫正工作，兼具了惩戒和服务的特点，在引导矫正对象纠正自己的违法意识和行为、最终回归社会方面有着积极功能。社区矫正社会工作作为社会福利制度中的重要组成部分，其积极功能不仅仅体现在激发矫正对象的潜能，促进其洗心革面开始正常生活方面，从社会层面而言，它维护了社会的稳定，为我国的社会治理创新提供强大支持。

中国共产党在十八届三中全会上提出了创新社会治理的理念，号召充分发挥社会组织的力量，预防和化解社会矛盾。与传统的社会管理不同，社会治理兼具"过程""调和""多元"以及"互动"四大特点，主张以"沟通、对话、谈判、协商、妥协、让步"等方式整合社会各阶层、各社会群体力量，关注社会整体利益的实现[1]。本质上，创新社会治理的一个

---

① 唐钧：《社会治理的四个特征》，载《中国日报》2015年3月3日。

重要方面就是加强服务，通过服务来进行治理①。社会工作介入社区矫正正是对这一社会治理理念的积极实践。社区矫正社会工作运用专业的助人理论和方法，通过专业评估了解矫正对象的需求，然后有针对性地为矫正对象提供专业服务，使他们树立生活信心，同时社会工作又坚持自助、案主自决等专业理念，注重培养矫正对象自己规划事情和解决问题的能力，这有效地激发了矫正对象对生活的积极性和主动性，也有效激发了矫正对象参与社会活动的意识和能力。

传统的监禁刑是一种相对刚性的矫正方式，具有权威性、惩罚性、非自愿性等特点，强调刚性维稳、强力管控，缺乏与服刑人员的有效互动、真诚沟通和民主协商，而这正是传统社会管理的弊病。社区矫正在社会工作的积极介入下，将建立平等的专业关系、尊重案主自决等服务理念纳入到对矫正对象的日常管理中，是对社会治理"互动""调和"等特点的现实应用，也是对社会主义核心价值观的能动性实践。

改革开放以来，我国的经济建设成果有目共睹，但快速的经济发展也带来了一些社会问题，依靠以前修补式的管理方式难以有效化解社会矛盾。社区矫正制度一方面坚持由国家的刑罚执行机关负责，另外一方面也鼓励社会工作发挥其扎根社区的优势，积极激发社会力量的广泛参与。从社会多元治理的角度，运用社会工作的专业技巧介入矫正对象的生活，从接案到开展服务、评估，无不体现人道主义的关怀和对生命的尊重。社会工作在矫正对象群体上发挥的改良作用有助于减少未来犯罪活动的发生，维护了社会的稳定。创新社会治理的道路任重道远，而社会工作介入社区矫正正是这一过程中不可缺少的重要一环，它有望在提升社会参与能力和增添社会活力上发挥更多积极功能。

5.4 本章小结

本章进一步讨论了社区矫正社会工作在满足案主（矫正对象）需求方面的积极功能。矫正对象与一般的犯罪人相比，其犯罪情节更轻、社会危害更低、主观恶性较小，且一般有较好的主观改造意向。针对这些特点和犯罪成因中的社会因素，社区矫正社会工作从人道主义角度出发，帮助这

---

① 方舒：《论社会工作与社会管理的交互机理——从社会工作的本质属性谈起》，载《社会科学》2013年第5期。

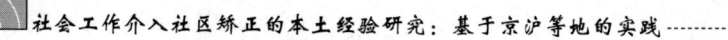

部分人在社区接受教育改造，矫正其越轨行为和非理性认知，降低其再犯罪的风险。传承为案主服务的专业价值观，社会工作在社区矫正过程中的一个重要功能是救助帮扶，体现在解决矫正对象个人及家庭在基本生活、思想教育、就业培训等各方面的问题。通过运用社区工作等专业方法，社会工作者还能帮助矫正对象去除标签带来的污名，让社区成员接受并支持其融入当地社区环境，同时也能帮助矫正对象重构其社会支持网络，并树立复归社会的自信。此外，社区矫正社会工作在提供服务和推动我国社会治理的同时，也要发挥其惩罚的功能，这也体现了刑罚的公正性原则。

第6章

社会工作介入青少年社区矫正实务

6.1 国内外青少年社区矫正的发展历程

19世纪以来,随着人类社会的进步和文化的演进,刑罚的执行越来越注重对犯罪者人权的保护和尊严的维护,这种刑罚理念的转变推动了社区矫正的建立和发展。社区矫正制度于19世纪70年代末最早在欧美国家产生,经过100多年的发展,目前已经成为西方国家占主导地位的刑罚方式。

近年来,青少年犯罪问题已经成为全世界共同面临的一个突出的社会问题。20世纪80年代以来,我国青少年犯罪已呈现数量急剧上升、恶性案件持续增多、犯罪年龄日趋低龄化等势头。青少年是祖国未来的希望,是社会发展的动力,是家庭的凝固剂,青少年犯罪问题的处理关乎千万个家庭的幸福,关乎社会的发展活力,关乎国家的长治久安,因此,青少年犯罪的预防和矫正需慎之又慎。社区矫正是将罪犯置于社区内,使其不脱离原生活环境的一种矫正方式,它弱化了监狱的封闭性,增强了罪犯与社会的联系,更有利于罪犯的再社会化。社区矫正可以使犯罪青少年在服刑期间能够继续学习生活技能与社会知识,社会化过程不会因为服刑而中断。

美国的青少年社区矫正在西方国家最具代表性,常被世界各国学习借鉴。1899年美国伊利诺斯州最先通过了法规成立专门的少年法院并正式确立青少年社区矫正项目,随后,该制度在其他州推广。根据《美国青少年教养法补充规定》"任何被判定监管的少年均不可拘留在经常接触判决有罪或因刑事罪候审而被监禁、拘留的成年人的监狱或教养所",同时规定少年矫正场所对犯罪青少年除了提供必要的衣食住行等基本的生活条件外，还必须提供娱乐、教育、职业训练、医护以及精神和心理上的护理等。

美国明尼苏达州于1973年通过美国乃至世界的第一部专门的《社区矫正法》，该法对青少年社区矫正有专门的规定，如对青少年社区矫正的主体、运行、监督等都有较为细致的法律规定，使得青少年社区矫正与成年社区矫正区别开来，逐渐提高其专门化程度。

在推进青少年社区矫正工作中，我国也取得了较大的成绩。2002年8月，上海最早启动社区矫正试点工作，继而北京、天津、江苏、浙江、山东等地相继铺开，同时对违法犯罪青少年的社区矫正也开始了积极地实践与探索。为从源头上预防和减少犯罪，2003年，以"政府主导推动、社团自主运作、社会多方参与"为总体思路、以政府购买服务制度为运作方式，以实施禁毒、社区矫正、社区青少年社会工作服务为主要内容的上海市预防和减少犯罪工作体系正式启动。同时在社区矫正实践中，全国各地都进行了有益的探索，形成了有地方特色的青少年社区矫正工作方法。

在这一进程中，立法也取得了重大进展。2011年刑法修正案（八）以及2012年修改后的刑事诉讼法，对社区矫正作了规定，标志着我国社区矫正法律制度的初步确立。2012年，司法部会同最高法、最高检、公安部又制定了《社区矫正实施办法》，进一步规范了社区矫正的执行。2014年1月10日，包括共青团中央、民政部等在内的六部门制订了《关于加强青少年事务社会工作专业人才队伍建设的意见》的通知，其中明确提出青少年事务社会工作专业人才的主要服务范围包括：服务青少年成长发展、维护青少年合法权益和预防青少年违法犯罪三方面，这也体现了政府对社区矫治社会工作的支持。去年两会的政法工作新看点便是推动制定社区矫正法，为青少年社区矫正的开展提供法律支撑。由此可见，针对青少年的社区矫正工作备受关注。

但是，我国引入社区矫正时间较短，实践经验比较欠缺，还处于摸索学习阶段，青少年社区矫正在全国还没有得到广泛的普及与开展，社会工作介入青少年社区矫正服务的发展较为缓慢，同时还存在缺乏稳定资金保障、社会力量参与不足、矫正主体分工不明确、机构配置人员素质较低等问题。对这一领域进行进一步的研究，对我国青少年社区矫正的继续推广和开展都具有非常重要的意义。

6.2 青少年社区矫正的价值和特色

"青少年社区矫正"是面向犯罪青少年进行的社区矫正工作，是在社区矫正这一大范畴下所开展的具体实践。在青少年社区矫正实践中，全国各地都进行了有益的探索，形成了有地方特色的社区矫正工作方法。如上海市成立阳光社区青少年事务中心，北京成立海淀区拥抱未来青少年志愿活动中心，青岛市实行"红黄绿"青少年违法犯罪社区预警机制，等等。同时，全国各地还形成了各具特色的未成年犯社区矫正项目[1]。根据各地的具体条件与实际情况将社区矫正制度本土化和具体化，这是我国在这项制度上取得的成就和做出的贡献。在这个过程中，社会团体和社会组织扮演着越来越重要的角色。随着"单位人"向"社会人""社区人"的转变，社区民间组织愈发成为青少年社会支持网络中不可忽视的主体，在充分挖掘社会资源和社区优势、积极消除对青少年群体的社会排斥方面具有得天独厚的优势[2]，随着经验的积累，我国青少年社区矫正工作开始越来越成熟，这表现在：我国不仅从西方吸取了一定经验，在各地方还因地适宜地进行发展模式的探索与创新；在强调国家力量的同时，将社会团体和民间组织视为社区矫正工作的重要协助力量。

因犯罪青少年正处于特殊成长和发展阶段，社区矫正制度对于犯罪青少年的发展有着尤为重要的价值和意义。从某些方面来说，青少年犯罪往往是其社会化失败的结果，为此应对青少年罪犯进行再社会化，为适应现代司法理念，避免监禁刑的交叉感染，构建和谐社会，我国应该对青少年罪犯的再社会化采取开放式的矫治方式[3]。而且未成年社区矫正对于青少年罪犯有着许多传统矫正方式不可比拟的优势，它更有利于青少年罪犯身心的健康发展，可以减小"标签化"所带来的负面影响，且体现了国家文明水平与国际通行做法接轨的需要[4]。这些都证实了将社区矫正制度运用

---

[1] 寿志军：《未成年犯社区矫正研究》，华东政法大学硕士学位论文，2013年。
[2] 段素菊：《社区民间组织与青少年发展——以青少年社区矫正为例》，载《国家教育行政学院学报》2007年第10期。
[3] 胡忠惠：《我国青少年罪犯再社会化问题分析——以社区矫正为视角》，载《河南公安高等专科学校学报》2008年第2期。
[4] 王重群：《我国未成年犯社区矫正制度存在的问题及对策》，华东政法大学硕士学位论文，2010年。

到青少年犯群体中的必要性。

同时，青少年在个性、认知、情感、意志等心理和行为方面有不同于成年矫正对象的特点，青少年实施犯罪行为时多具有偶然性，实施犯罪行为之后具有易矫正性，加上青少年处于特殊生理成长阶段，容易产生不稳定情绪或逆反心理，这些特征决定了青少年社区矫正的特殊性。青少年社区矫正的特色主要体现在以下几方面。

第一，侧重心理矫治。青少年矫正对象社会化程度有限，心智还不够成熟，尚未完全树立正确的人生观、价值观和世界观，加上对自己也没有清晰的认识，要不就自我定位过高、太自负，要不就自我定位过低、太自卑，这两种自我认知的偏差会导致青少年产生一些心理问题和消极情绪。比如，自我认知过高，对自己的期望也比较高，当得到的没有达到自己的预期，可能会产生受到不公平待遇的心理，继而引发愤怒情绪和反社会心理。自我认知过低，可能因为怕被人看不起而不愿与人交往，继而导致自我封闭产生自闭心理，因此，在社区矫正的过程中要加强对青少年矫正对象情绪的疏导、价值观的引导和自我认知的培养。

第二，侧重于发展性支持。青少年正处于成长和人生积累的关键阶段，他们的明天有无数可能，青少年矫正对象可能由于偶然因素而走上犯罪道路，如果教育和引导得当，他们也会成为社会的建设者，另外有些青少年走上犯罪道路是由于家庭的资源短缺不能为其成长和发展提供必要支持所导致的，因此，青少年社区矫正应该加强对矫正对象的发展性支持，帮助他们掌握生活技巧和社会交往技巧，提高他们自我效能和自我控制能力，并且通过充权使其获得更多的社会资源和社会机会，增强他们掌握生活的能力。

第三，侧重于安置。犯罪青少年多为无正常家庭环境、无经济来源的外来人员或单亲家庭子女，有劣迹的或社会闲散青少年成为违法犯罪高发群体[①]。部分青少年犯罪者本就无家可归或无业可就，因此，应该对这部分矫正对象提供生活安置，在满足他们衣食住行的需求同时也让他们感知家的温暖，从而增强其应对困难的内在情感力量。另外，青少年犯罪者本身就是特殊群体，作为失足者，他们或多或少地被污名化，刑满后就业可能会受到影响而丧失生存的门路，故矫正工作者应为矫正对象提供就业安置，积极帮助他们通过多种形式实现就业，使他们有安身立命之本，从而

---

① 李晓英：《推进社会管理创新实现安置帮教一体化的路径思考》，载《当代法学》2010年第6期。

预防他们再次走上犯罪道路。

社会工作作为专业助人的工作对青少年社区矫治的协助作用明显,有利于提升矫正的质量和效果。

其一,社会工作为青少年社区矫正提供理论支撑。从社会工作的基础理论——社会互动论的角度分析,青少年罪犯的行为是个体与其所处社会环境发生互动的结果,青少年犯罪有其社会情境的原因。所以,"社会工作者在了解青少年罪犯与其所处社会环境的互动情境的基础上,可以帮助青少年罪犯在自我认知、行动策略、意义认定等方面进行反思并促使其发生改变,并通过构建全新的社会互动情境来帮助青少年罪犯改变偏差行为,达到社区矫正的效果[①]。"

其二,社会工作的具体方法也可以运用到社区矫正中来。青少年走上犯罪道路部分原因是因为缺乏家人的关爱和陪伴,从而导致归属感和情感的缺失,同时,青少年的同辈交往需求比较强烈,而且他们就是在与同辈群体的交往和互动中进行社会化的,故而社会工作的专业方法——小组方法,比较适合青少年群体。因为在小组中,每个成员都是主角,都受到充分的关注和包容,在这样一个轻松、安全、温暖的团体中,青少年可以较好地感知集体的温暖,得到来自小组的朋辈支持,进而能够提升他们的抗逆力,改变不良行为,另外,也通过榜样带头示范作用,为青少年树立行为标杆,使其懂得是非标准。

其三,社会工作本身所秉承的一套价值理念与伦理体系也扮演着"灵魂"般的角色。针对青少年的自我认知模糊、情绪不稳定等心理特征,社会工作者通过对其无条件地接纳、尊重和包容,通过具有增能性质的陪伴以及富有同理心的倾听,使他们获得心灵的安宁,增强他们的安全感和对生活的信心,这弥补了说服教育的空洞和乏味,有利于提升青少年矫正对象对矫正工作的接受度,增强其改造的意愿和能力,从而提升社区矫正的效能。

6.3 公众对青少年社区矫正的认知情况

为了更好地进行青少年社区矫正的研究,我们进行了一次关于北京市

[①] 费梅苹:《社会互动理论视角下青少年社区矫正社会工作服务研究》,载《青少年犯罪问题》2009年第3期。

社区居民对青少年社区矫正工作的了解和看法的问卷调查，希望更深入地了解青少年社区矫正在北京市的发展情况。我们调研的主要内容包括社区居民对于青少年社区矫正的认识度、认可度、了解社区矫正的途径（若曾经听说过社区矫正）以及社区矫正对他们的影响（若所在社区有矫正对象）。本次的调查问卷总计发放120份，累计收到的有效问卷为111份，回收率为92.5%。经过对问卷收集、整理和分析后，我们得出的结果如下：

本次调查问卷的调查者共计111位，均为北京市某社区中的居民，其中18～30周岁的居民为86位，占总数的77.48%；31～40周岁的居民有10位，占总数的9.01%；41～50周岁的居民有9位，占总数的8.11%；50周岁以上的居民有6位，占总数的5.41%。总体来看，社区中的调查者以18～30周岁的年轻居民为主（见表6-1）。一般来说，年轻的社区居民更加容易接受新鲜事物，对社区的发展更为关注，对社区矫正的前景也更为关心。

表6-1　　　　　　　　　　调查对象年龄分布

年龄	人数（人）	比例（%）
18～30岁	86	77.48
31～40岁	10	9.01
41～50岁	9	8.11
50岁及以上	6	5.41

调查者的受教育程度普遍较高，以本科以上学历为主，占总数的72.07%。我们认为，受教育程度越高的社区居民越具有法律意识，更加具有强烈的建设法治社区、营造守法氛围的渴望。

在被调查的111位社区居民中，大部分的调查者都没有听说过社区矫正，仅有42.34%的居民听说过社区矫正。由此可知，社区矫正对于大部分社区居民来说仍只是电视、报刊上曾经出现的新闻，或是社区居委会、司法机关、民政部门的宣传，而极少在他们的社区生活中出现，社区矫正对于大部分社区居民来说仍然显得较为陌生和遥远。因此，加强对社区矫正的大众传媒宣传是非常重要的，这也是大部分人认识和了解社区矫正的初步途径。此外，具有社区矫正条件的社区加强对社区矫正的宣传也会使居民对社区矫正有更深入的了解。了解"社区矫正"的途径如表6-2所示。

表 6-2　　　　　　　　　了解"社区矫正"的途径分布

了解途径	人数（人）	比例（%）
电视，报刊等大众媒体	23	67.65
社区等相关部门的宣传	19	55.88
朋友或邻居介绍	6	17.65
身边有矫正对象	2	5.88
其他	6	17.65

对于近年出台的有关青少年的社区矫正法，一半以上的社区居民表示完全不知道这件事，占总数的57.66%；此外，有28.83%的社区居民听说过有关青少年的社区矫正法，但不知道具体的含义；12.61%的社区居民比较了解有关青少年的社区矫正法，甚至还阅读过相关的新闻报道和书籍报刊；仅有0.90%的社区居民非常了解有关青少年的社区矫正法，自己还主动地进行过某些方面的深入了解（见图6-1）。

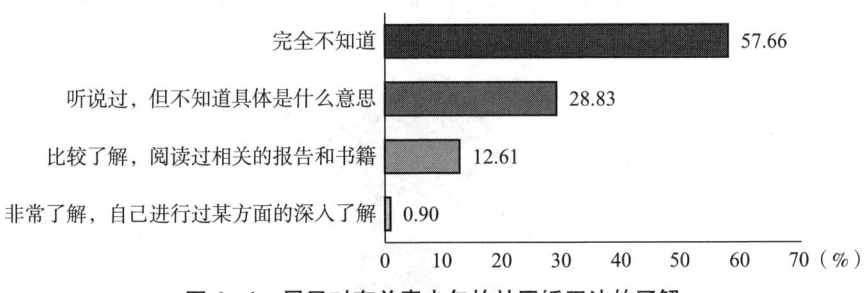

图 6-1　居民对有关青少年的社区矫正法的了解

即使有电视、报刊等大众传媒及社区居委会、司法机关和民政部门对社区矫正的一些宣传，大部分社区居民仍坚持了传统的法律观念，认为违法犯罪青少年的理想的服刑场所应当是未成年犯管教所，占总数的78.38%；除此之外，有17.12%的社区居民认为社区是违法犯罪青少年的理想的服刑场所。另外，剩下的4.50%的居民认为有其他的更加适合违法犯罪青少年的服刑场所。由此可知，社区居民在对社区矫正的了解不多的情况下，还是认为相比于社区未成年犯管教所是更加安全、适合的服刑场所。如图6-2所示。

（%）

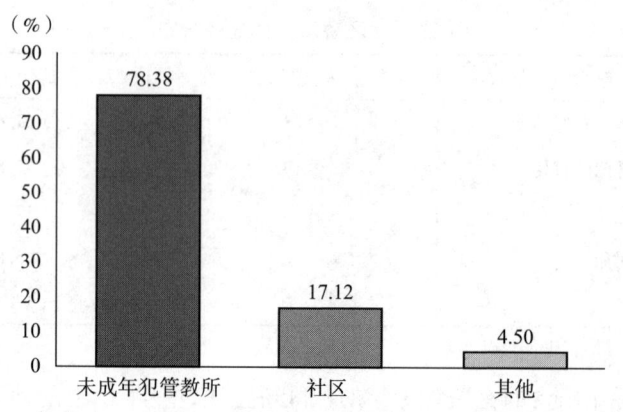

图6-2 居民认为违法青少年应在服刑场所分布

在经过对社区矫正的简单了解后，在调查者中，53.15%的社区居民认为完全可以接受违法犯罪青少年在自己居住的社区中接受矫正，30.63%的社区居民对此的态度是无所谓，然而有16.22%的社区居民不能接受违法犯罪青少年在自己居住的社区中接受矫正。总的来说，在对社区矫正经过一定的认识和了解之后，大部分的社区居民对违法犯罪青少年在自己居住的社区进行矫正是持接受态度的。如图6-3所示。

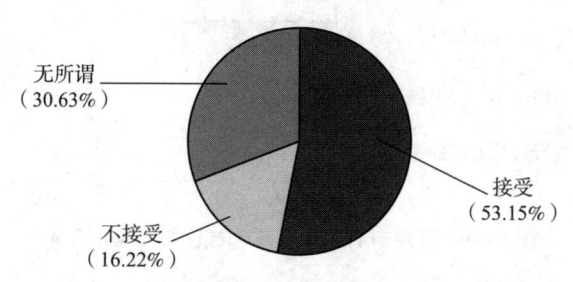

图6-3 居民对青少年在社区矫正的接受程度

针对青少年在本社区接受矫正对居民的影响，不同的社区居民有不同的看法。大部分社区居民认为有青少年在自己的社区进行矫正会使社区居民增强法律意识和社会责任感，营造出法治社区的守法氛围，持有这种想法的社区居民占总数的61.26%；然而，48.65%的社区居民则认为有违法犯罪的青少年在自己居住的社区进行矫正令人担忧，会增加他们的不安全感和心理负担，提高他们的防御意识；23.42%的社区居民认为即使有违法犯罪青少年在社区进行矫正对他们的生活也不会有什么影响，另有2.70%的社区居民认为这社区矫正会带来其他的影响。如图6-4所示。

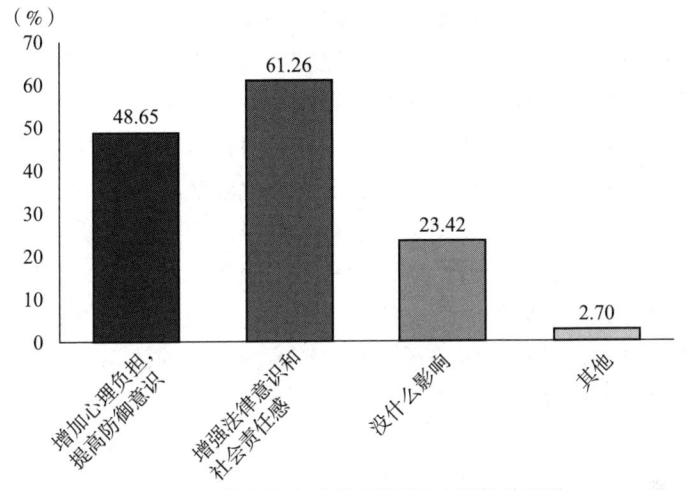

图 6-4 青少年在本社区矫正对居民的影响

大部分的社区居民认同青少年社区矫正工作的积极意义，认为减轻刑罚而让青少年在社区中接受矫正工作有利于他们改过自身，占总数的 81.98%；14.41% 的社区居民认为青少年社区矫正工作没有多大作用，不能使违法犯罪青少年有所改变；剩下 3.60% 的社区居民认为青少年社区矫正工作没有积极意义，不利于违法犯罪青少年改过自新（见图 6-5）。总体来看，大部分社区居民对青少年社区矫正工作持支持的态度。

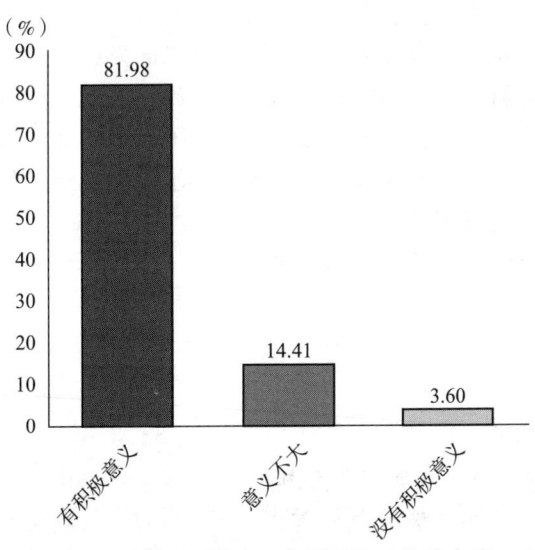

图 6-5 居民对青少年社区矫正工作的态度

总的来看，在这样一个居民普遍受教育程度较高且较年轻化的社区中，社区居民对社区矫正的了解还是比较少的。他们对社区矫正的了解仅仅停留在大众媒体和社区的某些宣传和报道方面，但他们中的大部分人对社区矫正有了解的兴趣，并在有所认识之后对社区矫正持理解和支持的态度，有一部分社区居民对社区矫正志愿服务比较热心。

通过这一调查，一方面使项目组对基层群众面对社区矫正的态度和心理有所掌握，从而更有针对性地设计和开展服务，另一方面项目组的实地调研既是对青少年社区矫正事业的宣传更是一个对其进行倡导的过程，促使基层群众对于青少年社区矫正形成比较客观理性的认识，进而有利于开展具体的社会工作介入青少年社区矫正服务。

6.4　社会工作介入青少年社区矫正服务策划

基于青少年社区矫正中社会工作者严重不足，我们成立了"让折翼天使重新翱翔"青少年社区矫正服务项目，为有青少年矫正对象的社区提供社区矫正社会工作的服务。这一服务是在具有专业知识的矫正社会工作者的定期辅导、帮助下，通过具有相关经验的志愿者的协助，致力于帮助青少年矫正对象更好地进行心理的恢复和技能的学习，提升其社会化水平，从而实现其社区融入。

该项目团队是由具有专业的社会工作背景的人员组成，并且挂靠在专业社工事务所运营，有具体的服务场地和设施，另外，项目团队采用透明公开的管理模式和社会化媒体的传播方式，不断吸纳和培训志愿者进入服务队伍，同时对团队的财务收支状况进行公示，以来保证各项工作的正常开展和提高运作的透明度。

以下是项目团队的某次活动的策划书：

策　划　书

一、服务意义

（一）帮助"折翼天使"重新翱翔

罪行轻微、主观恶性不大的青少年犯是社区矫正工作的重点对象之一，近年来，青少年违法犯罪率呈上升趋势，社区矫正的重要性不言而喻。这些青少年犯由于年龄较小，学习的知识和生活技能都十分有限，阅历也不足，这一群体怎样才能在服刑结束后顺利回归社会、融入社会、成为守法公民，是社区矫正工作的关注重点。因触犯法律而接受刑罚的青少年是一群折翼的天使，他们十分需要社会的接受和关爱，需要有自身的存在感，而"让折翼天使重新翱翔"是我们这一公益服务团队的宗旨，面对北京市如此庞大的青少年社区矫正对象人数以及数量有限的青少年社区矫正机构，我们承诺努力提供最好的专业服务，尽力帮助更多的折翼天使。

（二）提升公众对青少年社区矫正的认知

为扩大社区矫正的宣传力度，我们公益创业团队在为青少年社区矫正对象提供矫正服务或举办活动时，也会注重宣传工作，让公众更好地认识青少年社区矫正，为青少年回归社会营造一个良好开放宽容的环境。

（三）与政府购买服务相辅相成，响应时代的号召

党的十八届三中全会提出，适合由社会组织提供的公共服务和解决的问题，应当交给社会组织承担，提出了政府购买服务的新要求。2015年我国先后召开了"全国人民代表大会"和"中国人民政治协商会议"（以下简称"两会"）。会议的政法工作新看点为制定《社区矫正法》，这也预示着社区矫正已经引起了人大代表的关注，成为了"两会"的重要提议之一，同时也表明了发展青少年社区矫正的前景之大。而我们进行这项服务，是呼吁政府，响应这个时代的号召，用自己的专业知识为建设社会公益事业贡献自己的一分力量。

二、服务内容

（一）团队及成员介绍，与社工机构相关负责人进行沟通

首次见面，双方进行相互介绍，通过协商确定共同的主题与目标，为社区矫正服务的下一步开展做铺垫。

（二）对社工机构进行了解与参观

通过机构负责人介绍，初步了解本社工机构发展的基本概况及发展历史，进而熟悉社工机构的组织构成及日常工作流程，掌握本机构的规章制度与相关的注意事项。由社工带领对超越社工事务所进行参观，了解该事务所的具体情况。

（三）对社工进行访谈

为了进一步了解事务所的日常活动，以及熟悉社区中的青少年矫正对象，团队成员对社工进行相关的采访。在访谈中通过"听故事"的形式更为生动贴近地了解青少年的特点，用"同理心"理解他们的处境与面临的

困难,为进行下一步的活动做准备。

(四) 对志愿者进行培训

在征得机构负责人及相关社工、青少年矫正对象的同意下,决定下一步以参与者的身份参与小组工作。考虑到志愿者的专业性不足,故在这之前让拥有丰富经验的社区矫正的人员对志愿者进行相关的培训。

(五) 为社区中的青少年购买礼物

"要做思想与知识的富翁",礼物的主要形式为书籍。我们团队会在小组开始之前根据参加小组的青少年的人数购买好相关的书籍,书籍主题大多涉及励志、法律等主题。

(六) 以参与者的身份参与小组

考虑到团队成员的专业性以及矫正对象的敏感性,机构的社工先让我们以观察者的身份参与小组。团队有了一次近距离接触青少年矫正对象的机会,在这次活动中我们认真学习社工的专业技巧以及活动的开展经验,并认真了解每一名矫正对象且做好相关的记录。

(七) 进行团队计划中的活动

与机构的负责人及社工进行商议,讨论与分析团队计划中活动的可行性。

第一步,活动的主题为"认识你自己"。

具体实施形式为小组工作与个案工作。在初期,将服务对象组成一个小组,通过小组工作的理念和技巧,形成小组动力,通过小组的力量,启发组员自我反省,走出认识上的误区,形成恰当的角色认知。其次,及时地与每个服务对象进行单独的谈话与了解,对其进行心理疏导,提供相应的帮助。作为社工,在这一期间,我们重点分析的是在社区矫正期间内服务对象的生活状况与心理状况,探究原因并根据服务对象的不同需要为下一步的活动开展提供方向性的指导。

这一阶段的目标是在社工的帮助下,让他们对自我形成一个客观的认识,消除其自我认知误区。具体来说,就是使服务对象既能承认过去所犯的过错,勇敢地承担起自己要负的责任,同时社工运用生命重塑论,使他们看到自身的优势,从而帮助他们走出自责和麻木的泥沼,重新树立生活信心。

这些活动不仅帮助他们认识自我,而且通过互动和交流一方面也能促进服务对象对社工进一步了解而有利于合作关系的建立,另一方面也能够增进他们之间的友谊和感情,从而营造友好与关爱的氛围。

第二步，活动的主题为"耳濡目染那世间美好"。

具体的实施形式是开展多样化的活动。我们准备的活动有：①请社会知名人士或是表现出色的假释人员来社区做规劝感化工作；②励志类型电影放映，比如《肖申克的救赎》等，并且每次活动后我们还会进行一次小组工作，让他们谈谈自身的感受和抒发自己的情感。

在这一阶段，我们活动的目标是巩固第一阶段的成果。

通过这些活动的开展，服务对象形成了一种全新的人生视角即通过别人的眼睛来看世界，这有利于改变他们之前有偏差的人生观和世界观，而我们随之开展的小组工作也起到对他们的状态进行及时跟踪和强化的作用。同时，对服务对象的状态分析有利于我们对活动进行及时评估与改进，增强了活动的有效性。

第三步，活动的主题是"要做思想与知识的富翁"。

具体的实施形式为法制、文化知识普及课堂和知识竞赛（奖励机制）。在活动开展之前我们会采用海报，宣讲等形式进行宣传，扩大活动影响力，比赛结束后我们会对表现不是很突出的青少年进行个案工作，关注其状态变化。

在这一阶段，我们的目标是增强服务对象的法律意识和拓展未成年人的知识面，使他们提升自我约束的能力和学习的兴趣。

这些活动是在社工充分调动服务对象的积极性的前提下开展的。恰到好处的宣传能够使服务对象认识到具备这些知识重要性，而且比赛自身具有的奖励机制也能提高青少年的参与兴趣，这为活动的高效开展奠定基础。这些活动本身也使服务对象增长了知识，增强了自身的素质，为今后适应社会做好准备。事后的个案工作也有利于对服务对象的状态进行及时了解与安抚，从而最大限度地减少了比赛自身附带的竞争机制所带来的压力等其他负面影响。

第四步，活动的主题为"行动的巨人"。

具体的实施形式为社区志愿者活动。矫正对象以志愿者的身份参与社区服务，事后对所有参加实践的矫正对象给予表扬和买小礼物以示鼓励。

这一阶段的主要目标是让矫正对象在具体实践中发挥自己的技能，为社区做出自己的贡献，进而增强他们的自我认可和培养他们的社区责任感。

社区志愿活动既能够培养和锻炼青少年矫正对象融入社会的能力，也能进一步巩固前三个阶段的成果。矫正对象怀着前两个阶段培养起的信心与勇气，运用第三个阶段的具体知识来提供社区志愿服务，这使他们自身

121

得到成长和进步的同时也增加了社区对青少年矫正对象的接纳度和包容度。

三、风险及安全性

（一）时间准备

本项目团队坚决杜绝迟到现象的出现。由于团队成员居住在中央财经大学沙河校区，离机构所在地较远，加上大部分时间需要参加学校的课程学习，因此，我们需要提前合理安排好时间，做好准备工作，避免迟到现象的出现。

（二）志愿者替补制度

为了避免志愿者临时有事不去这种特殊情况带来的影响，我们会提前安排替补的志愿者。

（三）服务对象满意度法

社会工作是以人为本的专业助人工作，因此，服务对象的满意程度是测量项目效果的一个的重要维度。我们通过问卷调查等方法了解服务对象对项目效果的看法，从"非常有用"到"一点没用"，由服务对象进行评定选择，然后再计算出不同看法的人数及其比例。通过比较相应的人数或比例可以从一个方面评估矫正社会工作干预的效果。

四、评估

这份策划完整而详细地概括了青少年社区矫正项目的服务内容、服务意义以及风险防范机制等。策划中的服务内容较为丰富，服务设计基本体现了"吸引—了解—治疗（教育）"模式以及"1+1+2格局"，服务意义明晰，且充分考虑到服务对象的感受及满意度，重视服务的评估，风险防范机制也较为完善。

对比实际的执行情况，这份策划书仍有一些不足之处。首先，青少年社区矫正行动的策划应当紧紧围绕服务对象的实际需求，而不仅仅是抓住法律教育与道德感化。如策划中的请社会知名人士或是表现出色的假释人员来社区做规劝感化工作并不符合服务对象的实际情况，放映有关的励志类型电影，比如《肖申克的救赎》等也不能成功地引起服务对象的兴趣，对服务对象的矫正效果不明显。另外，举办法制、文化知识普及课堂和知识竞赛（奖励机制）等需要充分调动服务对象的兴趣和参与意识的活动实行起来较困难，在竞赛机制下服务对象所受到的负面影响更是难以消除，社工为服务对象准备的普法类书籍则容易受到服务对象的冷落。

其次，帮助服务对象积极地融入社区是服务的一大目标之一，策划中

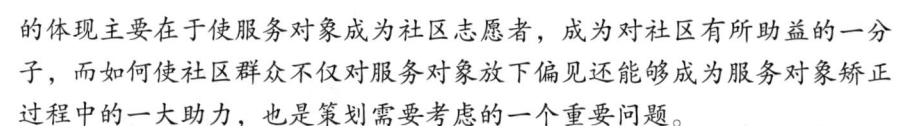

的体现主要在于使服务对象成为社区志愿者,成为对社区有所助益的一分子,而如何使社区群众不仅对服务对象放下偏见还能够成为服务对象矫正过程中的一大助力,也是策划需要考虑的一个重要问题。

6.5 社会工作介入青少年社区矫正实务过程

社会工作与社区矫正之间存在着许多契合之处,社会工作助人自助的价值理念指引着社会工作者积极地参与社区矫正,社会工作的相关理论也可对社区矫正的相关问题进行分析。在实务层面,社会工作的方法使得社区矫正能够更加顺利地开展,这一点在青少年社区矫正上表现得尤为明显。

秉持着在青少年社区矫正中引入社会工作的理念,公益服务行动"让折翼天使重新翱翔"——青少年社区矫正行动挂靠专业的青少年司法社工事务所,挖掘该公益项目所聚焦的社会问题——青少年矫正的困境,采用透明公开的管理模式和社会化媒体的传播方式,聚集了一批具有社会工作专业背景的志愿者与相关人员,致力于将社会工作方法更好地融入青少年社区矫正中,并总结出了其项目的总体服务模式,即"吸引—了解—治疗(教育)"三步走的总体服务模式。

6.5.1 "吸引—了解—治疗(教育)"三步走的总体服务模式

"吸引—了解—治疗(教育)"三步走的总体服务模式是服务团队开展青少年社区矫正实务的指导模式,在这一总的服务模式下再分阶段、有针对性地开展具体服务,有助于创新青少年社区矫正的传统服务模式,使得青少年社区矫正的效果更为明显。

在项目实施的初步阶段,首先针对处于检察阶段的违法青少年组建以吸引他们参与为导向的兴趣小组,这是项目实施的"吸引阶段"。在这一阶段项目具体设计了"1+1+2"格局模式,主要针对服务对象进行个案访谈和小组工作,其中小组工作主要以桌游小组和街舞小组为主,目标是让他们对参与小组治疗产生兴趣,进而持续参与。这一阶段的小组及个案服务有助于更好地在下一个"了解阶段"掌握违法青少年对象的需求,帮助他们更好地认识自我,为进入最后一个阶段的"治疗(教育)"阶段而做好准备。

在了解阶段，即项目的中期阶段，社工将与在小组活动中固定下来的服务对象（通常为7~8人）进行深入的谈话，了解他们内心想法。同时在周末组织社区亲子活动，在以社工专业角度进行访谈的同时，从家庭方面入手，深入了解违法青少年心理变化等原因，并让他们得到来自家庭方面的情感支持。

在最后的治疗（教育）阶段，将会扩大我们的服务对象范围。项目如今主要以轻微犯罪，行为不端的青少年为治疗服务对象，在将来，项目会将该范围扩大到禁毒青少年群体。由于禁毒青少年群体的特征更为特殊，社工们不断地积累经验以及学习新的专业知识的同时，还要扩大志愿者团队并对志愿者进行进一步的培训，提升他们的专业化程度，这样方可更好地将项目长期化地进行下去。

实践证明，服务团队所确立的"吸引—了解—治疗（教育）"三步走的总体服务模式，是比较切合青少年社区矫正服务需求和现状的。

6.5.2 "1+1+2"格局

前面提到，在项目实施的初期吸引阶段应主要采取"1+1+2"格局，即一个核心观念，改变单纯以刑事拘留为主的模式，与社工相结合通过社区矫正的方式使他们更好地融入社会。一个服务模式，即社工介入未成年检察工作服务模式。两项服务内容，即个案访谈与小组工作。个案访谈辅导主要是收集资料和数据评估，了解这些孩子的需求和实施犯罪行为背后的原因。小组的服务方式就是评估青少年的服务需求，会有不同类型的小组帮助他们有所改变，获得能力的提升，让他们融入社会生活，避免有违法犯罪行为的再次发生。

"1+1+2"格局是项目组在具体的实施过程中总结出来的一套较为可行的服务理念，一个核心观念、一个服务模式以及两项具体服务内容是基于对违法青少年的在接受服务初期的一系列心理状况及行为反应所得出的实务经验。因许多违法青少年在接受社区矫正初期皆有冷漠回应、回避、与工作者发生语言或是肢体冲突等抗拒行为，因此，吸引他们来参与社区矫正服务活动，使得他们有兴趣及有动力参与下阶段的矫正服务是开展更深层次的青少年社区矫正工作的前提和基础。

6.5.3 "1+1+2"格局下的具体案例

在"吸引—了解—治疗（教育）"三步走的总体服务模式引领下，以"1+1+2"格局为指导，项目组与社工事务所合作，对部分违法青少年开展了一系列吸引阶段的社区矫正服务，以下是一些具体的案例展示。

6.5.3.1 案例一：学校里的"大姐大"小萍

我们选取的第一位服务对象是小萍（化名），女，14岁，初中二年级，从小父母离异，现在与母亲住在一起。父亲再婚后除了每月打来生活费之外对其不闻不问，母亲嗜好打麻将，对小萍的学习和生活关心也不多。在学校，小萍上课无法集中精力，与同学相处时经常情绪冲动而无法控制自己的行为，被班主任怀疑有暴力倾向，在年级里是出了名的"大姐大"。2017年年初，小萍因为带头殴打同学而被送至社工事务所接受社区矫正服务，并成为了项目组的第一位案主。

社工们在接手小萍之后首先对她进行了个案访谈辅导，小萍虽然在个案访谈的过程中经常出言不逊，但是总体上还是比较配合。社工通过对其进行长达一个多小时的访谈后，对小萍的状况有了初步的了解。小萍由于在家庭中缺乏关爱而极度没有存在感和安全感，外表桀骜不驯，对什么都不在乎，内心却十分脆弱。面对小萍的情况，社工的目标首先是吸引她来参加小组活动，从而进一步了解她的需求。其次是通过这些小组也希望能达成的初步目标，即让她具有适应这个社会的更好的能力。在目标的引领下，社工具体设计了以兴趣小组为导向的桌游和街舞小组，说服她加入有几位和她经历相似的青少年组成的小组，小组约有7~8位成员，计划进行大约一周的连续小组训练。除此之外，社工还试图与小萍的父母联系，希望他们可以在未来共同配合项目组参加一些亲子活动，使小萍的家庭问题得以有效地缓解。

（1）参与桌游小组。

在桌游小组中，几位带队的社工选取了《三国杀》这个游戏。在游戏开展之前，社工鼓励大家先自我介绍，并共同制定了这个桌游小组的一些规则，如要准时到场以及玩的时候不能看手机，等等，而且特别强调了大家要公平、公正地进行游戏，遵守游戏的规则，不能舞弊。小萍似乎对这个桌游不太感兴趣，但是看到周围的同伴们都在认真专注地听游戏规则介绍，她也很努力地集中注意力。社工与服务对象们协商确定了这个桌游小组的共同目标——遵循规则。接着给小萍讲解这个游戏的具体玩法，由社工演示几局游戏。

在小组刚开始的阶段，社工扮演的是一个倡导者或者是引导者的角色。然后让小萍和其他成员开展第一局游戏，刚开始小萍记不住游戏的规则，表现得有些吃力。社工在旁边给予适当的提示与鼓励，避免小萍因为游戏过难而丧失对这项活动的兴趣。玩了几局之后，当小萍玩得越来越熟练的时候，社工也加入这个游戏之中，让自己作为参与者，试图缩小彼此在身份上的差距，拉近距离，同时也在玩的过程中观察小萍的反应方式，处理组员间出现的矛盾。而通过观察小萍的反应，社工发现她在认真地研究与遵守桌游中的那些规则，投入地进行着游戏。而桌游的小组设定也是通过玩的过程让小萍懂得尊重规则，甚至让她发现和创造规则，了解规则背后的意义。

因为规范意识和守法是相关的，这也是矫正服务所追求的一个长远目标。在小组的中间阶段，社工扮演了使能者的角色，推动成员之间分享和表达，推动他们付诸行动并实现目标，并以自己的模范行为给组员提供了一个榜样的力量。当玩了4~5局的时候，就可以结束这次小组工作了，在每次小组的最后，社工会组织一个简短的分享，让大家说说玩桌游之中的感受，在这个过程中社工会积极地倾听，给予他们理解性的回应。

在小组的结束阶段，社工又更多地扮演一个倡导者的角色，希望他们能把在游戏中获得的知识也运用到自己的生活之中。当隔天再进行桌游小组时，社工会再选择其他的桌游，从而使得服务对象觉得新鲜和有趣，愿意继续参与这个桌游小组。

（2）参与街舞小组。

在街舞小组中，由于涉及肢体上的互动，除了像桌游小组那样制定一般的规则外，社工在一开始制定小组的规则时特别强调了人身安全，避免小组成员在学习舞蹈的过程中受到伤害。在舞蹈的选取中也充分听取了小组成员的意见，尽量选取一些容易跳又有趣的舞蹈。由于舞蹈分很多部分，所以社工花了一周时间才教会小萍等成员一个舞蹈。而在这个过程中，不同的成员对舞蹈的吸收能力不同，对那些有些"掉队"的成员，社工鼓励服务对象们相互帮助与合作，学得较好的成员去帮助学得较慢的成员巩固所学的舞步，从而达到共同进步。在每次舞蹈小组的最后，社工会组织小组成员进行集体展示和个人舞蹈展示，而且对每一次展示进行录

影,并让大家通过鼓掌和欢呼给予小组成员鼓励与支持。在最后一次教学舞蹈后,社工会与整个小组一起完成这个舞蹈的展示,并进行相关的总结和分享,肯定每个人付出的努力。而小萍从一开始的投入度和参与度不高,到能跳完一支舞,这种成功的体验与成就感让她感到自己是重要的、有价值的。

(3) 服务成效。

在小组活动结束,服务告一段落之后,社工与小萍进行再一次的个案访谈,了解她对于这次小组的体验与感受,并邀请她填写了一份关于服务满意程度的问卷。最后,社工为小萍赠送了小礼物——桌游。小萍表示很乐意参加下一次的活动,而她的问卷结果也显示了她内心里的一些需求得到了很大程度上的满足,如今她已经可以更好地和父母及学校老师沟通,也较为积极主动地参与小组并且乐于与小组成员分享她的感受,表达她的看法。

小萍的案例说明,寓教于乐的活动设计在吸引和教育上发挥了很大作用。

6.5.3.2 案例二:寻求"刺激"的小新

我们选取的第二个服务对象是小新(化名),男,16岁,就读于某职业高中,自小父母离异,他与父亲一起居住,父亲在外经商,多年没有母亲的音讯。父亲再婚后,他和父亲关系冷淡,大部分时间住在奶奶家,奶奶对他很少管束。初中毕业后,由于缺少家庭的关注和对学业的放弃,为了寻找生活的新鲜感和自己的存在感,他逐渐与一些社会青年走得很近,经常逃课,与人打架斗殴和抢劫,因屡教不改被送到青少年司法社工事务所,也成为了项目组的服务对象之一。

在知晓了他的行径后,父亲和奶奶都在不同程度上表示了对他的失望,父亲更是十分震怒,动手打了他,由此他与父亲的关系由冷淡转为敌对。对于参加社区矫正,起先他的态度十分淡漠,表示毫无兴趣。

(1) 参与桌游小组。

社工经过与他的几次接触之后发现,小新由于在家庭中长期没有人约束和在学校被漠视而感到空虚和孤独,容易陷入暴躁不安的情绪中,沉迷于游戏和暴力。对于参加社区矫正,起先他的态度十分淡漠,表示毫无兴趣。在社工对他进行深入的个案辅导和奶奶的劝说之后,他决定试着参加他比较有兴趣的桌游小组。在参加小组之前,他曾经十分犹豫,担心组内的同伴是什么样的人，会不会知晓他的身份和事情。在社工的耐心解释和劝说后，他放下了这些担心和忧虑。

由于他在小组中是新成员，社工带领小组成员对他表示了热烈的欢迎。在桌游小组中，由于他平时就很喜爱桌游，熟知桌游的各种规则，因此他在讲解规则和示范游戏中起到了带头作用，并一直扮演着游戏中的领导者的角色，在游戏中屡次热心指导不熟悉桌游规则的成员。第一次参加桌游小组，小新就带领游戏中的团队成员获得了胜利。在桌游之后的分享感受环节中，他认为在桌游小组中最重要的是分享和快乐，表示他在桌游小组中不仅收获了游戏的快乐，更感受到了在游戏中与人分享产生的存在感。

在进行了多次他喜爱且能发挥自己所长的桌游小组后，他主动与社工分享自己的感受，表示这种感受与他之前和那些社会青年一起做那些产生激烈的敌对情绪的事情的感受完全不同，现在他更能感受到一种平静与快乐，也不会感到被人忽视和空虚无聊。社工在个案访谈中与他深入地探讨了之前他为了寻求生活的刺激而与他的朋友们一起做过的事情，与他交流什么才是真正有意义的生活，适时地引导他积极地面对生活，这在他的分享中得到了良好的反馈。

（2）参与亲子活动。

在桌游小组结束后，社工尝试改善他与父亲的关系，多次邀请他的父亲参加亲子活动。由于小新的父亲经常在外经商，社工与他的交流曾遭遇困难。然而，在社工多次努力和小新奶奶的劝说下，小新的父亲最终答应参与社工组织的亲子活动。

第一次亲子活动的主要内容是让父母与子女合作完成填色绘画，这需要父母与子女之间进行较多的沟通和协作才能够顺利完成。小新和父亲一开始的交流表现得较为僵持，双方对填充什么颜色持有不同意见，在社工的调解下，小新的父亲首先放下自己的坚持，让小新按照自己的意愿来填色，而小新在尝试填色之后也表示愿意听取父亲的意见来共同完成这幅画。在之后持续良好的交流和沟通之后，小新和父亲成功地共同完成了填色。

社工鼓励父母和子女们分享他们在这次活动中对自己的父母或子女的感受，从分享中可以看出小新和父亲的敌对和冷漠已经变淡，关系趋于缓和。社工宣布这幅画是亲子活动的阶段性成果，应由父母和子女共同珍藏。在亲子活动之后，小新与父亲的关系向良好的方向发展，父亲留在家中与小新在一起的时间越来越多，在社工和奶奶的努力下，小新和父亲开始渐渐地与彼此交流自己的看法，而小新也感到了来自家庭的重视，行为上比之前更加约束自己,不再放任自己与社会上的不良青年寻求刺激。

(3) 服务成效。

在此之后,社工将个案访谈的焦点锁定在如何巩固他已经取得的进步和关注他的发展上,希望他能够加强对法律和规则的认知,达到行为上的矫正。在服务的后期阶段,小新的服务满意度调查问卷中显示,他与家庭成员的关系得到明显改善,对暴力和游戏也慢慢疏远,开始以更加积极的态度面对现实生活。

小萍和小新的变化鼓励了我们,也很大程度上体现了社会工作介入青少年社区矫正工作的目标:"用生命影响生命,用希望点燃希望"。同时,服务对象在矫正过程中的改变也是"吸引—了解—治疗(教育)"模式以及"1+1+2格局"成功的体现。兴趣小组易对服务对象产生吸引力,使服务对象更加配合地加入到矫正工作中来,同时社工再以个案访谈来深入了解服务对象的各项需求,帮助他们更好地找寻自己、了解自己、提升自己,从而更快地融入社区。使矫正对象融入社区这不仅是项目的价值所在,也是社会工作介入社区矫正的价值所在。

6.5.4 服务总结和反思

6.5.4.1 服务总结

服务的实施需要有良好的评估,即对案主的状态进行前测,通过分析读懂案主在接受服务前的状况。可以看出,不管小组发展到哪个阶段,社工一直努力去以"同行者"的角色与案主相处,也就是说大家共同经历,在这个过程中彼此认识、理解、信任,直到合作实现这个小组以及总体的目标。在社会工作介入青少年社区矫正工作过程中,社工并不是站在外面,以局外人或者专家的角色去对案主进行评价;也不是高高在上,以权势者或者资源提供者的角色进行施舍或恩赐;而是在同行中,评估案主的需求和其自身所存在的作出偏颇之事的深层次原因。同时社工要始终坚持着与服务对象相处的身份意识,以同行者的身份与服务对象相互了解,加强案主融入我们三步走总体模式的初期阶段,稳定后才有可能使其继续参与接下来的服务阶段和活动。同时,社工在同行的过程中也要扮演许多可变的具体角色(具体情形具体分析),这对小组的成功开展起着非常大的作用。

针对志愿者方面，志愿者要提前接受培训、模拟场景、考核等才可以参与小组，其在组里也扮演着非常重要的角色，他们可以充当两个不同身份，或是进组的组员，在小组活动的过程中可以活跃气氛，与目标案主及其他组员进行沟通和互动；或是观察小组进程的观察者，观察目标案主及其他成员在小组里面的表现及状态，再制定一系列服务体验反馈表或者服务反馈问卷，使得研究者在欲研究的过程中可以结合在服务开展前所做的探究进行对比而得到更多的信息。

6.5.4.2 专业反思

我们在社会工作介入青少年社区矫正工作的初期阶段主要开展以兴趣小组为导向的矫正服务活动，而开展小组中，如何吸引服务对象参与兴趣小组是最大的问题，我们遭遇过多次服务对象以各种理由而放弃参与的情况。而如何吸引服务对象的参与也是社会工作介入青少年社区矫正的关键问题。其次，在项目的运行过程中，如何确保有足够的资金进行运转，如何在以政府购买服务为主要资金来源的情况下获得其他合法途径的资金收入，拓展社会资源的来源渠道，这也是社会工作者的重要工作。

在具体项目的实施过程中，要确保及时评估和反馈，这有助于进一步完善项目计划，更好地帮助服务对象。尤其注意的一点是，在初期阶段的兴趣小组中，社会工作者要注意在每次小组结束后进行讨论、分享及反馈，并及时记录服务对象的心理状态变化，这样有助于在心理层面上对服务对象进行帮助。

违法青少年面对的最大问题就是如何在改过自新的基础上重新融入社会、如何清楚认识到自身存在的问题、认识到导致自己出现越轨行为的深层次原因。因此，如何通过三步走总体阶段模式以及具体服务方案来帮助他们更好地自我解决问题，是所有开展青少年社区矫正服务的社会工作者所必须认真思考的问题。

6.6 社会工作介入青少年社区矫正实务经验

6.6.1 注重服务项目的评估环节

一个服务项目能否顺利实施，能否真正满足服务接受者的需求，是评价一个服务项目成功与否的重要标准。但值得注意的是，贯穿服务项目全部阶段的评估也是必不可少的，在服务项目的开展初期，项目组对将要开展服务的社区的综合情况（环境、现有服务情况等）进行评估，同时也对服务对象的综合情况进行进一步的评估。为了使得服务更加顺利地开展，项目组也预先商讨出针对参与的服务对象的具体评估方案，例如，服务对象满意度法，即以服务对象为主，根据服务对象在接受服务后的主观感受和客观改变来进一步改善服务项目的方案。社会工作是以人为本的专业助人工作。因此，服务对象对于矫正成果的满意程度是测量其结果的一个重要方面。项目组将通过问卷调查等方式询问服务对象对特定服务或矫正项目效果的判断，从"非常有用"到"一点没用"，由服务对象进行评定选择，从而可以计算出不同判断的人数及其比例。通过比较相应的人数或比例可以从一个侧面评估矫正社会工作干预的效果。

6.6.2 深入了解目标服务社区、掌握矫正对象现状

在开展服务项目之前，对将要开展服务的社区情况进行初步了解、充分知晓将要接受服务的服务对象的情况是顺利开展服务项目极为重要的一步。无论在"吸引—了解—治疗（教育）"三步走的总体服务模式下，还是在"1+1+2"具体服务格局的阶段中，充分了解服务接受者都是贯穿于其中的。我们需要知情服务对象所存在的问题，例如，自身缺乏自控能力、藐视规则或者因缺乏存在感或归属感而寻求刺激等问题，这样才可以为他们量身定做一套最适合他们的服务方案。

6.6.3 寻求与专业且有经验的社工机构合作、获得专业指导

"让折翼的天使重新翱翔"服务项目组在开展具体服务之前，通过专业老师的介绍，联系到了北京超越青少年社工事务所。北京超越青少年社工事务所于2010年正式注册成立，并于2012年注册成为民办非企业性质，是一家非盈利的专业服务机构，主要的资金来源是政府购买服务。同时，该社工事务所依托首都师范大学背景进行科研立项和深入研究，也因此获得了一些社会上的慈善基金会的资金支持。在目前，超越青少年社工事务所的合作司法机关包括北京市人民检察院第一分院、第二分院、北京市人民法院第一中院、第二中院、铁路运输检察院北京分院、海淀区人民

检察院、门头沟法院、海淀公安分局、海淀法院等。该社工事务所有着多年的对涉嫌犯罪的青少年提供矫正服务的经验，开创出自身独特的服务模式，即以吸引为辅，心理辅导为主的小组工作模式。项目组与该社工事务所达成合作协议，即挂钩于该社工事务所，在项目上与它实行"方案合作、共同执行"的工作运行模式。当项目组达到服务的成熟期（有着固定愿意接受服务的服务对象，并积累一定的服务经验）时，通过自身对志愿者的招聘和培训的方式，逐渐独立于社工事务所，但仍会定时接受社工事务所的专业指导，从而保证为服务对象提供更有效、更专业的服务。

6.6.4 多类宣传途径、扩大项目影响力度

在服务项目开展的初期，采用多种类型的宣传方式，是扩大服务项目的宣传力度和吸引服务对象参与的重要方法。项目在服务初期便利用微博、微信公众平台等线上宣传途径以及制作海报、分发问卷等线下宣传途径来进行项目的介绍和宣传。在服务的开展阶段，项目会定期在宣传平台上公布相关活动或服务详情，也会描述已开展的具体服务过程，以此来增加大众对项目的了解，吸引合作机构的更多关注。

6.6.5 注重服务管理、强调防控风险

在整个服务行动的开展过程中，项目组还着重强调风险管理与服务项目的保障，这主要在时间准备、志愿者机制建设和评估三个方面。时间准备方面，项目组会合理安排好时间，提前做好准备，从而避免迟到现象的出现。志愿者机制建设方面，为了避免志愿者临时有事这种特殊情况带来的影响，项目组提前安排好替补的志愿者。服务项目的评估方面，重视服务对象对于矫正效果的满意程度。

6.7 本章小结

"用生命影响生命，用希望点燃希望"。社会工作介入青少年社区矫正工作在我国仍处于初长阶段，仍需要阳光和雨露来滋润其成长。作为一种较为温和的服刑方式，社区矫正有着监狱服刑方式所不能比拟的优点：在

服刑的过程中不脱离社区，有利于矫正对象在服刑期满后更快地融入社会，也有利于其更好地寻找自己、了解自己、提升自己。这对原本处于初期阶段的违法青少年更是具有重要意义。

社会工作价值观主要是用于引导和规范专业人员作决定和采取行动，其中贯穿着如下人道主义的基本理念：第一是在价值理念上，人道主义要求社会工作者尊重人的价值与尊严；第二是在工作原则上，人道主义要求社会工作者与案主建立平等的关系；第三是在工作方式上，人道主义要求社会工作者找到阻碍案主潜能发挥和自我实现的障碍与困境；第四是在追求目标上，人道主义要求社会工作者将实现平等正义作为目标，而帮助和关心人是实现这一目标的保障。这些人道主义的基本理念，与人道主义影响下刑罚执行观念，即社区矫正观念，具有高度契合性。

在本次的社会工作介入青少年社区矫正工作实务过程中，我们根据实际经验，总结出来了"吸引——了解——治疗（教育）"三步走总体发展模式，以及在模式发展规划的初期阶段——吸引阶段，所具体实行的"1+1+2"格局，即一个核心观念，改变单纯以刑事拘留为主的模式，与社工相结合通过社区矫正的方式使他们更好地融入社会。一个服务模式，即社工介入未成年检察工作服务模式。两项服务内容，即个案访谈与小组工作。总体发展模式的建立和分阶段具体措施的实施，有利于更好地吸引服务对象的参与，从而达到更好的教育（治疗）效果，真正实现"用生命影响生命，用希望点燃希望"的服务目标，而这也是青少年社区矫正的真正价值所在。

第 7 章

社会工作介入社区矫正的北京模式

7.1 北京社区矫正发展历程与"北京模式"的形成

7.1.1 从自发探索到正式试点

北京市于 2001 年底开始社区矫正工作，其率先在市司法局成立专门的矫正工作机构——监狱劳教工作联络处，作为罪犯监狱矫治和社会矫治的联络机构，负责北京市的社区矫正工作，探索通过社区和社会力量矫治犯罪者。同时，组织专门力量进行社区矫正工作调研，并进行假释和监外执行等犯罪人员社区矫正的理论研究和实践探索。2002 年 8 月，北京市司法局在充分调研的基础上，开始在密云县对假释和监外执行罪犯进行社区矫正的探索。密云县率先依托刑满释放、解除劳教人员安置帮助工作体系，进行了假释、监外执行罪犯社区矫正的实践探索。北京市高级人民法院也先后在房山区和密云县进行了缓刑罪犯监督帮教的试点工作，取得了一定成效，由此标志着北京地方性试点开始。2003 年 4 月，中共北京市委政法委员会和首都社会治安综合治理委员会联合印发《关于开展社区矫正试点工作的意见》，该意见成为北京市开展社区矫正工作的政策依据，该文件对社区矫正工作的指导思想、适用范围、工作任务、矫正队伍、工作职责、工作制度和工作要求均作了明确规定，为社区矫正试点工作顺利开展提供了有力地指导。2003 年 5 月，社区矫正工作领导小组通过了《北京市社区矫正工作实施细则（试行）》等一系列文件，北京市还组织编写了《北京市社区矫正工作培训纲要》（2004 年修订为《北京市社区矫正工作培训教材》），对抽调的监狱劳教警察和司法助理员进行业务培训，指导试点区（县）制定社区矫正工作的实施方案。2003年7月1日，北京市在东城区、房山区、密云县47个街道、乡镇全面展开社区矫正试点工作，北京社区矫正开始正式试点。2003年7月10日，最高人民法院、最高人民检察院、司法部、公安部（以下简称"两高两部"）联合发布《关于开展社区矫正试点工作的通知》，决定于北京、天津、上海、江苏、浙江、山东6省（市）开展社区矫正试点工作。表明由北京自发探索的社区矫正已经上升为国家政策，被列为首批试点地区后，北京社区矫正实践将蓬勃发展。

7.1.2 从部分试点到全面实施

2003年12月，北京市社区矫正进一步扩大试点范围，新增朝阳、顺义、通州、昌平、怀柔和大兴6个区县。2004年5月1日，北京市下发《关于北京市全面开展社区矫正试点工作的实施方案》，决定将全市的所有区县均纳入试点范围，新增西城、崇文、宣武、海淀、丰台、石景山、门头沟、平谷、延庆9个区县，至此北京市18个区县全面展开社区矫正试点工作，由此也成为全国首个全范围铺开试点工作的省（市）。2004年6月28日~29日，在北京市开展社区矫正试点工作一周年之际召开的社区矫正工作交流研讨会上，司法部副部长胡泽君对北京的社区矫正试点工作给予了充分肯定，同时将北京试点工作的做法称之为社区矫正"北京工作模式"[①]，这是在正式场合首次提出社区矫正"北京模式"的概念。2005年，北京市下发众多社区矫正规范性文件，这些文件的出台和实施将为社区矫正工作奠定较为严密的社区矫正制度体系，为基层工作提供规范的操作准则，使北京市社区矫正管理制度体系逐步完善，进而为北京市社区矫正实践提供规范性的指导和制度性的支撑，推动社区矫正"北京模式"的逐渐形成。

7.1.3 从个别实践到"北京模式"

分类管理、分阶段教育的形成。2004年8月3日，北京市社区矫正工

---

① 摘编自：《2004年北京社区矫正工作精彩闪回》，北京市司法局网，2008年1月28日。

作领导小组办公室召开会议,启动社区服刑人员分类管理分阶段教育试点工作。2005年4月1日,"分类管理、分阶段教育"工作在北京市全面铺开。分类管理、分阶段教育是北京市系统深化社区矫正工作,创新社区服刑人员管理教育模式,提高矫正质量的一次积极探索,也是北京市社区矫正工作吸收社会专业力量介入的重大尝试。

阳光社区矫正服务中心的建立。2005年1月29日,北京市首家在民政部门登记注册的街道社区矫正服务中心——北京市西城区新街口街道阳光社区矫正服务中心成立。随后,北京市首家区县级社区矫正服务中心——北京市东城区阳光社区矫正服务中心成立。到2005年底,北京全市建立了11家区县级、7家街道(乡镇)级矫正中心,范围覆盖北京市各个区县[1]。2006年9月,北京市社区矫正工作领导小组办公室下发了《关于加强阳光社区矫正服务中心建设的通知》,对各区县如何加强阳光社区矫正服务中心建设提出了明确要求。

建立社区矫正协管员队伍。2005年上半年,北京市大兴区探索建立社区矫正协管员队伍。随后平谷、延庆、顺义等区县都相继采用了这一做法来充实基层司法所的工作队伍,一支有组织的、相对稳定的社区矫正社会力量逐步建立起来。

抽调监狱劳教干警队伍做法的成熟。2008年2月,司法部转发《关于北京市抽调监狱劳教干警参加社区矫正和帮教安置工作情况的报告》,对北京抽调监狱劳教干警参与社区矫正工作给予了充分肯定。

阳光中途之家的建立。2008年7月8日正式投入使用的朝阳区阳光中途之家,设立在京沈高速路附近,是中国首家帮助社区服刑人员克服生存困难,提高社会适应能力的过渡性住宿式社区矫正机构,占地面积7.5亩,建筑面积4020平方米,共有宿舍23间,可容纳200多人居住、生活。

至此,北京社区矫正已经形成一整套较为完整和成熟的做法,制度体系逐步形成,矫正工作方法、矫正工作平台、矫正工作队伍等基本要素已经逐渐成形,其经验和做法受到国内国际社区矫正领域的高度重视,并已逐步向全国推广其先进的经验。北京社区矫正实践还在不断发展,社区矫正"北京模式"也将不断完善和成熟。

---

[1] 摘编自:《2005年北京社区矫正工作十件大事》,北京市司法局网,2008年1月21日。

7.1.4 北京社区矫正的最新进展

截至 2015 年 7 月，北京市累计接收社区服刑人员 4.8 万余名，解除矫正人员近 4.4 万名[①]，社区矫正工作走在了全国的前列。北京市不断推进社区矫正制度化、规范化、专业化、信息化、社会化建设，使社区矫正"北京模式"的特点和优势不断显现。

制度化建设进展。2009 年 5 月 12 日，北京市将原社区矫正工作领导小组和刑释解教人员安置帮教工作领导小组合并，成立首都综治委社区矫正和刑释解教帮教安置工作协调委员会，并在北京市司法局下面设置日常办事机构——社区矫正和安置帮教处，各区县、街乡镇比照市级模式，层层成立协调委员会。同时首次将社区矫正和帮教安置工作纳入社会治安综合治理考核体系[②]。2012 年 7 月 1 日，北京市高级人民法院、人民检察院、公安局、司法局在全国率先出台《社区矫正实施细则》，成为北京市社区矫正制度体系的重要组成部分。2013 年，北京市进一步出台《社区矫正实施细则》补充规定，逐步形成完善配套的制度体系。2014 年 9 月 29 日，北京市委办公厅、市政府办公厅联合印发《关于进一步加强社区矫正工作的意见》，对进一步健全社区矫正制度，创新社区服刑人员监督管理和教育矫正工作，全面提高社区矫正质量提出明确要求。2014 年 10 月 14 日，在北京市召开的社区矫正工作会议上，北京市司法局社区矫正管理总队成立，同时在区县司法局成立"北京市 xx 区县司法局社区矫正管理支队[③]"。建立市、区县两级社区矫正执法督察机制，强化执法检查，确保社区矫正各项工作制度得到及时有效的落实。

规范化建设进展。2010 年 7 月 29 日起，北京市在全市以区县为组织单位对新接收社区服刑人员集中开展社区矫正初始教育，探索建立社区服刑人员教育中心[④]。北京市司法局利用原北京市未成年劳教所的场地、设施和警力等资源建立北京市社区服刑人员教育中心，开展对全市社区服刑人员的集中教育工作，并先期选取大兴区、丰台区进行试点。社区服刑人

---

① 摘编自：《北京市司法局：拓展教育平台优化管理模式》，中华人民共和国司法部网站，2015 年 7 月 15 日。
② 摘编自：《北京市社区矫正工作 2009 年回眸》，北京市司法局网，2010 年 02 月 11 日。
③ 摘编自：《北京市司法局加快推进落实全国社区矫正工作会议精神》，中华人民共和国司法部网站，2014 年 10 月 11 日。
④ 摘编自：《2010 年北京市社区矫正工作回眸》，北京市司法局网，2011 年 01 月 27 日。

员集中教育中心于2014年5月正式运行,先后组织三期集中教育班。2010年9月7日、2010年12月21日,北京市召开推进阳光中途之家建设会议,在全市各区县积极推广"中途之家"的成功经验,各区县的阳光中途之家于2011年全部建成,统一建设标准和操作流程将进一步规范北京市的社区矫正工作。作为北京市社区矫正方式方法创新的"六项工作"之一的"矫正宣告"工作[①],在试点区县朝阳区进展顺利,区司法局按照"统一室内装修、统一设施配置、统一宣告流程、统一参与人员"的"四统一"标准[②],完善社区矫正宣告室的室内设计和硬件配备,全面规范社区服刑人员的接收、解除宣告工作。

专业化建设进展。2010年以来,北京市积极培养心理矫正专业人才。北京市司法局与社会合作开展心理咨询培训,市、区县31名社区矫正工作人员参加培训,多人取得国家三级心理咨询师资格证书。同时加强矫正干警队伍建设,在矫正干警中开展"严明纪律作风,提高矫正能力"专题教育、"创先争优,从我做起"活动和"执法大培训,岗位大练兵"活动。活动完成后,全市矫正干警考试考核合格率达100%,这些活动和举措有力地提高了社区矫正干警队伍的专业性[③]。优化社区矫正协管员队伍,完善培养、评价、使用、激励机制,切实提高社区矫正协管员队伍的整体水平。

信息化建设进展。2008年9月初,丰台区街道司法所借助中国移动通信公司飞信业务平台,与社区服刑人员之间建立起多元的联系渠道,有效地提升了沟通效能。北京市与有关高科技公司合作,针对社区矫正的实际情况,研发社区矫正人员监管系统,通过该系统实现对社区服刑人员有效的管理、跟踪、监控。2010年开始,北京市开发社区矫正信息管理系统,先选取部分区县试点,并在试点的基础上,组织区县司法局和司法所有关人员对该系统进行培训和运用。同时出台有关社区矫正工作信息管理系统的管理暂行办法,规范管理、确保信息安全[④]。开展电子监管工作,北京市选取几个区县进行电子监管的试点工作,在试点的基础上,北京市司法局联合相关科技公司研发适用于全市的社区矫正电子监管平台和设备。身份验证的信息化查验,在试点区县的房山区,区司法局利用指纹、人脸识

---

① 摘编自:《北京市召开全市社区矫正教育管理工作会议》,中华人民共和国司法部网站,2015年8月27日。
② 摘编自:《北京市司法局加快推进落实全国社区矫正工作会议精神》,中华人民共和国司法部网站,2014年10月11日。
③④ 摘编自:《2010年北京市社区矫正工作回眸》,北京市司法局网,2011年01月27日。

别技术对社区服刑人员日常报到进行身份验证记载[1],以提高监督管理的质量和增强刑罚执行的严肃性。北京市依托市司法局信息指挥中心和全市司法行政专网,搭建起社区矫正综合管理三级平台,社区矫正各项业务均被纳入平台进行管理,实现执行流程标准化、监督管理电子化、执法督察网络化、统计分析智能化的目标。北京市公、检、法、司联合出台《关于对社区服刑人员实施电子监管的暂行办法》,在全国率先推广应用一体式电子监管设备,实现对佩戴人员的实时查看、实时掌握[2]。信息化建设对北京市社区矫正管理工作的现代化水平的提升起到关键作用,同时也将为领导科学决策提供便捷、高效的数据来源和经验支撑。

社会化建设进展。2014 年 9 月 29 日,北京市委办公厅、市政府办公厅联合印发《关于进一步加强社区矫正工作的意见》,提出在全市逐步开展社区评议、社区服务公益劳动等创新工作。提出要进一步发展社会志愿者队伍,着重发挥社会志愿者在掌握社区服刑人员日常动向、开展跟踪帮教、化解矛盾等方面的积极作用。试点区县的具体做法包括:通州区司法局在社区(村)试点设立社区矫正评议员,对社区服刑人员遵纪守法、参加社区服务等日常表现情况进行监督和评议,充分动员社会力量参与社区矫正工作中,并对工作进行监督和评价;西城、门头沟区司法局统一社区服刑人员参加社区矫正集中活动的服装,与相关单位合作建立社区服务项目库,采用司法所委托村居分散组织和区县司法局、司法所集中组织相结合的方式,进一步提高社区服务的教育矫正效果[3]。社区服务公益劳动的开展将为社区服刑人员和其他社会成员建立一个沟通联系的平台,发挥社会力量在促进社区服刑人员融入社会、回归社会方面的重要作用。2014 年 11 月 14 日,司法部、中央综治办、教育部、民政部、财政部、人力资源社会保障部六部委联合发布《关于组织社会力量参与社区矫正工作的意见》,北京市结合中央文件,积极协调有关部门出台全市加强社会力量参与矫正帮教工作的规范性文件,并开始试点政府购买服务的工作模式,设计和实施矫正帮教项目,提升教育和帮扶社会化水平。

---

[1][3] 摘编自:《北京市司法局加快推进落实全国社区矫正工作会议精神》,中华人民共和国司法部网站,2014 年 10 月 11 日。

[2] 摘编自:《北京推广社区矫正综合管理平台:社区矫正有了"互联网+"新模式》,中华人民共和国司法部网站,2015 年 10 月 30 日。

7.2 社区矫正"北京模式"的要素与结构

社区矫正北京模式的"八大要素"

要素一：社区矫正的工作对象。

北京市社区矫正适用范围与上海市社区矫正适用范围基本一致，唯一一点与上海市存在区别的就是，北京市在试点之初明确规定，需要具有北京市正式户口并且长期固定居住在试点区县的五类罪犯才能适用社区矫正。但根据2004年5月9日司法部发布的《司法行政机关社区矫正工作暂行办法》第十六条规定，"社区服刑人员，由其居住地司法所接收；户籍所在地与居住地不一致的，户籍所在地司法所应当协助、配合居住地司法所开展矫正工作"，由此明确居住地管辖原则。2012年以前，国家、省市政策都明确规定五类罪犯适用社区矫正：被判处管制的罪犯；被宣告缓刑的罪犯；被依法裁定假释的罪犯；被批准暂予监外执行的罪犯和刑满释放后继续剥夺政治权利的罪犯。但2012年2月15日由"两高两部"联合颁布的《社区矫正实施办法》对剥夺政治权利而在社会上服刑的罪犯另作出了规定"司法行政机关配合公安机关，监督其遵守刑法第五十四条的规定，并及时掌握有关信息。被剥夺政治权利的罪犯可以自愿参加由司法行政机关组织的心理辅导、职业培训和就业指导活动"。考虑到剥夺政治权利属于"资格刑"，只对罪犯的政治权利予以限制，不符合社区矫正的刑罚执行活动的特点，因此从2012年7月开始，剥夺政治权利者的管理工作移交给了公安机关[①]。

要素二：社区矫正的工作任务。

根据北京市2003年5月出台的《北京市社区矫正工作实施细则（试行）》，社区矫正的主要工作内容被表述为"加强对社区矫正对象的监督、管理，提高教育矫正质量，确保刑罚的有效执行"，即主要是对社区服刑人员进行监督管理和教育矫正，除了这两项工作外，该文件还规定要保障社区矫正对象的基本生活、为其提供职业培训机会并帮助推荐就业，这可进一步理解为对社区矫正对象进行帮困扶助。"两高两部"于2003年7月10日出台的《关于开展社区矫正试点工作的通知》和司法部2004年5月

---

① 张荆：《北京社区矫正模式特色与问题点分析》，载《中国人民公安大学学报》（社会科学版）2013年第3期。

9日发布的《司法行政机关社区矫正工作暂行办法》通知，均较为明确地指出社区矫正的三大工作任务：管理和监督、教育矫正、适应性帮助。"两高两部"于2009年发布的《关于在全国试行社区矫正工作的意见》则更加明确地指出社区矫正的三大工作任务：对社区服刑人员进行教育矫正、监督管理、帮困扶助。2012年7月1日出台的《北京市社区矫正实施细则》将社区矫正工作任务表述为"监督管理和教育帮助"，实际也明确了社区矫正的三大工作任务：监督管理、教育矫正、帮困扶助。

要素三：社区矫正的工作机构。

监狱劳教工作联络处的设置。2001年底，北京市司法局成立专门的矫正工作机构——监狱劳教工作联络处（之后先是改称社区矫正办公室，最后于2009年改称社区矫正与安置帮教处），作为罪犯监狱矫治和社会矫治的联络机构，负责北京市的社区矫正工作。

社区矫正领导小组成立。北京市成立社区矫正工作领导小组，领导和管理全市社区矫正工作。根据《北京市社区矫正工作实施细则（试行）》，领导小组由市委政法委、首都社会治安综合治理委员会、市高级人民法院、市检察院、市公安局、市司法局、市民政局、市劳动和社会保障局、市监狱局等部门组成，领导小组下设办公室于市司法局。比照市级矫正组织机构设置，在区县一级成立由区县综治委主任为组长，法院、检察院、公安局、司法局、民政局、劳动和社会保障局等为成员的区县社区矫正工作领导小组，领导小组的办公室设在区县司法局，负责日常工作。在街乡镇一级组成由街乡镇综治委主任为组长，派出所、司法所、民政科、社会保障所等负责人和抽调的监狱警察为成员的社区矫正领导小组，领导小组的办公室设在司法所，具体负责各项日常工作。

矫正帮教协调委员会成立。2009年5月12日，北京市将原社区矫正工作领导小组和刑释解教人员安置帮教工作领导小组合并，成立首都综治委社区矫正和刑释解教帮教安置工作协调委员会，市公安局、市检察院、市法院、市司法局、市劳动与社会保障局、市民政局、市财政局等19个部门参与。并在市司法局下面设置日常办事机构——社区矫正和安置帮教处，各区县、街乡镇比照市级模式，层层成立协调委员会。协调委员会的成立，将充分发挥相关部门的职能优势，有力整合行政资源，形成工作合力。

社区矫正管理总队成立。2014年10月14日，北京市司法局社区矫正管理总队成立，同时在区县司法局成立"北京市××区县司法局社区矫正管理支队"。管理总队和管理支队的成立将建立市、区县两级社区矫正执法督察机制,执法检查得以强化,社区矫正各项工作制度得到及时有效的落实,有助于进一步规范社区矫正刑罚执行工作。与此同时,将强化与公、检、法、民政、人力资源和社会保障等相关部门的协调配合,提升社区矫正工作部门间协作协同水平。

要素四:社区矫正的工作平台。

北京市在社区矫正的实践中,开创性地探索建立了一系列的工作平台,其中阳光社区矫正服务中心、中途之家、社区服刑人员教育中心成为其典型代表,在社区矫正工作的顺利实施和深入推进中发挥了巨大作用,它们甚至被作为先进经验而向全国推广。

阳光社区矫正服务中心。如前所述,2005年1月29日,北京市首家在民政部门登记注册的街道社区矫正服务中心——北京市西城区新街口街道阳光社区矫正服务中心成立。随后,北京市首家区县级社区矫正服务中心——北京市东城区阳光社区矫正服务中心成立。到2005年底,阳关社区矫正服务中心已经覆盖北京市各个区县。该中心是在民政部门登记注册的公益性社团组织,接受区县司法局的管理和指导,其职能包括:组织发动社会力量参与社区矫正;对社会工作者进行招聘、管理、教育、培训和考核;为矫正对象提供回归社会的辅导、心理矫正、帮助教育、技能培训和临时救助;组织开展社区矫正宣传、培训、理论研究等活动。2006年9月,北京市社区矫正工作领导小组办公室下发《关于加强阳光社区矫正服务中心建设的通知》,要求从多个方面加强中心的建设,包括健全中心的工作网络、建立中心专职社会工作者队伍、理顺中心与司法行政部门、中心工作站的社会工作者与司法助理员及抽调监狱劳教干警的关系,同时对涉及与中心工作相关的一些问题作出明确规定,还要着重做好心理矫正、帮助服务、社会力量的组织发动等几项工作。

阳光中途之家。如前所述,2008年7月8日,北京市朝阳区阳光中途之家正式投入适用,这是中国大陆首家帮助社区服刑人员克服生存困难,提高社会适应能力的过渡性住宿式社区矫正机构。其占地面积7.5亩,建筑面积4020平方米,共有宿舍23间,可同时容纳200多人居住、生活。阳光中途之家拥有宿舍、心理咨询室、教室、电教室、美容美发培训室、烹饪培训室、活动室、多功能厅、餐厅、浴室、篮球场等众多功能设施。该机构是区司法局下属的事业单位,由区政府投资建设、日常工作接受区司法局管理和指导、并由区司法局派遣和招聘相关人员进行日常管理。主要职能是为朝阳区所管社区服刑人员和刑满释放人员开展释前教育、集中教育、心理辅导、就业指导、社会适应辅导、过渡性安置等工作。其工作理念为"以人为本、回归社会"。阳光中途之家下设四个部门：教育矫正部、心理咨询与技能培训部、宿舍管理部、办公室[①]。2010年9月7日、2010年12月21日，北京市召开推进阳光中途之家建设会议，在全市各区县积极推广朝阳区"中途之家"的成功经验，各区县阳光中途之家2011年全部建成，统一建设标准和操作流程将进一步规范北京市的社区矫正工作。

社区服刑人员教育中心。2010年7月29日起，北京市在全市以区县为组织单位对新接收社区服刑人员集中开展社区矫正初始教育，并探索建立社区服刑人员教育中心。随着劳教制度于2013年底被正式废止、劳教制度改革契机的到来，北京市司法局利用原北京市未成年劳教所的场地、设施和警力等资源建立北京市社区服刑人员教育中心，开展对全市社区服刑人员的集中教育工作，并先期选取大兴区、丰台区进行试点。社区服刑人员集中教育中心于2014年5月正式运行，先后组织三期集中教育班，该项工作创新取得显著效果：罪犯身份认识明确化、管理秩序规范化、教育矫治专业化、场所设施校园化、后勤保障标准化[②]。在各区县建立社区服刑人员集中教育中心对其开展集中教育将成为北京市社区矫正的一项重要创新工作。

要素五：社区矫正的工作队伍。

北京市社区矫正队伍已形成具有首都特色的专群结合、专兼结合"3+N模式"。其中"3"指三支重要工作队伍，司法所助理员队伍、抽调监狱劳教干警队伍、社区矫正协管员队伍；而"N"指由社区干部、社区居民和社区服刑罪犯家属等志愿者组成的群众兼职力量[③]。

司法助理员队伍。2004年5月北京市下发的《关于北京市全面开展社区矫正试点工作的实施方案》明确司法助理员是社区矫正的专业主导力量，各司法所应有专人负责社区矫正工作。司法助理员的职责主要是对矫正对象进行教育矫正，组织社会志愿者对矫正对象进行帮教，协调有关部

---

① 张静：《积极探索、广泛论证：努力兴建中国大陆第一个中途之家》，载《人民调解》2008年第9期。
② 王斌、郁陆、凯丽：《北京近千社区服刑人员接受集中初始教育》，载《法制日报》2015年5月18日。
③ 北京市司法局：《以平安奥运和平安国庆为新起点，推动社区矫正工作再上新台阶》，载《人民调解》2009年第11期。

门解决就业及生活等方面的困难。目前北京市共有 319 个司法所，其中共有司法助理员 1000 余名，每个司法所抽出 1 人专门负责社区矫正，总数不超过 400 人①。

　　抽调监狱劳教干警队伍。为组建社区矫正队伍，加强专业矫正力量，北京市在社区矫正试点之初就大胆性地探索抽调监狱劳教干警派驻基层司法所，充实社区矫正专业人员力量，确保社区矫正刑罚执行工作的顺利进行。北京市最初从市监狱局、市劳教局抽调监狱劳教干警 367 名到各区县协助开展社区矫正工作②，达到一街、一乡、一镇一警的目标。而且明确司法助理员和抽调干警的职责分工，明确区县司法局对抽调干警的管理责任。2004 年 5 月下发的《关于北京市全面开展社区矫正试点工作的实施方案》明确监狱劳教人民警察是社区矫正的专业辅助力量。监狱警察的职责主要是协助司法助理员开展对社区矫正对象的教育矫正工作，对矫正对象的认罪、学习等情况进行考核，提出奖惩建议，协助公安机关对重新违法犯罪的矫正对象予以依法处理，协助公安机关抓捕脱逃监控的矫正对象。2008 年 2 月，司法部转发《关于北京市抽调监狱劳教干警参加社区矫正和帮教安置工作情况的报告》，对北京抽调监狱劳教干警参与社区矫正工作给予了充分肯定。到 2013 年，抽调到各司法所协助社区矫正工作的监狱劳教干警已达到 500 名③。

　　社区矫正协管员队伍。成立社区矫正协管员队伍又是社区矫正"北京模式"的一大亮点，在实际工作中，该类队伍发挥了社区矫正社会工作者的作用。2006 年上半年，北京市大兴区利用劳动就业政策，与区劳动和社会保障局合作，共同开拓了利用社会力量参与社区矫正工作的新渠道——招聘社区矫正协管员。随后，平谷、延庆、顺义等区县相继开展了社区矫正协管员招聘工作，逐步建立了一支有组织的、相对稳定的社区矫正社会力量④。社区矫正协管员极大缓解了司法所人员不足的压力，严密了社区矫正工作网络。社区矫正协管员职责主要是协助参与制订矫正方案，及时将有关材料整理归档；按时走访社区矫正对象家庭，掌握社区矫正对象思想、工作和生活情况，及时向司法所汇报社区矫正对象的现实表现；组织和监督社区矫正对象参加公益劳动；帮助符合政策条件的社区服刑人员参

---

　　①③ 梅义征：《社区矫正制度的移植、嵌入与重构：中国特色社区矫正制度研究》，中国民主法制出版社 2015 年版，第 63 页。
　　② 朱久伟、王安主编：《社会治理视野下的社区矫正》，法律出版社 2012 年版，第 21 页。
　　④ 摘编自：《2005 年北京社区矫正工作十件大事》，北京市司法局网，2008 年 2 月 11 日。

加培训和就业招聘等。2014年9月29日,北京市委办公厅、市政府办公厅联合印发《关于进一步加强社区矫正工作的意见》,提出加强社区矫正队伍建设,优化社区矫正协管员队伍,完善培养、评价、使用、激励机制,切实提高社区矫正协管员队伍的整体水平。

社会志愿者队伍。社会志愿者作为社区矫正工作队伍中社会力量的主要构成,是社区矫正工作不可缺少的一支重要补充力量。社会志愿者主要包括专家学者、离退休干部、社区居委会成员、高等院校高年级学生、矫正对象的近亲属和所在单位的人员等完全自愿、无偿参与社区矫正的人员。社会志愿者的工作方式是通过开展各种专业辅导、咨询、"一帮一"结对子帮教等多种形式,参与对矫正对象的监督、管理和教育工作,促进矫正对象的改造。2014年9月29日,北京市委办公厅、市政府办公厅联合印发《关于进一步加强社区矫正工作的意见》,提出加强社区矫正队伍建设,进一步发展社会志愿者队伍,着重发挥社会志愿者在掌握社区服刑人员日常动向、开展跟踪帮教、化解矛盾等方面的积极作用。

要素六:社区矫正的工作流程。

根据2003年5月发布的《北京市社区矫正工作实施细则(试行)》,社区矫正的工作流程主要包括:(1)矫正对象的接收,具体包括矫正对象登记报告、矫正对象有关材料移交。(2)社区矫正的执行,包括建立矫正小组,制定矫正方案,签订监护协议;汇报、请销假、迁居、参加相关活动等制度规定;参加公益劳动,进行教育矫正,心理矫正;有劳动能力的需参加生产活动。(3)矫正对象的考核与奖惩,包括建立计分考核制度、奖惩具体规定。(4)社区矫正的解除。随着北京社区矫正实践的不断深化,社区矫正的流程也日趋完善。开展庭前调查评估被视为是北京社区矫正模式又一次有益的尝试。2007年4月19日,丰台法院在审理一起特殊的故意伤害案中,对拟适用缓刑被告人进行社会调查,这被称为首次引入了"刑事案件社区矫正调查制度"。2012年1月,"两高两部"联合下发《社区矫正实施办法》,对庭前调查的做法给予了充分的肯定,并规定了具体实施细则[①]。2012年7月1日,北京在全国率先出台《北京市社区矫正实施细则》以回应国家层面政策,该文件更加完整地表述了社区矫正的整个工作流程:(1)矫前调查、交付与接收,包括社会调查、居住地核实、矫正宣告、报到登记、材料移交、矫正对象的交接。(2)矫正实施,包括

---

① 张荆:《北京社区矫正模式特色与问题点分析》,载《中国人民公安大学学报》(社会科学版)2013年第3期。

建立矫正小组、制定矫正方案，教育、心理矫正，包括社区矫正初始教育、常规教育、社区服务、心理矫正。(3) 监督管理，包括报告、出境、迁居、禁止令、检查等制度，分类管理。(4) 社会适应性帮扶，包括促进其就业等社会保障措施。(5) 考核与奖惩。(6) 社区矫正的解除与终止，包括个人总结、解除矫正宣告、安置帮教建议、社区矫正终止。

要素七：社区矫正的工作机制。

2003年4月，中共北京市委政法委员会、首都社会治安综合治理委员会联合发布《关于开展社区矫正试点工作的意见》，规定由市委政法委、首都综治委牵头，市高级人民法院、市检察院、市公安局、市司法局、市民政局、市劳动和社会保障局、市监狱管理局等部门负责人为成员组成"北京市社区矫正工作领导小组"，负责领导和管理全市的社区矫正工作，同时社区矫正工作领导小组办公室设在市司法局。区县、街乡镇比照市级社区矫正组织机构成立相应的社区矫正领导小组和办公室。由此，能清楚看到北京市社区矫正的工作机制的特点：由市委政法委、首都综治委领导的市级—区县级—街乡镇级三级网络管理体系、司法行政部门组织实施、多部门协调配合的工作机制。这种具有北京特色的工作机制在实践中运行良好，极大地整合了各部门的资源、推动了社区矫正工作的顺利实施。2009年5月12日，北京市成立首都综治委社区矫正和刑释解教帮教安置工作协调委员会，市公安局、市检察院、市法院、市司法局、市劳动与社会保障局、市民政局、市财政局等19个部门参与。由此，北京市的社区矫正工作机制已经逐步成熟和完善。

要素八：社区矫正的工作规范。

在工作方式方法上，北京社区矫正形成了一套独具特色的工作模式，且很多在全国范围内推行的工作方法最早都源于北京社区矫正的开创性的实践。

(1) 分类管理。北京市在社区矫正试点之初，就积极探索社区服刑人员管理方法，与相关高校科研机构合作，并大力引进国外社区矫正的经验，形成了社区服刑人员分类管理的体系。分类管理是以社区服刑人员的人身危险性大小为标准，结合其回归社会的趋向程度，运用《社区服刑罪犯综合评估指标体系》对社区服刑人员进行危险性评估，将其划分为A、B、C三类，分别实施不同强度的管理。其中A类为人身危险性小、再社会化程度高的人员，对该类人员实施低强度管理；B类为人身危险性和再社会化程度一般的人员，对该类人员实施中等强度管理；C类为人身危险

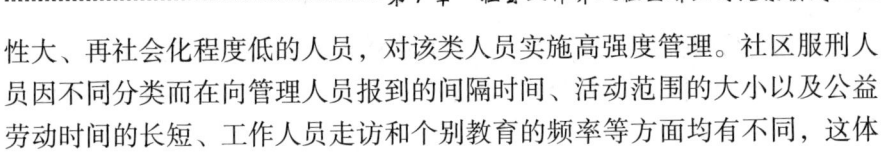

性大、再社会化程度低的人员，对该类人员实施高强度管理。社区服刑人员因不同分类而在向管理人员报到的间隔时间、活动范围的大小以及公益劳动时间的长短、工作人员走访和个别教育的频率等方面均有不同，这体现了刑罚执行的区别对待原则。

（2）分阶段教育。分阶段教育是根据社区服刑人员心理、行为特点和需求变化规律，结合教育矫正阶段性目标的设定，将教育矫正的过程分为初始教育、常规教育和解矫前教育三个阶段，以提高教育的针对性，保证教育质量。初始教育为接受矫正后的前两个月进行，解矫前教育为解除矫正前一个月进行，中间时段为常规教育进行阶段。三个阶段制定各自的教育目标、教育内容和教育方式。

（3）个案矫正。综合分析矫正对象的犯罪原因、思想状况、家庭和社会关系、现实表现等方面，科学评估矫正对象的需求，为每个矫正对象制定独特的矫正方案，来帮助其矫正犯罪心理和行为，促使其早日回归社会。矫正方案要在社会调查和综合评估的基础上、以规范文案为载体来制定，综合运用心理学、教育学、社会学、犯罪学等学科的专业方法来为矫正对象制定具体的矫正措施。方案中的矫正意见和措施，要充分听取矫正对象、家属和协助单位的意见，并提交司法所矫正小组集体讨论并确定，责任人与所长要分别签字确认。司法所要定时对矫正方案的效果进行一次评估，根据实际情况进行相应调整，解矫前需要对矫正对象个案矫正效果进行科学评估，总结经验，为提高个案矫正效果提供充分的经验依据。

（4）心理矫正。北京市在社区矫正早期就开始探索心理矫正方法，2005年2月，东城区成立了阳光社区矫正服务中心，由区司法局出资聘请北京某咨询服务中心专业心理咨询师，建立心理矫正工作室，对社区服刑人员进行专业化的心理矫正。同时向社会招募了30名心理矫正志愿者，他们分别拥有心理学、法学、教育学和社会学等知识背景，为社区服刑人员提供心理咨询和帮助。通州区阳光社区矫正服务中心还成立了流动心理咨询室，聘请了6位专业心理咨询师为区阳光社区矫正服务中心的社区矫正心理咨询师。结合分阶段教育的实施，对不同阶段社区矫正对象的心理、行为特点进行研究，制定相应的心理矫正方案。与卫生部门开展联合专项改造，把专业的心理医师定期请到社区中，对矫正对象的心理进行疏导，在疏导过程中鉴别心理问题的严重程度，同时为每个社区矫正对象建立个人档案追踪系统，从而能够清楚地掌握社区服刑人员的心理转变情况，进而有针对性地进行干预治疗。北京社区矫正心理矫正工作实践最终形成集心理教育、心理辅导、心理咨询、心理治疗为一体的心理矫正体系。

（5）行为矫正。行为矫正是一种消除矫正对象不良行为，培养起良好行为习惯的专业矫正方式。实施行为矫正同时也是巩固心理矫正成果、保障矫正质量的有效手段。北京市通过开展一系列的公益劳动、社区服务来对矫正对象的行为进行矫正。社区服务公益劳动具有针对性强、形式多样、组织灵活的特点。北京市按照"符合公共利益，矫正对象力所能及，可操作性强，便于监督检查"的原则设定公益劳动项目，组织有劳动能力的矫正对象参加公益劳动。社区服务公益劳动在教育矫正工作中显示出明显效果：帮助社区服刑人员树立自尊、培养爱心、改正恶习、融入社会，同时增强矫正对象的社会公德意识和社会责任感。

社区矫正"北京模式"小结，如表7-1所示。

表7-1　　　　　　　社区矫正"北京模式"八大要素

要素	内容	结构
工作对象	适用于被判处管制、被宣告缓刑、被暂予监外执行、被裁定假释的四类罪犯	模式目标
工作任务	监督管理、教育帮助	
工作机构	市、区县、街乡镇三级综治委矫正帮教协调委员会，及其下设于司法行政机关的市、区县、街乡镇三级社区矫正和安置帮教职能部门，市社区矫正管理总队、区县社区矫正管理支队	模式主体
工作平台	区县、街乡镇阳光社区矫正服务中心，区县阳光中途之家，区县社区服刑人员教育中心	
工作队伍	司法所助理员队伍、抽调监狱劳教干警队伍、社区矫正协管员队伍、社区矫正志愿者队伍	
工作流程	矫前调查、交付与接收，矫正实施，监督管理，社会适应性帮扶，考核与奖惩，社区矫正的解除与终止6个环节	模式运作
工作机制	市委政法委、首都综治委领导的市级—区县级—街乡镇三级网络管理体系，司法行政部门组织实施，多部门协调配合，社会力量广泛参与的工作机制	模式规则
工作规范	分类管理、分阶段教育、个案矫正、心理矫正、行为矫正	

7.3 社会工作视野下的"北京模式"

7.3.1 社会工作与北京社区矫正

2003年7月10日,"两高两部"出台《关于开展社区矫正试点工作的通知》首次在正式文件中完整表述社区矫正的含义,"社区矫正是与监禁矫正相对的行刑方式,是指将符合社区矫正条件的罪犯置于社区内,由专门的国家机关在相关社会团体和民间组织以及社会志愿者的协助下,在判决、裁定或决定确定的期限内,矫正其犯罪心理和行为恶习,并促进其顺利回归社会的非监禁刑罚执行活动"。由这一界定能明显看出社区矫正在官方的话语体系中其性质仍然是一种刑罚执行活动,只不过行刑地点不是监狱而是社区。尽管社区矫正已经在各类政策文件、甚至法律法规中予以了标准、成熟的界定,但学界仍对这一新兴的事物给予了很大的关注,并提出了众多富有启发性的问题。张昱认为,社区矫正中的刑罚执行与社会工作具有统一性,把社区矫正单纯地看成是刑罚执行过程或社会工作的展开过程都是片面的,应在理解社区矫正的理念、功能和过程的基础上认识刑罚执行和社会工作的关系,既要看到两者的区别,又要看到他们的内在统一性[1]。史柏年认为,社区矫正的单一的刑罚执行性质说,虽是目前国内理论界与实务界最流行的论述,但其在实践中已经越来越陷入困局,社区矫正应具有双重性质:刑罚执行与社会福利[2]。与此同时,有学者对上述社区矫正和社会工作的关系提出了不同的观点:从功能上看,二者可能存在交叉和互补,但从其各自定位来看,社区矫正是刑事执法活动,社会工作是助人事业,二者有明确的区别。而且从二者的工作主体来看,社区矫正的工作主体是司法人员,社会工作的工作主体是社会工作者。因而二者在本质属性上存在差异[3]。

从目前北京的实践来看,社区矫正的工作思路基本采用后一种观点,

---

[1] 张昱:《试论社区矫正的理念》,载《上海政法学院学报》2015年第1期。
[2] 史柏年:《刑罚执行与社会福利:社区矫正性质定位思辨》,载《华东理工大学学报》(社会科学版)2009年第1期。
[3] 吴玉红、刘强主编:《社区矫正典型案例与矫正指要》,中国法制出版社2015,第33页。

即较少去结合社会工作与社区矫正的相同点，而更多是侧重社区矫正的刑罚执行性质，坚持刑罚执行为基础，确保刑罚执行地顺利实施。从社区矫正试点之初，就采用抽调监狱劳教干警到基层司法所的做法来保障刑罚执行顺利实施，到之后组建社区矫正协管员队伍来加强社会力量对社区服刑人员的监督，以及最新进展下的采用社区服刑人员集中教育加强其在刑身份意识、全面采用电子监管等技术手段对社区服刑人员实行 24 小时监控，这些最新的举措或多或少地强调了社区矫正中监督管理一面。

但社区矫正中具有的社会工作性质的一面仍然是存在的，其在北京社区矫正的实践中也有所体现。社会工作的一个经典的定义是，在社会福利的制度安排下，秉承专业价值与规范，运用科学的知识和方法帮助社会上有需要的个人、家庭和群体，以增进个人、群体乃至社会福祉为目标的职业活动。运用于社区矫正领域，即秉承专业价值与规范，运用科学的知识和方法帮助社区服刑人员及其家庭，以增加社区服刑人员、家庭、社区乃至整个社会福利为目标而开展的一系列帮教服务。北京市率先于全国建立旨在帮助"三无"人员（无家可归、无亲可投、无生活来源）解决生活、就业、心理等方面困难的临时性住宿机构——阳光中途之家，这充分体现了对弱势群体的解危救难，为其提供基本的社会保障，增进其社会福利的一面。另外，社区矫正与社会工作除了都具有福利性的特征外，社会性也是二者具有的一种重要特征。社区矫正作为一项系统性的工程，其顺利实施需要发动各方面的力量，其中社会力量是必不可少的重要部分。社区矫正的实践已证明，目前工作力量的构成中，社会力量已经成为一块短板，制约社区矫正深入发展。因而 2014 年 11 月 14 日，司法部、中央综治办、教育部、民政部、财政部、人力资源社会保障部 6 部委联合发布《关于组织社会力量参与社区矫正工作的意见》，从社会力量参与社区矫正的重要性、社会力量参与社区矫正的途径、建立社会工作者的保障体系、解决社区服刑人员面临的困难、组织领导五个方面给予了明确的规定和指导。北京市根据中央《关于组织社会力量参与社区矫正工作的意见》的文件，协调有关部门出台全市加强社会力量参与矫正帮教工作的规范性文件，并且开始试点政府购买服务的工作模式，设计和实施矫正帮教项目，提升社区矫正社会化水平。社区矫正社会力量的逐渐增强，代表了社会工作与社区矫正融合发展的趋势在逐渐显现，这将为今后社会工作介入社区矫正提供更多的机遇与空间。

7.3.2 社会工作者队伍与北京社区矫正

社会工作者在专业社会工作中担任众多角色，其是开展专业助人活动的计划者、实施者以及评估者。在社区矫正领域，根据社区矫正的目标、任务，社会工作者一般担任以下几种角色：经纪人、使能者、调停者、教育者、控制者、倡导者、管理者。对社区服刑人员来说，社会工作者一般从其犯罪原因和类型、个体生理、心理的状态、社会经济、家庭关系、职业状况等各个方面出发，帮助社区服刑人员接受社区矫正，帮助其自力更生，最终重新适应和回归社会。由于社会工作者掌握专业的个案、小组、社区的工作方法，具体工作方式灵活多样，工作内容注重个性化差别，能更好地满足社区服刑人员的需要，因而社会工作者在社区矫正工作中能发挥巨大作用。同时，社会工作者还是政策影响者，可以将工作中发现的问题反馈，以促进问题的解决和改善。社会工作者队伍的介入，对于提高社区矫正的质量有重要价值。

北京市社区矫正在实践过程中注重发挥社会工作者队伍（非严格意义上的社工）的作用。首先是成立一支有组织的、相对稳定的社会工作者队伍（社区矫正协管员），它的成立极大地缓解了司法所人员不足的压力，严密了社区矫正工作网络。2014年9月29日，北京市委办公厅、市政府办公厅联合印发《关于进一步加强社区矫正工作的意见》，提出加强社区矫正队伍建设，优化社区矫正协管员队伍，完善培养、评价、使用、激励机制，切实提高社区矫正协管员队伍的整体水平。尽管目前北京市成立的这支社会工作者队伍不是严格意义上的社工队伍，其学历水平、专业能力与真正的社工有很大差距，但这一支队伍在实际工作中承担了大量的工作，对于北京模式的形成起了很大的作用，因而可以把他们称为广义上的社会工作者队伍。

北京市也在积极探索建立一支专职的社会工作者队伍。2005年开始，北京市开始建设阳光社区矫正服务中心，在该中心的指导和管理下组建一支专职社会工作者队伍。目前全市18个区（县）均建成了阳光社区矫正服务中心，该中心专门负责组织招聘、培训、管理社会工作者，并在每个街道（乡镇）设立工作站，协助司法所开展社区矫正日常工作。而且规定招聘对象必须具有相关专业背景，包括社会工作、心理学、社会学、犯罪学和法学等相关专业，新入职的社会工作者必须接受时间不等的社区矫正岗前培训。由此，引入社会工作者参与社区矫正的组织形式开始形成。尽管目前仍然存在着众多制约社会工作者队伍发展的瓶颈因素，包括与社会工作者发展密切相关的薪资、编制等待遇较低的问题，以及社会工作职业化、制度化水平较低的问题等，但建立专职社会工作队伍的尝试仍然是北京社区矫正走在全国前列的表现，其开创性探索对于社区矫正工作中社会工作者队伍的进一步发展与壮大有着重要意义。

北京市社区矫正另外一个引人注目的做法是，设置司法社工，探索在司法行政部门内部建立一支专职的社会工作者公务员队伍。北京市与首都有关高校积极合作，通过建立服务中心的方式，招聘具有一定专业背景的司法社工，以加强社区矫正中社会工作者队伍的力量，创新引入社会力量的形式，推动社区矫正深入发展，保持"北京模式"在全国社区矫正工作中的优势和典型地位。

7.3.3 社会工作方法与北京社区矫正

社会工作从社会学、心理学、人类学等学科中借鉴其理论范式、研究方法，在实践中形成了自身独特的理论流派和具体的方法与技巧，能够从微观、中观以及宏观层面进行介入，帮助个体、家庭及群体解决问题，提升其社会适应能力，最终达到改造社会，促进社会朝向公平、公正发展的目标。（1）在个人层面，社会工作者可以运用"动机式晤谈法""认知——行为治疗法""危机介入法"等专业理论和工作方法为矫正对象提供认知、心理、行为等方面的咨询与治疗。（2）在群体与环境层面，社会工作者能够运用"系统理论""社会支持网络"等专业理论和工作方法改善、修复和重建矫正对象的社会生态系统，为矫正对象连接资源。（3）在社区层面，社会工作者将运用社区工作方法进行宣传、招募、组建和培训志愿者队伍，广泛发动社区居民参与社区矫正工作，提升社区矫正社会力量参与度。

个案社会工作是社会工作中三大基本工作方法之一，其在面对社区矫正对象的原子化、分散性的情况下更加适合采用。个案工作的具体工作手法包括关系建立、会谈技术、记录方法以及心理咨询等，将其适当运用于社区矫正工作中，将极大地提高社区矫正的效果和质量。个案工作方法的目的，主要是帮助矫正对象修正其心理、认知、社会关系等方面存在的问题，达到矫正对象的社会功能的康复，促进其顺利回归和融入社会。北京市在社区矫正实践过程中非常重视个案矫正工作,其在综合分析矫正对象的犯罪原因、思想状况、家庭和社会关系、现实表现等方面,科学评估矫正对象的需求,为每个矫正对象制定独特的矫正方案,来帮助其矫正犯罪心理和行为,促使其早日回归社会。

  小组社会工作是社会工作领域中另一个主要工作方法,且其在社区矫正领域中的使用越来越普遍。小组社会工作通过小组成员之间的相互支持,来改善组员的态度、人际关系和应对实际生存环境的能力。这种工作方法注重通过小组过程、小组动力去改变组员的态度和行为,组员解决问题的能力和潜力也是通过成员在小组内的互动而产生出来的。北京市社区矫正在试点之初,就出台规定建立矫正小组,发挥矫正小组在促进社区服刑人员监督管理、教育矫正等方面的积极作用,而这一做法在2012年司法部出台的《社区矫正实施办法》中得到了明确的认可,规定要为每个社区服刑人员建立矫正小组。

  社区社会工作是社会工作领域又一专业的工作方法,其在社区矫正领域的运用较为成熟,这可能与目前国内注重社区建设的宏观背景有很大关系。社区矫正不仅是将服刑人员置于社区情境中加以监管,而且需要利用社区的资源和力量帮助社区服刑人员顺利改造,恢复其社会功能,促进其与社会实现正常联结。北京市社区矫正的一个重要优势是其社区发育情况较好,能够为社区矫正工作聚集起大量的社区资源,包括人力、物力、财力,进而保障社区矫正工作的顺利开展,积极探索社区矫正的新思路、新做法,形成具有首都特色的社区矫正社会工作的"北京模式"。

第8章

社会工作介入社区矫正的上海模式

8.1 上海社区矫正发展历程与"上海模式"的形成

8.1.1 从开创性探索到正式试点

目前理论界与实务界大多认为，上海市社区矫正探索最早始于2000年。2000年9月上海女子监狱试行对罪犯半监禁刑处遇，准许符合条件的女性罪犯工作日在社会上劳动、周末回监狱服刑。与此同时上海市少年管教所对青少年犯罪对象试行了半工半读制度。这些探索与尝试之后更为正式和系统地提出社区矫正的处遇方式提供了有益的实践经验。从2002年开始，上海开始正式和系统地提出进行社区矫正试点的工作。2002年8月5日，上海市委政法委员会发布《关于推进本市社区矫正工作的实施意见（试行）》，决定在徐汇区的斜土街道、普陀区的曹杨新村街道以及闸北区的宝山路街道三地开始进行社区矫正的试点。2003年2月，上海市委政法委员会下设上海市社区矫正工作领导小组，负责管理全市社区矫正工作。2003年3月15日，上海市委政法委员会发布《关于徐汇、普陀、闸北三区全面开展社区矫正试点工作的实施意见》，将社区矫正工作在上述三区全面深入推进。正在上海市社区矫正开展得如火如荼之时，国家开始正式回应地方的实践，这时国家层面的政策开始出台。2003年7月10日，"两高两部"联合发布《关于开展社区矫正试点工作的通知》，决定于北京、天津、上海、江苏、浙江、山东6省（市）开展社区矫正试点工作。由此标志着上海市社区矫正的试点工作开始获得国家层面的政策支持，其发展速度和深度不断提升。

8.1.2　从部分试点到全面实施

　　为了与《关于开展社区矫正试点工作的通知》中"司法行政机关要牵头组织有关单位和社区基层组织开展社区矫正试点工作"的要求一致，之前隶属于上海市委政法委员会的上海市社区矫正办公室开始调整至上海市司法局下面。2003年8月市委正式批复市机构编制委员会，在市司法局下设副局级的上海市社区矫正办公室，负责领导和管理全市社区矫正工作，核定编制20人，这也成为全国第一个领导和管理社区矫正的专门机构。

　　2003年9月5日，上海市委政法委员会发布《关于构建预防和减少犯罪工作体系的意见》，创造性地提出"预防和减少犯罪工作体系"；2003年10月，上海市委政法委员会推行"预防与减少犯罪工作体制"，明确将社区矫正纳入司法局的工作范畴；2003年11月6日，上海市司法局发布《关于贯彻落实市委"构建预防和减少犯罪工作体系"的总体部署进一步推进社区矫正工作试点工作的意见》。至此，社区矫正工作作为上海"预防和减少犯罪工作体系"的重要部分得到认可，使社区矫正工作的地位与意义获得巨大提升；更为重要的是社区矫正工作主要隶属于市司法局的工作范围得到界定，则使社区矫正工作的职责更加明确，这都将有助于社区矫正工作在上海的进一步发展。

　　无论是从国家层面的政策还是上海市的规范性文件来看，司法行政部门在社区矫正中的工作主体地位从2003年之后开始确立，因而今后省市层面的社区矫正工作的推进将主要由司法行政部门来组织和承担。之后有关社区矫正方面的工作文件基本由市司法局起草制定[1]，从社区矫正的工作衔接、日常管理、教育矫正、心理矫正、公益劳动、帮困解难、考核奖惩等方面出台了一系列的规范性文件。2004年5月31日，上海市委政法委员会召开全面推进预防与减少犯罪工作体系的社区矫正工作会议，社区矫正正式在全市推开，所有19个区县都实施了社区矫正工作。2004年9月30日，上海市司法局发布《关于全面推进社区矫正工作的意见》。

---

[1] 朱久伟、王志亮主编：《刑罚执行视野下的社区矫正》，法律出版社2011年版，第169页。

8.1.3 从个别实践到"上海模式"

成立于 2000 年 9 月 1 日的全国首家省级志愿组织——上海市社会帮教志愿者协会在社区矫正中发挥了组织社会各界力量参与到社区矫正志愿服务的工作中的重要作用，推动社区矫正工作朝着社会化方向发展。2004 年 2 月 14 日，经上海市民政局批准，在上海市政府支持下，民办非企业单位——上海市新航社区服务总站正式成立，推动社区矫正工作朝着专业化方向发展。由此上海市社区矫正工作坚持的"政府主导推动、社团自主运行、社会多方参与"的总体思路在实践操作层面获得重要进展。在首批试点的 6 省（市）取得一定的经验和成效的基础上，为进一步推动社区矫正试点工作的深入开展，2005 年 1 月 20 日，"两高两部"联合发布《关于扩大社区矫正试点范围的通知》决定将试点扩大至 18 省市，其中新增：河北、内蒙古、黑龙江、安徽、湖北、湖南、广东、广西、海南、四川、贵州、重庆 12 个省（区、市）。根据《关于扩大社区矫正试点范围的通知》中"社区矫正根据社区服刑人员的不同特点，实施分类管理和教育"的要求，2005 年 3 月 14 日，上海市社区矫正办公室连续发布《社区服刑人员个性化教育暂行办法》和《社区服刑人员心理矫正工作暂行办法》，探索建立个性化教育方法和逐步建立"心理健康教育—心理咨询—心理治疗"三个层次的心理矫正模式。2007 年 1 月 19 日，上海市司法局、上海市公安局联合发布《上海市社区服刑人员分类矫正规定》，开始形成"分类分阶段分级"矫正体系。至此，具有鲜明特色的社区矫正"上海模式"开始形成，并在之后的发展中显示出具有全国典范意义的社区矫正经验，不仅发挥了社区矫正对于改造罪犯、促进其顺利回归社会的积极作用，而且对于宣传社区矫正促进社会和谐稳定、完善刑罚执行制度的意义起到示范效应。

8.1.4 上海社区矫正的最新进展

截至 2014 年 12 月，上海市全市累计接收社区服刑人员 57000 余人，解除矫正 48000 余人[①]。上海社区矫正工作稳步推进，社区矫正的规范化、

---

① 上海市司法局：《社矫工作两支新助力——上海市社会力量参与社区矫正工作实践》，载《人民调解》2015 年第 4 期。

科学化、信息化和法制化水平不断提高。

规范化建设进展。2012年3月20日,上海市司法局发布《关于推进区县社区矫正中心建设的通知》,提出到2013年年底各区县全面建成社区矫正中心,以提高社区矫正工作的规范化水平。根据2012年"两高两部"出台《社区矫正实施办法》,上海市积极推进矫正小组建设,目前已形成"4+X+1"矫正小组,其中"4"代表司法所专职干部、社区民警、社会工作者和志愿者;"X"代表社区服刑人员家属或工作单位人员;"1"代表各村居组团式联系服务群众工作组人员,基本实现每个社区服刑人员都有一个对应的矫正小组[①]。上海市将2013年设定为"社区矫正执法规范建设年",从社区矫正工作机制、工作流程、工作任务等方面提出一系列规范化建设的目标,全面规范社区矫正工作。2015年开始,上海市全面推行社区矫正执法证制度,全市各区县司法局以及司法所专职从事社区矫正工作的公务员和选派从事社区矫正工作的司法民警,都将持证上岗、亮证执法,这将加强对社区矫正工作人员管理,促进其依法行使职权,规范、严格、文明执法[②]。

科学化建设进展。上海市深入推进社区矫正监管教育的分类、分阶段、分级矫正"三分"工作,推进社区矫正信息管理的师资库、资料库和个案库等"三库"建设[③]。2014年,上海市开始试点社区服刑人员日常管理计分考核和分级处遇制度。上海市探索将循证矫正理念引入社区矫正工作中,作为深化个别化矫正的手段。循证矫正是根据社区服刑人员犯罪原因及具体矫正目标而划分相应的矫正项目,探索推进以个案报告(即个别化矫正方案)为基础的证据积累工作。同时进行"网上社区矫正中心"建设,将循证矫正项目模式置于矫正系统中,通过信息化手段完成循证矫正评估、犯因性问题分类、项目方案组合设计、循证矫正证据库建立等工作;并将计分考核置于矫正系统,加强对服刑人员的管理[④]。

信息化建设进展。上海市司法局推行社区矫正信息管理系统,与公检法等政法各部门实现信息互联互通,且区县司法局在该系统框架下可进行一定的创新。2010年,上海市开始试点运用手机移动定位技术对部分重点

[①][③] 摘编自:《上海市司法局:强化安全管控构建执法模式》,中华人民共和国司法部网站,2015年07月15日。

[②] 上海市司法局法制宣传处:《上海全面推行社区矫正执法证制度》,载《上海法制报》,2015年02月10日。

[④] 冯健:《以矫正中心建设为抓手,打造区级综合执法教育平台》,载《人民调解》2016年第5期。

对象进行实时定位监管；2012年10月，开始试点"电子脚环"对重点社区服刑人员进行实时监管。推行电子考勤，明确所有教育学习活动以"考勤卡+指纹"的考勤形式进行记录，对社区服刑人员进行准确的身份识别和验证，增强社区矫正执法的严肃性。

法制化建设进展。上海市司法局与上海市财政局共同研究制定社区矫正工作经费保障指导性文件，出台《社区矫正经费保障意见》，基本落实全市社区矫正工作的经费。目前上海市实行按社区服刑人员数量核定社区矫正工作经费的制度，标准为每名社区服刑人员每年1100元，财政足额给付社区矫正所需经费，这为社区矫正工作的顺利开展提供了物质保障。同时，积极参与社区矫正立法调研，为尽早制定专门社区矫正法提供实践支撑。

8.2 社区矫正"上海模式"的要素与结构

"上海模式"的八大要素

要素一：社区矫正的工作对象。

从社区矫正的适用范围上来看，"两高两部"于2003年出台的《关于开展社区矫正试点工作的通知》和2005年出台的《关于扩大社区矫正试点范围的通知》和2009年出台《关于在全国试行社区矫正工作的意见》都明确五类罪犯适用社区矫正，包括被判处管制、被宣告缓刑、被暂予监外执行、被裁定假释、被剥夺政治权利并在社会上服刑的罪犯。但根据最新的2011年第十一届全国人大常委会十九次会议审议通过的《刑法修正案（八）》、2012年"两高两部"联合制定的《社区矫正实施办法》和2012年第十一届全国人大五次会议通过《关于修改〈中华人民共和国刑事诉讼法〉的决定》，确定四类罪犯适用社区矫正：被判处管制、被宣告缓刑、被暂予监外执行、被裁定假释的罪犯。《社区矫正实施办法》对被剥夺政治权利而在社会上服刑的罪犯另作出了规定"司法行政机关配合公安机关，监督其遵守刑法第五十四条的规定，并及时掌握有关信息。被剥夺政治权利的罪犯可以自愿参加由司法行政机关组织的心理辅导、职业培训和就业指导活动。"由此表明，被剥夺政治权利的罪犯其是否接受社区矫正，主要基于自愿原则，而非强制，且该类罪犯主要由公安机关执行。之所以社区矫正不再适用被剥夺政治权利的罪犯，是因为考虑到剥夺政治权利属于"资格刑",只对罪犯的政治权利予以限制,不符合社区矫正的刑罚执行活动的特点,因而其不再被纳入社区矫正适用范围。

要素二:社区矫正的工作任务。

从工作任务来看,"两高两部"于2003年出台的《关于开展社区矫正试点工作的通知》和2005年出台的《关于扩大社区矫正试点范围的通知》均较为明确地指出社区矫正的三大工作任务:管理和监督、教育矫正、适应性帮助。"两高两部"于2009年发布的《关于在全国试行社区矫正工作的意见》则更加明确地指出社区矫正的三大工作任务:对社区服刑人员进行教育矫正、监督管理、帮困扶助。2012年8月3日,上海市司法局发布《关于开展社区矫正工作的若干规定》文件,明确规定三大工作任务:监督管理、教育矫正和社会适应性帮扶。社区矫正工作任务方面,尽管上海与国家层面的政策规定的具体表述存在一定区别,但均较为完整地反映了目前我国社区矫正工作的主要工作内容。

要素三:社区矫正的工作机构。

从工作机构来看,上海市在社区矫正试点之初就成立了专门的社区矫正管理机构,2003年2月,上海市政法委下设上海市社区矫正领导小组,领导小组下设办公室,办公室设在市司法局,上海市政法委作为牵头和组织相关单位进行社区矫正工作的领导机关。2003年"两高两部"出台《关于开展社区矫正试点工作的通知》要求"试点工作要在各级党委、政府的统一领导下进行""司法行政机关要牵头组织有关单位和社区基层组织开展社区矫正试点工作",这就明确了政法委和司法行政机关各自的职责:政法委担负领导角色、司法部门负责牵头组织工作。因此,为了与国家政策要求一致,2003年底,上海市社区矫正办公室开始整体划归市司法局管辖。在区县层面,浦东新区司法局成立社区矫正处,金山、虹口、长宁等区司法局设立矫正科,其他区县司法局一般都明确由安置帮教科履行社区矫正职能[1]。在街镇层面,由司法所具体负责实施。

存在了10年多的上海市社区矫正办公室,2014年3月更名为上海市社区矫正管理局[2],级别为副局级,设副局级领导职数1名,下设4个处,分别为综合处、刑罚执行处、教育矫正处、安置帮教工作指导处,人员编制由20人增加到30人。根据上海市司法局官网的信息,上海市社区矫正

---

[1] 朱久伟、王安主编:《社会治理视野下的社区矫正》,法律出版社2012年版,第23页。
[2] 梅义征:《社区矫正制度的移植、嵌入与重构:中国特色社区矫正制度研究》,中国民主法制出版社2015年版,第56页。

管理局主要职责如下：（1）负责规划、协调与推进全市的社区矫正工作；（2）研究制定有关社区矫正工作的政策、制度；（3）督促、检查和指导各区县的社区矫正工作；（4）负责审批社区服刑人员的日常管理奖惩，审核社区服刑人员的司法奖惩；（5）做好与政法各部门的沟通与协调工作；（6）指导、评估、监督社区矫正社会组织的工作；（7）负责政府购买服务项目的评估及经费核定、申请；（8）负责社区矫正有关的宣传与对外交往工作。同时上海市社区矫正管理局作为业务主管单位，指导、规范并监督专业性社区矫正工作社团——上海市新航社区服务总站的常规性工作。

街道（乡镇）司法所作为社区矫正机关体系中的职能机关，承担着社区矫正的日常工作。根据2012年市司法局发布的《关于开展社区矫正工作的若干规定》文件，司法所的主要职责：（1）执行有关社区矫正的法律、法规、规章和规范性文件，贯彻落实上级机关相关工作要求；（2）对拟适用社区矫正的犯罪嫌疑人、被告人、罪犯开展调查评估；（3）组织社区矫正宣告，成立矫正小组，制定矫正方案，建立工作档案；（4）落实社区矫正人员报告制度、实地检查走访制度及其他日常监督管理措施；（5）组织并且落实社区矫正人员的教育学习、社区服务和心理矫正等工作；（6）负责社区矫正人员外出的审核或审批，社区矫正人员变更居住地、特定区域或场所准入的审核；（7）负责社区矫正人员奖惩材料的组织以及奖惩措施的落实；（8）配合区（县）司法局完成社区矫正人员的收监执行工作；（9）组织社会工作者和志愿者，对社区矫正人员开展帮教活动和适应性帮扶工作，配合区（县）司法局对社会工作者的服务进行评估；（10）其他应由司法所履行的社区矫正工作职责。

要素四：社区矫正的工作平台。

从工作平台来看，除了前述司法行政机关的市、县、街道（乡镇）三级职能部门外，社团作为专业性和社会性的工作平台在社区矫正中扮演着重要且不可替代的角色。目前上海市社区矫正工作主要涉及两个社团：上海市新航社区服务总站和上海市社会帮教志愿者协会。

上海市社会帮教志愿者协会作为非营利性质的社会团体，于2000年9月16日经上海市社会团体管理局批准成立，并且上海市19个区县相继成立区县级社会帮教志愿者协会，市级社会帮教志愿者协会帮助和指导区县协会开展业务工作。该协会通过政府购买服务的协议，制定工作计划，组织志愿者，参与社区矫正工作。截至2014年12月，上海市全市登记在册的社会帮教志愿者有18895名，单位类型的会员有660家①。2013年，上海市社会帮教志愿者协会通过上海市民政局"五星级"社会组织的评审②。上海市社会帮教志愿者协会秉承"帮教一个对象，挽救一个家庭，平安一个社区"的工作理念，坚持"有力出力，有钱出钱，有岗位出岗位"的工作思路，广泛动员社会志愿者，参与到社区矫正的工作中去。社会帮教志愿者作为参与社区矫正的一支重要社会力量，在推动社区矫正工作朝着社会化方向发展方面起着独特的作用，其对社区矫正工作的参与和宣传，为推进我国社区矫正更加深入发展奠定了坚实的社会基础。

上海市新航社区服务总站作为民办非企业单位，在上海市市政府的支持下，于2004年2月14日，经上海市民政局批准成立，随后于上海市各区县相应设置社工站，各个街道（乡镇）设立社工点。该协会通过政府购买服务的形式参与到社区矫正工作中，运用社工平等、尊重、接纳、助人自助等理念进行社区矫正工作，非常有助于社区服刑人员主动接受社区矫正，提升矫正的质量和水平。截至2014年12月，上海市目前拥有专职社工656名，其中大部分具有本科及以上学历，大都拥有社工师或心理咨询师资格证③。上海市新航服务总站已经形成"旭日新航""爱满新航"等特色服务品牌项目，并建立了"心灵导航""榕树湾"等专业服务工作室20多个。社会工作者作为另一支重要的社会力量参与到社区矫正的工作中，对于推动社区矫正朝着专业化方向发展具有不可替代的作用，同时也是社区矫正发展具有蓬勃生命力的重要支撑。

2012年3月20日上海市司法局发布《关于推进区县社区矫正中心建设的通知》，规定到2013年各区县社区矫正中心要确保建成并投入使用，这反映司法行政部门在积极整合各种资源，试图打造一个综合执法平台，为社区矫正工作的开展提供更加广阔的平台。建成后的社区矫正中心将具有五方面的功能：（1）沟通联系窗口。社区矫正中心应成为区县司法局与有关政法部门在社区矫正工作方面沟通联系和展示本区县社区矫正工作面貌的窗口。（2）执法衔接平台。社区矫正法律文书的收发、执行档案的整理与保管、社区矫正人员的报到与登记全部在矫正中心完成。（3）宣告与

---

①③ 上海市司法局：《社矫工作两支新助力——上海市社会力量参与社区矫正工作实践》，载《人民调解》2015年第4期。

② 梅义征：《社区矫正制度的移植、嵌入与重构：中国特色社区矫正制度研究》，中国民主法制出版社2015年版，第57页。

集中教育场所。逐步推行在矫正中心进行社区矫正宣告和集中教育的做法。待所有区县社区矫正中心建成后，从 2014 年 1 月 1 日起，所有社区矫正人员的矫正宣告和集中教育都必须在社区矫正中心进行。司法所已建的社区矫正宣告室，功能转化为司法所日常开展社区矫正工作的场所，主要用于对社区矫正人员开展个别教育、社区矫正人员周报到和月报到、矫正小组例会、社区矫正人员解除矫正的宣告等。(4) 社区矫正工作指导中心。对所有纳矫的社区矫正人员，区县社区矫正中心应在做好登记宣告工作的同时，要做好心理测试、需求评估和重犯风险评估等工作，以此为基础，对司法所的日常监管工作提出指导意见和建议，切实提高矫正工作的针对性和有效性。(5) 重点对象的监管教育场所。对于司法所难于管理的、有重犯危险的社区矫正人员以及未成年的社区矫正人员，应逐步由社区矫正中心与矫正小组协同监管教育，以更好地发挥区县社区矫正中心资源相对集中的优势。

　　要素五：社区矫正的工作队伍。

　　从工作队伍来看，由初成立时的"一体两翼"[①]、到现在的"四位一体"格局。其中"一体两翼"中的"一体"指的是主要由司法所（科）工作人员组成的社区矫正专职干部队伍，两翼分别是指由上海市新航社区服务总站社工构成的社会工作者队伍和由上海市社会帮教志愿者协会动员社会力量组成的志愿者队伍。随着劳教制度于 2013 年年底被正式废止、劳教制度改革契机的到来，2014 年 4 月初，上海市率先在全国试点"派驻社区矫正民警"制度[②]，选调 218 名原劳教民警到区（县）司法局，从事社区矫正工作，加强基层社区矫正执法力量，形成目前社区矫正队伍"四位一体"的格局。在 2014 年 8 月召开的上海市全市社区矫正工作会议上，对四支队伍的作用进行了明确的定位：由专职干部和派驻民警组成的执法队伍在社区矫正工作中起着组织和主导作用，矫正社会工作者队伍在教育矫正方面起着专业作用，社会帮教志愿者在社区矫正工作中起着基础性作用。根据现有数据显示，目前专职从事社区矫正的公务员有 276 人，同时选派 218 名戒毒警察到各区县从事社区矫正工作执法工作；根据已有数据显示，目前有 656 名社会工作者从事社区矫正工作，社工队伍中以社

---

　　① 摘编自：《赴上海市学习考察社区矫正工作的见闻与启示》，乌兰察布市司法局网站，2015 年 2 月 10 日。
　　② 周寒梅：《劳教制废止"余波"：上海率先试点"派驻社区矫正民警"》，载《上海法制报》2014 年 4 月 30 日。

会招聘的具有专业资格的年轻高学历女性为主；社区矫正社会志愿者队伍主要是由上海市社会帮教志愿者协会和其下属的各区县志愿者协会所发动和组织的社会力量，目前登记在册的社会帮教志愿者有 18895 名，单位会员有 660 家[①]。

要素六：社区矫正的工作流程。

从社区矫正工作流程来看，目前上海市已经形成一套成熟规范的程序。根据 2012 年上海市司法局发布的《关于开展社区矫正工作的若干规定》文件，社区矫正工作流程分为七个环节：（1）衔接与交付执行，包括调查评估、具保人资格审查、法律文书衔接、社区矫正人员交接、社区矫正宣告、矫正小组建立、矫正方案制定；（2）监督管理，包括报告、外出管理、变更居住地管理、特定区域（场所）准入管理、其他事项管理等制度规定；（3）教育矫正，包括教育学习、心理矫正；（4）社区服务；（5）社会适应性帮扶；（6）考核与奖惩；（7）矫正终止。

要素七：社区矫正的工作机制。

2002 年 8 月 5 日，上海市委政法委员会发布《关于推进本市社区矫正工作的实施意见（试行）》规定"为有效推进此项工作的顺利开展，由市委政法委牵头，市公安局、市人民检察院、市高级人民法院、市司法局、市监狱局参加，成立社区矫正工作领导小组，统一部署、指导和推进社区矫正试点的各项工作，协调工作中所涉及的政策法律问题，并根据社区矫正工作的性质、特点和要求，明确政法各部门的职责。领导小组下设办公室于市司法局，负责日常工作事务"。由此看出，在上海社区矫正试点之初，形成了市政法委牵头组织实施，公、检、法、司、监狱等相关单位配合，市社区矫正办公室具体负责的工作机制。这与试点之初缺乏国家政策的出台而需要联动各部门的实际有关，政法委能够发挥协调组织政法各部门的最大优势，因而其成为试点之初的领导机关和组织实施机关就有一定的必然性[②]。随着 2003 年"两高两部"《关于开展社区矫正试点工作的通知》的出台，其在文件不同部分明确表述了"由专门的国家机关在相关社会团体和民间组织以及社会志愿者的协助下""司法行政机关要牵头组织有关单位和社区基层组织开展社区矫正试点工作""街道、乡镇司法所要具体承担社区矫正的日常管理工作"，以及公、检、法、监狱等部门应承

[①] 上海市司法局：《社矫工作两支新助力——上海市社会力量参与社区矫正工作实践》，载《人民调解》2015 年第 4 期。

[②] 朱久伟、王志亮主编：《刑罚执行视野下的社区矫正》，法律出版社 2011 年版，第 116 页。

担的职责、"试点工作要在各级党委、政府的统一领导下进行",上海市开始逐渐作出领导体制和工作机制的调整,力求与国家层面的政策要求一致。在2005年"两高两部"出台的《关于扩大社区矫正试点范围的通知》中则首次明确表述了社区矫正的工作机制:应当坚持党委、政府领导,司法行政机关负责组织实施,法院、检察、公安、司法行政等相关部门紧密配合,社会力量广泛参与的工作机制。2009年"两高两部"出台的《关于在全国试行社区矫正工作的意见》则更为完整准确地表述了这一工作机制:坚持党委、政府统一领导,司法行政部门牵头组织,相关部门协调配合,司法所具体实施,社会力量广泛参与的社区矫正工作领导体制和工作机制。在实际工作中,上海等地区的社区矫正实践也在不断丰富和完善上述工作机制,以推动社区矫正工作的更好更深入发展。

要素八:社区矫正的工作规范。

从工作方式和方法来看,2005年3月14日,上海市社区矫正办公室发布《社区服刑人员个性化教育暂行办法》,积极探索个性化教育矫正方式,将社区矫正工作分为"三大板块五大基地",其中"三大板块"指日常管理、教育学习和公益劳动;"五大基地"指针对公益劳动提供的基地,有政治思想教育基地、法制教育基地、爱国教育基地、公益劳动基地、技能培训基地与推荐就业基地。同日,上海市社区矫正办公室发布《社区服刑人员心理矫正工作暂行办法》,探索心理矫正工作方法,建立"心理健康教育——心理咨询——心理治疗"三个层次的心理矫正模式[①],并建立各种形式的心理矫正工作室。

上海市探索建立"风险评估——矫正效果评估——社会效果评估"三个层次的评估体系,对重犯风险、矫正效果和社会效果三方面进行科学评估,为分类矫正和分级矫正的实行提供科学依据[②]。2007年,上海市社区矫正办公室下发《上海市社区矫正工作指导手册》,根据社区服刑人员具体特点,建立"分类、分阶段、分级"矫正体系。其中分类矫正是根据社区服刑人员的年龄、案由确定不同的矫正内容,加强社区矫正措施的针对性和有效性。分阶段矫正主要包括三个阶段,一个是初期矫正阶段,自矫正宣告之日起的3个月属于这一阶段;初期矫正阶段后,根据评估结果,进入分级矫正阶段;期满前一个月,接受期满前矫正,这是属于期满前矫正阶段。分级矫正主要包括三级体系,一级矫正适用于高

---

① 朱久伟、王志亮主编:《刑罚执行视野下的社区矫正》,法律出版社2011年版,第264页。
② 朱久伟、王安主编:《社会治理视野下的社区矫正》,法律出版社2012年版,第107页。

风险性、矫正效果差的社区服刑人员；二级矫正适用于一般风险性、矫正效果一般的社区服刑人员；三级矫正适用于风险低、矫正效果好的社区服刑人员。

2012年，上海市司法局探索推进社区矫正集中执法，目前已初步形成了"1+5+5"社区矫正集中执法模式雏形。"1"代表集中执法模式；第一个"5"代表：建立执法衔接、监督管理、教育矫正、应急处置和社会资源整合等五项工作机制；第二个"5"代表：实现队伍的专业化、执法的规范化、帮教的社会化、管理的信息化、运作的两级化五方面工作目标[①]。其中，管理信息化方面，2010年以来上海市开始试点运用手机移动定位技术对部分重点对象进行实时定位监管；2012年10月，开始试点"电子脚环"，对重点社区服刑人员进行监管。执法规范化方面，从2015年开始，全市各区县司法局及司法所专职从事社区矫正工作干部和选派从事的司法民警，都将持证上岗。

社区矫正"上海模式"八大要素见表8-1所示。

表8-1　　　　　　社区矫正"上海模式"八大要素

要素	内容	结构
工作对象	适用于被判处管制、被宣告缓刑、被暂予监外执行、被裁定假释的四类罪犯	模式目标
工作任务	监督管理、教育矫正和社会适应性帮扶	
工作机构	市、区（县）、街道（乡镇）三级司法行政机关	模式主体
工作平台	市新航社区服务总站、区县新航社区服务站、街乡镇新航社区服务点，市社会帮教志愿者协会、区县社会帮教志愿者分会，以及新建成的区（县）社区矫正中心	
工作队伍	社区矫正专职干部队伍、派驻司法民警队伍、社会工作者队伍、社会志愿者队伍四支队伍	
工作流程	衔接与交付执行、监督管理、教育矫正、社区服务、社会适应性帮扶、考核与奖惩、矫正终止七个部分	模式运作

---

① 摘编自：《上海市司法局：强化安全管控构建执法模式》，中华人民共和国司法部网站，2015年7月15日。

续表

要素	内容	结构
工作机制	党委、政府统一领导，司法行政部门牵头组织，相关部门协调配合，司法所具体实施，社会力量广泛参与的社区矫正工作领导体制和工作机制	模式规则
工作规范	个性化教育矫正，心理矫正，分类、分阶段、分级矫正，集中执法等工作方式和方法	

8.3 社会工作视野下的"上海模式"

8.3.1 社会工作服务机构与上海社区矫正

社区矫正作为一项系统性和专业性工作，与传统监狱矫正存在巨大差异，其涉及的工作部门、工作任务、工作环境远比监狱矫正复杂，进行这样一种刑罚执行方式的改革更能显示我国司法体制改革的勇气和决心。在这样一场改革的实践中，最早试点社区矫正的上海市大力引进专业化、社会化的力量则充分显现了其敢于创新的勇气和智慧。其最引人注目的做法是通过培育专业型的社团组织来实现社区矫正工作的专业化和社会化。2003年8月，上海市政法委提出构建"预防和减少犯罪工作体系"，该体系坚持"政府主导推动，社团自主运作，社会多方参与"的工作思路，力求从源头上预防和减少犯罪。2004年2月14日，作为上海市重点支持和培育的三大社团之一的"上海市新航社区服务总站"正式成立，其主要工作任务是为社区服刑人员提供专业性的帮教服务，矫正其犯罪心理和行为，促使其顺利回归社会。作为全国首家致力于为社区服刑人员提供专业帮教服务的社会工作机构，其不仅为社会工作介入社区矫正提供了一个正式的平台，而且为社会工作与社区矫正的进一步融合发展创设了一个很好的范本。

致力于社区矫正的社会工作机构的成立将为上海市社区矫正聚集一批专业性强、职业化程度高的社会工作者队伍。社区矫正作为一项复杂的系统性工程，在现有的政府部门框架下开展这项工作面临诸多困难：人员缺乏、工作量大、工作连续性和稳定性要求高等。为了社区矫正工作的顺利开展，必须引入合适的第三部门（社会）力量，由其来承担部分帮教工作，缓解现有行政部门面临的工作困境。上海市遵循"政府主导推动，社团自主运作，社会多方参与"的工作思路，采取政府购买服务的方式，与上海市新航社区服务总站签订购买服务合同，由后者派遣专业社会工作者到司法所等社区矫正工作的一线开展针对社区服刑人员的帮教服务，其作为一支重要的队伍参与到社区矫正的各项日常工作。因社会工作者在现有社区矫正队伍中人数较多、影响力较大，有的学者甚至认为其实际扮演了社区矫正工作主体的角色。

该类机构的成立同时还将为上海市社区矫正注入社会工作专业价值理念和科学工作方法。社区矫正作为一种非监禁刑罚执行方式的性质已经得到政府等官方部门的界定，这体现了我国司法体制改革的审慎和连续性，在现有法律框架内进行一定的探索与突破。但与此同时，社区矫正作为一种代表国际行刑新趋势的社会处遇方式，其与刑罚性相对的社会福利性也不容忽视，其体现的人道主义伦理价值是该项制度创新在许多国家得以顺利实施的重要基础。因此，在探索社区矫正如何更好地在我国实现本土化发展的时候，一方面需要看到它仍然是一种刑罚执行方式，另一方面其社会福利属性也需要得到认可和实施。而社会工作机构的成立将为社区矫正的社会福利属性的展现提供实践操作层面的可能性，因社会工作秉承价值理念就是助人自助、平等、尊重、接纳等充分体现人道主义的价值观，并且其将充分运用增权视角、优势视角、灵性视角、社会支持理论、生态系统理论、证据为本理论等视角和理论来开展社区矫正工作。更为重要的是采用社会工作专业的个案社会工作、小组社会工作、社区社会工作等科学工作方法来矫正社区服刑人员的犯罪心理和行为，促使其早日顺利回归社会。目前已形成一批专业化的特色服务项目，包括"旭日新航""心灵导航""爱满新航""新航港湾""就业领航"等项目[①]。上海市在社区矫正试点之初，就通过引入专业型的社会工作机构——上海市新航社区服务总站，参与到对社区服刑人员的帮教活动中，充分表明其注重社区矫正社会福利属性的一面，而且积极推动相关社会力量参与到这一改革创举中，这些都为其今后社区矫正深入发展打下了坚实的基础。

---

① 上海市司法局：《社矫工作两支新助力——上海市社会力量参与社区矫正工作实践》，载《人民调解》2015年第4期。

8.3.2 社会工作价值理念与上海社区矫正

社会工作作为一门专门的、科学的助人的学科，以其秉承的价值理念而与其他学科区分开①。在社区矫正工作中，价值理念应是社会工作者开展帮教活动的伦理支撑和精神追求，是其做好各项工作的内在激励。上海市引入社会工作机构和社会工作者参与到社区矫正中，实际也为社区矫正工作注入了社会工作专业价值理念，包括"助人自助"核心价值理念，和平等、尊重、信任、接纳、关怀、同理心等基本价值理念。

"助人自助"核心价值理念体现在社区矫正大量细节性工作中，无论是社区矫正社工，还是社区矫正其他工作人员，都自觉或不自觉地在工作中遵循了这样一种价值理念②。社区服刑人员与监狱服刑人员很大不同的一点是，其面临一系列急需解决的就业、就学、居住、生活等社会适应性方面困难，如果这些问题不能得到妥善解决，那么社区矫正促使服刑人员积极改造、预防和减少其重新犯罪等正面效果将难以发挥。为此，社区矫正的一项重要任务就是帮助社区服刑人员更好地适应监外生活，为其积极接受社区矫正创造有利条件。社会适应性帮扶工作具有一个重要特征，即社区服刑人员自身是该项工作的主体，其积极参与到为其恢复正常社会功能而开展的一系列活动中，是使其再社会化的关键，也即实现了社会工作的核心价值"助人自助"。上海市为社区服刑人员顺利实现再就业开展了就业咨询——就业培训——就业推荐等一系列就业帮扶活动，上海市新航社区服务总站联合上海市社会帮教志愿者协会召开针对社区服刑人员的专场招聘会，也为其恢复就业能力提供了有力的帮助。还有如就学辅导、新航驿站等临时住所提供、生活帮困等其他许多社会适应性帮扶工作都直接或间接遵循了社会工作核心价值理念"助人自助③"。

社会工作基本价值理念贯穿于社区矫正工作始终，成为社工开展工作、处理与社区服刑人员关系基本原则。从社区服刑人员入矫前的社会调查、入矫时的交付与执行、入矫后的监督管理、教育矫正、社会适应性帮扶到最后解矫前的评估、教育，解矫后的追访，社区服刑人员在社工的引

---

① 朱久伟、王安主编：《社会治理视野下的社区矫正》，法律出版社 2012 年版，第 136 页。
② 朱久伟、王安主编：《社会治理视野下的社区矫正》，法律出版社 2012 年版，第 121 页。
③ 朱久伟、王志亮主编：《刑罚执行视野下的社区矫正》，法律出版社 2011 年版，第 262～263 页。

领与帮扶下，接受社区矫正的主动性和积极性均有较大提高，社会工作基本价值理念的注入为社区矫正工作的顺利开展提供了重要价值伦理支撑。

8.3.3 社会工作方法与上海社区矫正

社会工作之所以不同于一般的助人活动，就在于其采用科学的工作方法来开展助人活动，保证了助人活动的专业性和科学性，为更好解决案主问题提供一整套解决方案和措施，因而其逐渐发展成为现代社会一门重要的助人的学科。运用到社区矫正工作领域，社会工作将以科学的工作方法对社区服刑人员的需要进行评估，整合各种资源为社区服刑人员服务，社会工作者和社区服刑人员与社区其他工作系统形成互动层面的直接介入，用生命影响生命来增进人们的人际适应的能力。社会工作将根据服务对象的不同问题采取不同的介入方式和工作方法，目前社区服刑人员主要面临自身、生存生活、家庭、社会等层面的问题，社会工作将综合运用个案社会工作、小组社会工作、社区社会工作帮助服务对象解决问题、获得发展。

个案社会工作与社区矫正。运用个案社会工作的主要目标和任务是，社会工作者帮助社区服刑人员修正其心理、认知、社会关系等个人层面的问题，达到服务对象的部分社会功能的恢复[①]。运用该方法的基本程序是接案并建立矫正关系、收集资料与分析问题、制定计划和方案、实施服务计划、结案与评估五个阶段。个案社会工作目前主要有三大理论工作模式，包括心理社会人本治疗模式、行为修正与理性情绪治疗模式以及家庭治疗模式。(1) 心理社会人本治疗模式非常重视服务对象自身的潜能和价值，个案工作的主要目标是帮助社区服务对象认识和开发自身的潜能，使服务对象根据自身的情况做出最佳选择。该模式充分利用情境、服务对象自身和社会工作者的力量来帮助服务对象挖掘潜能、解决问题。(2) 行为修正与理性情绪治疗模式，该模式将行为、理性信念作为整个个案工作的核心，通过对某种行为的强化学习、非理性信念的分析、辨析和争论，来使服务对象达到心理和行为方面的良好状态。(3) 家庭治疗模式则以整个家庭为治疗核心，强调家庭结构和家庭交往方式对于个人问题解决的重要性，具体形成两种治疗模式，结构家庭治疗模式和联合家庭治疗模式。结

---

① 张昱、费梅苹：《社区矫正实务过程分析》，华东理工大学出版社2008年版，第185页。

构家庭治疗模式认为改变容易形成问题的家庭的结构，将有助于个人问题的解决；联合家庭治疗模式认为家庭长久以来形成的默认的沟通方式对家庭成员的关系形成具有重要影响，通过改变一定的互动方式来达成个人问题的解决。上海社区矫正中已形成一套完整的个案社会工作方法，而且个案社会工作是目前社区矫正领域采用最多的一种方法，通过采用个性化教育矫正、心理矫正等专业工作方式，以及经常性的面谈、家访等常规的工作方式，充分发挥个案社会工作在解决社区服刑人员个人层面问题的积极作用，促使其修正犯罪心理和行为，更好地回归与融入社会。

小组社会工作与社区矫正。小组社会工作，又称团体社会工作或群体社会工作，它是社会工作的基本方法之一，它通过有目的的小组经验，恢复个人的部分社会生活功能，并协助个人有效地处理个人与小组、社区问题。运用小组社会工作的基本步骤包括小组前期筹备、小组初期、小组中期、小组后期、小组评估五个阶段。根据小组社会工作的不同介入取向，目前已形成四种不同的介入模式，包括社会目标模式、互惠模式、治疗模式、发展模式。（1）社会目标模式着眼于宏观层面的解决路径，通过培养服务对象一系列的社会意识来帮助其更好地融入群体、融入社会。（2）互惠模式注重考察小组成员与社会环境之间的互动关系，并且关注小组成员之间的互动与沟通。（3）治疗模式是从微观层面入手，以个人的治疗为基础，来达到其行为和心理的纠正。（4）发展模式则主要关注个人社会功能的恢复、预防和发展。目前上海市社区矫正实践中，已逐渐开始采用小组社会工作的方法，以提高矫正的质量和效果。从为社区服刑人员设计一系列的社区服务来培养其社会责任感、劳动意识，到社区服刑人员集中接受教育时对自身在刑身份的确认，再到通过个别化的矫正来修正其偏差心理和行为，均很大程度上将小组社会工作成功地运用于社区矫正工作中。

社区社会工作与社区矫正。社区社会工作的主要目标，包括帮助社区服刑人员建立社会支持网络，以及在社区内培养社区服刑人员的公益意识和服务社会的能力。社会支持网络则主要包括亲情支持、资源支持和专业服务支持。社区社会工作是一个连续不断的工作过程，采用该方法的工作环节主要有社区分析、建立关系、资料收集、制定社区发展计划、社区行动、社区工作成效评估六个方面。目前社区社会工作主要有三种工作模式，包括社区发展模式、社区计划模式和社区行动模式。（1）社区发展模式强调在社区内鼓励居民广泛参与社区事务，解决社区问题，共同推动社区各方面的进步,社会工作者在这里面扮演社会促进者的角色。(2)社区计划模式认为社区是一个复杂的系统,开展行动需要制定详细的计划,通过计划的实施使社区发展目标达到,社会工作者在其中扮演制定计划的专家角色。(3)社区行动模式则倡导整个社区应该联合起来开展针对弱势群体的帮扶活动,以增进全体居民的福利,社会工作者在这里面扮演倡导者和行动者角色。上海市在开展社区矫正工作中,注重发挥社区力量,整合社区内公安、司法、劳动、民政等部门资源,为社区服刑人员提供必要的各种资源支持,以帮助其顺利进行社区矫正。

第9章

社会工作介入社区矫正的本土机制构建
——基于京沪模式比较的分析

9.1 社区矫正"京沪模式"的要素与结构比较

9.1.1 模式目标

（1）工作对象的比较。在两地自发探索之际，两地社区矫正适用范围基本一致，唯一一点区别是，北京市明确规定，需要具有北京市正式户口并且长期固定居住在试点区县的五类罪犯才能适用社区矫正①，而上海则没有作出此种规定。在2004年5月9日司法部发布的《司法行政机关社区矫正工作暂行办法》中规定居住地管辖原则，以及2012年2月15日由"两高两部"联合颁布的《社区矫正实施办法》对剥夺政治权利而在社会上服刑的罪犯另作出了规定，由此社区矫正适用范围基本固定下来，即包括四类罪犯：被判处管制的罪犯、被宣告缓刑的罪犯、被依法裁定假释的罪犯、被批准暂予监外执行的罪犯。

（2）工作任务的比较。根据2012年7月1日出台的《北京市社区矫正实施细则》，北京市社区矫正有两大工作任务：监督管理和教育帮助。而根据2012年8月3日上海市司法局发布《关于开展社区矫正工作的若干规定》文件，上海市社区矫正有三大工作任务：监督管理、教育矫正和社会适应性帮扶。尽管两地的社区矫正工作任务的内涵与外延基本一致，

---

① 朱久伟、王安主编：《社会治理视野下的社区矫正》，法律出版社2012年版，第21页。

均包括三部分,"监督管理、教育、帮助",但无论是从文件表述还是实践经验来看,"北京模式"对于监督管理的重视程度都高于上海模式,而"上海模式"则不仅重视监督管理的严肃性,对于教育、帮助另外两大任务的工作质量也给予了充分的关注。有学者指出,北京如此强调监督管理的重要性,与其作为中国首都的地位有一定关系;而上海则作为中国重要的经济中心,其市场意识发育程度较高,更加擅长从市场、社会力量角度出发去开展社区矫正工作,因而其除了运用行政力量进行监督管理外,利用专业、社会力量进行教育矫正和适应性帮扶是其较为显著的特点。

9.1.2 模式主体

(1)工作机构的比较。上海市在社区矫正试点之初就成立了专门的社区矫正管理机构,2003年2月,成立上海市社区矫正领导小组,建立上海市社区矫正办公室。而北京最初是在监狱系统基础上,在北京市司法局成立监狱劳教工作联络处,作为罪犯监狱矫治和社会矫治的联络机构,来负责北京市的社区矫正工作。有学者认为北京的"监狱劳教工作处"并不是专门的社区矫正管理机构,其更多是一种由监狱矫正转为社区矫正的过渡性机构[1]。北京市在之后的发展中也逐步建立了社区矫正领导小组和社区矫正办公室作为社区矫正的专门管理机构。这反映,随着实践的发展,"北京模式"和"上海模式"的相同之处在不断增加,其在各自探索同时也在互相借鉴。"北京模式"和"上海模式"目前的工作机构主要是三级管理网络:"北京模式"建立的是市、区县、街乡镇三级综治委矫正帮教协调委员会,及其下设于司法行政机关的市、区县、街乡镇三级社区矫正和安置帮教职能部门;"上海模式"建立的是市、区县、街乡镇三级司法行政机关的社区矫正管理部门。北京市将社区矫正和安置帮教工作合并,是其进行社区矫正的明显特点,但也有学者指出,这种不分社区矫正对象和安置帮教对象的合并将对两项工作专业性产生负面影响。北京市除了上述三级管理网络外,还于2014年10月14日在北京市司法局成立社区矫正管理总队,各区县成立社区矫正管理支队,建立市、区县两级社区矫正执法督察机制。由此能看出,"北京模式"的工作机构更加系统化,而"上海模式"的工作机构则显示出精简化的特征。

---

[1] 但未丽:《社区矫正的"北京模式"与"上海模式"比较分析》,载《中国人民公安大学学报》(社会科学版)2011年第4期。

(2) 工作平台的比较。两地的工作平台有时最能体现各自工作的创造性，建立一个什么样的工作平台，以及这些单个平台组建的平台系统将成为社区矫正工作重要的外部环境，成为制约社区矫正发展的重要因素。目前两地均已形成各自成熟的平台系统，其中北京市的工作平台主要包括：区县、街乡镇阳光社区矫正服务中心，区县阳光中途之家，区县社区服刑人员教育中心；而上海市的工作平台主要有，市新航社区服务总站、区县新航社区服务站、街乡镇新航社区服务点，市社会帮教志愿者协会、区县社会帮教志愿者分会，以及区县社区矫正中心。就工作平台来看，"北京模式"和"上海模式"相同之处在于，都注重建立多元化的工作平台，且有的工作平台能够直接延伸至社区矫正的一线——街乡镇层面，并且都通过整合资源建立集中矫正平台。二者的不同之处在于，"北京模式"所建立的平台更多是行政层面的平台，其作为行政部门的下属管辖部门而发挥职能；而"上海模式"所建立的新航社区服务总站和社会帮教志愿者协会体现的专业性和社会性力量更多。此外，"上海模式"所建立的平台其相应的层级系统更加完善，有利于充分动员和组织各方面力量参与到社区矫正工作中。

(3) 工作队伍的比较。作为社区矫正工作的主要推动者，社区矫正工作队伍的建立与发展一直是社区矫正领域的重要议题。目前，北京形成了具有首都特色的专群结合、专兼结合"3+N模式"，其中"3"指三支重要工作队伍，司法所助理员队伍、抽调监狱劳教干警队伍、社区矫正协管员队伍；而"N"指由社区干部、社区居民和社区服刑罪犯家属等志愿者组成的群众兼职力量。而上海则形成了其独特的"四位一体"的工作队伍格局，"四位"主要指的是四支队伍：社区矫正专职干部队伍、派驻司法民警队伍、社会工作者队伍、社会志愿者队伍。就工作队伍的相同点来看，其主要成员基本都涵盖了四类人员：司法所助理员、民警、社会工作者、社会志愿者。这反映了目前社区矫正领域主要工作者的确定已形成基本共识，有助于社区矫正工作规范化发展。但对于具体工作人员的来源、资格要求则存在较大差异。首先就派驻民警而言，北京市在社区矫正试点之初就探索抽调监狱劳教干警派驻基层司法所；而上海市则是在2014年劳教制度废止之际，选调原劳教民警到区县司法局，从事社区矫正工作。在社会工作者来源和资格要求上也存在较大差异，北京市的社会工作者并不是严格意义上的社会工作者，准确说是被称为"社区矫正协管员"，其通过社会招聘的方式上岗，但一般对于应聘者的年龄、教育程度、专业等没有严格要求，因而被形象称为是"40、50"协管员队伍；而上海市的社会工作者是由上海市新航社区服务总站进行招聘和培训的专职社工，其对应聘者的年龄、教育程度、专业等均有严格要求。在社会志愿者队伍招募部分，上海市依托市社会帮教志愿者协会及区县分会来动员和组织社会力量参与到社区矫正工作中，而北京目前没有成立类似的社团组织。因而，就工作队伍而言，"北京模式"因最早引入司法民警队伍而成为其显著特征，"上海模式"则采用政府购买服务方式引入专职社工而成为其独特做法。

9.1.3 模式运作

工作流程的比较。社区矫正工作流程的制定关系到整个社区矫正工作是否能够顺利实施，因而规范社区矫正工作流程成为两地工作的重中之重。从工作流程来看，随着2012年1月"两高两部"《社区矫正实施办法》的出台，"北京模式"和"上海模式"已经高度统一，在流程的具体安排上基本趋同。

9.1.4 模式规则

（1）工作机制的比较。社区矫正制度作为近代以来一项重要的刑罚改革方案，因其源于西方，其逐渐进入我国刑罚领域并且真正开始实践相对较晚，因此社区矫正本土化的过程中遇到的一系列问题也在不断探索和摸索中。其中面临的一个重要的议题是，社区矫正工作的领导机构和组织实施结构亟须界定清楚，因为这涉及到社区矫正工作能否建立一套完整高效的工作机制的问题。"北京模式"和"上海模式"在试点之初就积极探索建立高效的工作机制，其中北京市先是建立由市委政法委、首都综治委领导的市级—区县级—街乡镇级三级网络管理体系、司法行政部门组织实施、多部门协调配合的工作机制，之后于2009年成立首都综治委社区矫正和刑释解教帮教安置工作协调委员会。上海市则先是在市政法委统一领导下成立社区矫正工作领导小组，由市政法委牵头组织实施，公、检、法、司、监狱等相关单位配合，市社区矫正办公室具体负责的工作机制，之后则逐渐形成党委、政府统一领导，司法行政部门牵头组织，相关部门协调配合，司法所具体实施，社会力量广泛参与的社区矫正工作领导体制和工作机制。从工作机制方面来看，"北京模式"最为突出的特征是其领导机构为首都综治委,其协调资源能力强、开展工作难度小,因而其领导社区矫正工作具有很大优势;"上海模式"较为明显的特征是,其工作机制主要建立在现有的司法行政系统的框架内,充分利用现有行政资源来开展社区矫正工作。

(2) 工作规范的比较。工作规范,作为社区矫正工作中的工作标准、技巧、方法,也最能体现两地社区矫正实践经验的独特性和创造性,对于社区矫正日常工作的开展起着重要的促进和指导作用。目前,两地在10多年的实践中均形成了各自独特的工作规范,"北京模式"的工作规范包括分类管理、分阶段教育、个案矫正、心理矫正、行为矫正等工作方式和方法;"上海模式"的工作规范包括个性化教育矫正、心理矫正、分类、分阶段、分级矫正、集中执法等工作方式和方法。就工作规范而言,两地相同之处多于相异之处,这反映"北京模式"和"上海模式"并不是封闭的模式系统,二者都非常重视经验的交流与借鉴,以推动社区矫正工作更好地发展。这也反映目前社区矫正工作尽管存在地区差异,但日益显示出全国一盘棋的特点[1],这都将有助于社区矫正朝着更加规范、深入的方向发展。

9.2 社区矫正"京沪模式"的特色与优势比较

9.2.1 "京沪模式"基本理念"稳"与"活"

有学者在总结"北京模式"的特色时,将其工作理念概括为"维稳理念下严格管理"[2],从北京市出台各项文件中能看出,其一贯强调加强监督和改造力度,以维护首都安全和稳定,这也成为北京社区矫正工作的基本理念。形成这一工作理念有其深刻的现实背景,北京作为中国首善之区,一直非常重视安全稳定工作,稳妥推进社区矫正工作是"平安北京"建设的重要组成部分。因而在这一理念的指导下,北京社区矫正工作在诸方面都显示出稳步扎实推进、确保矫正对象不脱管不漏管、重大国事活动无安全事件发生的原则。由此能看出,"北京模式"比较强调社区矫正性

---

[1][2] 张荆:《北京社区矫正模式特色与问题点分析》,载《中国人民公安大学学报》(社会科学版) 2013 年第 3 期。

质中刑罚执行的一面,这样有利于保证社区矫正的严肃性和惩戒性,促使矫正对象明确自己的在刑身份,积极参与矫正和改造,以顺利回归和融入社会。但是,过于强调社区矫正的刑罚执行的一面,而没有看到其作为一项改革制度所具有的人道化的倾向,将有碍于其深入发展。

"上海模式"在发展过程中逐渐形成了"政府主导推动、社团自主运作、社会多方参与"的工作理念和思路,政府主动简政放权,引入专业社团和社会力量来参与社区矫正工作。政府通过购买社工服务实行社会化管理,从原来的社会管理者转向社会工作服务的购买者;而社团则负责与社会工作者签订劳动合同,按期发放工资,制定统一的工作要求等;最后通过整合社区资源,并协调辖区内公安、司法、劳动、民政等部门,调动社会各方力量参与到社区矫正工作中,为社工开展工作提供各方面的支持。形成这一工作理念和思路也有其现实背景,因上海处于中国改革开放前沿,其经济社会各方面改革得以深入推进,市场、社会力量相对来说发育较为成熟,因而在社区矫正工作中充分引入社会力量有着现实可能性和一定的条件①。在这种工作理念和思路的影响下,上海社区矫正一开始就选择将社会工作的价值理念纳入社区矫正工作者的基本理念,运用社工的理念,实现"依法矫正,以情感召,助人自助,回归社会"的主旨,并将社区矫正试点工作融入上海市"预防和减少犯罪工作体系"。由此可知,"上海模式"比较强调社区矫正性质中社会福利性的一面,这样对于推进社区矫正工作的专业化和深入发展有着较大优势,但也有学者担心因过度强调社会福利性,而与中国的民间重刑思想的传统存在冲突,导致在现实中难以获得广大民众的支持,因而对于社区矫正刑罚性的一面也不能偏废。

9.2.2 "京沪模式"工作队伍的"专"与"兼"

"北京模式"最引人注目的几种做法包括抽调监狱劳教干警全程参与社区矫正工作和招聘社区矫正协管员来缓解工作人员不足的问题。从2003年北京市正式试点起,其从监狱和劳教系统抽调几十名干警到试点区县参与社区矫正工作,目前已基本达到一街、一乡、一镇一警的目标。根据2005年7月北京市司法局下发的《社区矫正工作监狱劳教干警岗位职责

---

① 朱久伟、王志亮主编:《刑罚执行视野下的社区矫正》,法律出版社2011年版,第219~220页。

（试行）》规定，监狱劳教干警应全程参与社区矫正。至2008年，司法部转发《关于北京市抽调监狱劳教干警参加社区矫正和帮教安置工作情况的报告》，表明该项做法获得国家层面的肯定。作为社区矫正的主要工作力量，监狱劳教干警对于保证矫正工作顺利开展和提高矫正工作质量有重要作用，其和司法所助理员并称为北京市社区矫正队伍的专业力量，由此表明"北京模式"更加注重从行政系统内部选派专业力量从事社区矫正工作。除了选派监狱劳教干警充实社区矫正队伍之外，北京市还探索建立了一支稳定可靠的社会力量参与到社区矫正工作中去，即社区矫正协管员队伍。社区矫正协管员目前已经成为社区矫正工作的重要辅助力量，是社区矫正队伍中必不可少的兼职力量，其承担了大量的日常工作，成为联系社区矫正对象和社区群众的一个重要窗口。但抽调监狱劳教干警和招聘社区矫正协管员，这"一专一兼"队伍也存在一些问题，有学者指出监狱劳教干警参与社区矫正工作有可能使社区矫正偏向监狱矫正，社区矫正协管员队伍的素质较低影响社区矫正专业化的发展[1]。

有学者指出"上海模式"与"北京模式"相比最大不同之处就在于社工使用上，前述已经论及北京招聘社区矫正协管员来承担矫正社工的工作，而上海则是招聘专职社工开展社区矫正工作。2004年2月14日，上海市新航社区服务总站成立，各区县相应设置社工站，各个街道（乡镇）设立社工点。上海通过社团招聘专职社工，政府购买社团服务，社团派遣社工的形式，确立了上海市专职社工参与社区矫正工作的具体形式，使之作为一支重要的社会力量参与到社区矫正的工作中。社工运用平等、尊重、接纳、助人自助等理念开展工作，有助于社区服刑人员主动接受社区矫正，提升矫正的质量和水平。截至2014年12月，上海市有专职社工656名，其中绝大部分具有本科及以上学历，大都拥有社工师资格证或心理咨询师资格证。高素质的专职社工对于社区矫正专业化发展裨益良多，同时也有利于减轻行政部门的工作负担。但与此同时，专职社工的流失率较高，这反映目前社区矫正领域专业人员待遇亟须改善，以提高专职工作人员的积极性和稳定性，如此社区矫正工作才能得以持续健康地发展。

---

[1] 张荆：《北京社区矫正模式特色与问题点分析》，载《中国人民公安大学学报》（社会科学版）2013年第3期。

9.2.3 "京沪模式"工作平台的"新"与"异"

"北京模式"另外一个引人瞩目的做法是借鉴国际先进经验，于2008年建立中国第一家中途之家——北京朝阳区阳光中途之家，这也是中国大陆首家帮助社区服刑人员克服生存困难，提高社会适应能力的过渡性住宿式社区矫正机构。"阳光中途之家"主要面向社区服刑人员中的"三无"（无家可归、无亲可投、无生活来源）人员及其他特殊人员提供临时救济、教育矫正、技能培训、就业指导、心理咨询等服务的一种机构。阳光中途之家秉承"以人为本、回归社会"的工作理念，帮助社区服刑人员克服生存困难、提高社会适应能力，尽快回归和融入社会。阳光中途之家的创建，顺应了社区矫正工作的发展趋势和潮流，彰显了社会主义法治文明和人权领域的进步，收到了良好的法律效果与社会效果。2010年，北京市召开推进阳光中途之家建设会议，在全市各区县积极推广朝阳区"中途之家"的成功经验，各区县阳光中途之家2011年全部建成。"中途之家"已成为展示我国社区矫正工作成果和人权成就的重要窗口。但也有学者指出，目前北京市建成的阳光中途之家存在救助功能不足，规模过大、空置率较高等问题，这反映阳光中途之家的做法值得提倡但是具体运营过程中产生的一些问题也必须重视和解决[①]。

"上海模式"最突出和吸引学界注意的做法是培育专业性的社团组织——上海市新航社区服务总站，参与到社区矫正工作中。上海市新航社区服务总站作为民办非企业单位，在上海市市政府的支持下，于2004年2月14日，经上海市民政局批准成立，随后上海市各区县都相应设置社工站，各个街道（乡镇）设立社工点。作为专业的社区矫正服务机构，上海市新航社区服务总站目前已组建起了一支拥有社会工作、心理学、法律等专业背景，具有相关职业资质的专业队伍，推动"上海模式"的形成。按照社会组织自主化要求，上海市新航社区服务总站充分发挥社团参与社会管理的积极作用，推动社区矫正社会化的发展，为社区矫正积累更多专业的社会力量，这是社区矫正发展具有蓬勃生命力的重要支撑。但与此同时，有学者指出此种创新做法也存在一定的问题，最主要就是该社团在整个社区矫正工作中的定位问题，其不具备执法或执行主体的资格，但实际

---

① 张荆：《北京社区矫正模式特色与问题点分析》，载《中国人民公安大学学报》（社会科学版）2013年第3期。

上其已担任类似角色,这就形成了目前社区矫正发展较为普遍的困境——执法和执行主体均较为模糊不清的问题。

9.3 社区矫正"京沪模式"的发展趋势比较

9.3.1 "京沪模式"规范化趋势

当前两地社区矫正工作模式均已逐渐成熟,各方面工作的进展也较为顺利,在这样一个大的背景下,两地不约而同地将新时期工作的突破点放在加强社区矫正规范化建设上。尽管两地出台的具体措施体现了一定的个性化,但本质上二者共性的内容更多。

北京市从 2010 年开始在各区县积极推广"中途之家"的经验,统一建设标准和操作流程进一步规范了全市的社区矫正工作。开展"矫正宣告"工作,试点区县司法局按照"统一室内装修、统一设施配置、统一宣告流程、统一参与人员"的"四统一"标准,完善社区矫正宣告室的室内设计和硬件配备,全面规范社区服刑人员的接收、解除宣告工作。2014年 10 月 14 日,北京市司法局社区矫正管理总队成立,同时各区县司法局管理支队相继成立,建立市、区县两级社区矫正执法督察机制,强化执法检查,确保社区矫正各项工作合法合规开展。

上海市将 2013 年设定为"社区矫正执法规范建设年",从社区矫正工作机制、工作流程、工作任务等方面提出一系列规范化建设的目标,全面规范社区矫正工作。上海市规定于 2013 年年底各区县全面建成社区矫正中心,以提高社区矫正工作的规范化水平。2015 年开始,上海市全面推行社区矫正执法证制度,全市各区县司法局以及司法所专职从事社区矫正工作的公务员和选派从事社区矫正工作的司法民警,都将持证上岗、亮证执法,这将加强对社区矫正工作人员的管理,促进其依法行使职权,规范、文明执法。

京沪两地都注重从工作平台的规范化、工作流程的规范化、工作队伍的规范化等方面切入,着力提高社区矫正规范化水平,这也是使社区矫正工作始终在法制化轨道上运行的重要保证,不断推进社区矫正法制化的进程。

9.3.2 "京沪模式"集中化趋势

京沪两地社区矫正实践在发展过程中，呈现一个相同的趋势，即将部分工作的职权上移至区县局，以加强对社区矫正工作的统筹和协作能力，提高社区矫正工作的质量。

北京市在这一方面所采取的具体措施包括，从 2010 年 7 月 29 日起，北京市开始在全市以区县为组织单位对新接收社区服刑人员集中开展社区矫正初始教育，探索建立社区服刑人员教育中心。北京市司法局利用原北京市未成年劳教所的场地、设施和警力等资源建立北京市社区服刑人员教育中心，开展对全市社区服刑人员的集中教育工作，社区服刑人员集中教育中心于 2014 年 5 月正式运行。上海市在这方面的举措有，2012 年 3 月 20 日，上海市司法局发布《关于推进区县社区矫正中心建设的通知》，提出到 2013 年年底各区县全面建成社区矫正中心，使之成为社区矫正集中执法的重要平台。

京沪两地都通过上移社区矫正部分职权实现一定程度的集中矫正，一方面有利于提高工作效率，另一方面也将推动社区矫正朝着更加规范化的方向发展。

9.3.3 "京沪模式"信息化趋势

当今时代，科技日新月异，其给人们工作、生活等各方面均造成了深刻的影响，在社区矫正领域，我们能清楚地看到众多现代科技手段的引入是如何改变传统社区矫正工作方式的。目前，信息技术主要广泛运用于社区矫正监督管理工作中，通过开发信息管理系统实现对社区服刑人员的全天候实时监控等。

北京市的具体做法有，依托市司法局信息指挥中心和全市司法行政专网，搭建起社区矫正综合管理三级平台，社区矫正各项业务均被纳入平台进行管理，实现执行流程标准化、监督管理电子化、执法督察网络化、统计分析智能化的目标；在全国率先推广应用一体式电子监管设备，实现对佩戴人员的实时查看、实时掌握。上海市的做法包括：推行社区矫正信息管理系统，运用手机移动定位技术对部分重点对象进行实时定位监管，运用"电子脚环"对重点社区服刑人员进行实时监管，推行电子考勤，明确所有教育学习活动以"考勤卡+指纹"的考勤形式进行记录,对社区服刑人员进行准确的身份识别和验证。

实现社区矫正的信息化,是当前社区矫正的重要工作,是推动社区矫正深入发展的基础和条件。京沪两地致力于提升信息化水平的做法是我国社区矫正工作的一个重要趋势,是不断提高社区矫正发展水平的一个必然途径。

第 10 章

社会工作介入社区矫正的实践问题

我国从 2003 年开始在北京等六个省市开展社区矫正的试点工作，经过 15 年的积极探索，已经积累了丰富的实务经验。如今社区矫正不仅在全国范围内得以推广，还逐渐成为我国刑法制度的重要组成部分。在社区矫正工作完善发展的过程中，社会工作者们也一直在不断地探索着社会工作在社区矫正机制中的定位，尤其是在矫正对象身上可以发挥的积极功能。本书的第 4 章对于这些功能和相关的介入特点进行了阐述，本章将结合这些观点和前几章的相关内容，进一步深入探索社会工作介入社区矫正在实践层面遇到的问题。

10.1 社会工作介入的矫正环节有限

社区矫正是一项复杂的系统工程，其中不仅涉及对矫正对象的惩戒、监管和服务，同时也涉及各执行主体之间的沟通、协调和配合。在政府的责任主体上，2005 年由司法部印发的《司法行政机关社区矫正工作暂行办法》中就明确了省（自治区、直辖市）、市（地、州）和县（市、区）三级的司法行政机关作为社区矫正的实施主体，接受人民检察院的监督。同时各级司法行政机关要组织成立专门的社区矫正工作领导小组办公室，负责指导、监督有关法律、法规和规章的实施，包括与其他相关部门共同协调解决实际工作中的重大问题和实施情况等。与国家层面的法规政策相配合，作为试点之一的北京市也在 2012 年出台《北京市社区矫正实施细则》，并对政府各部门的责任作了进一步具体的规定。比如，由人民法院对适用社区矫正条件的被告人和罪犯依法作出判决、裁定或者决定，人民检察院进行各执法环节的监督。对矫正对象中暂予监外执行的人群，需由监狱管理机关或公安机关首先作出批注。社区矫正的日常执行工作主要由各区县的司法所承担，包括具体的监督、管理和帮教活动。除了司法所，北京地区的社区矫正队伍还包括从各监狱抽调的劳教人民警察、社会工作者和志愿者等。作为社会组织和社会力量的典型代表，社会工作者在司法行政机关的组织领导下依法介入社区矫正的相关环节。这种从政策层面规定的社会工作角色，也充分反映了社区矫正具有刑罚执行和社会服务的双重属性。

10.1.1 社会工作介入社会调查

根据上述相关文件，北京地区社区矫正工作的刑罚执行功能主要是通过政府为主体来实现的，尤其是各地的司法所，其具体工作内容覆盖了接收矫正对象相关手续的办理、矫正对象的例会、定期报到、请示报告等日常管理，还包括了对矫正对象的监督考核以及对违反规定人员的惩罚等。在社区矫正的前期工作环节上，《北京市社区矫正实施细则》明确规定了由矫正对象居住地所在的司法所组织开展社会调查并撰写评估报告，调查内容包括"被告人或罪犯的居所和生活来源情况、家庭和社会关系、一贯表现、犯罪行为的后果和影响、家庭帮教条件、居住地村（居）民委员会和被害人意见、拟禁止事项等"。我们的调研发现，司法所一般会根据实地情况委托社会服务机构或者委派司法所内部有社会工作者参与的调查小组开展此项工作。

社会调查是社会工作介入司法判决前矫正工作的一个重要领域，这里社会工作者主要职责为与被告人或罪犯建立专业关系，熟悉其家庭及社区环境，并在此基础上完成调查报告的撰写，供人民法院作审判参考。社会调查制度起源于美国，并在20世纪逐渐推广到西方很多国家，成为各国刑事制度的组成部分。美国在1955年颁布的《量刑指南》中曾经规定，开展社会调查的缓刑官必须要受过专门培训，并主要负责三个方面的调查：（1）犯罪事实的相关信息，包括调查对象、警察，以及受害人多方的陈述；（2）调查对象可能的犯罪前科；（3）调查对象的生活经历。这部分也是社会调查工作的主要内容，包括"记录家庭、受教育情况、工作经历、身体精神状况、宗教、兴趣、社会活动、服役、财产状况等[①]。"为

---

① 张昱主编：《矫正社会工作》，高等教育出版社2008年版，第8页。

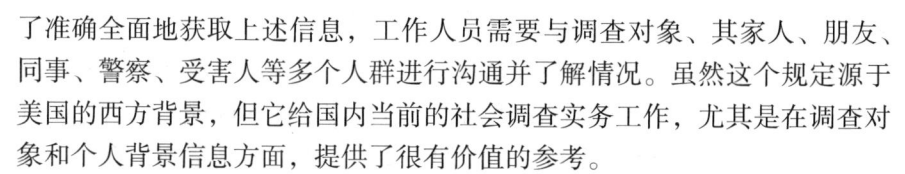

了准确全面地获取上述信息，工作人员需要与调查对象、其家人、朋友、同事、警察、受害人等多个人群进行沟通并了解情况。虽然这个规定源于美国的西方背景，但它给国内当前的社会调查实务工作，尤其是在调查对象和个人背景信息方面，提供了很有价值的参考。

社会工作者参与完成的社会调查与法院开展的一般调查有所不同，后者更多的是法院为了作出判决、裁定和决定，调查与犯罪行为直接有关的信息。相比之下，社会调查则更侧重于呈现出被告人或罪犯的社会背景，不仅包括其犯罪行为和动机，还包括其成长和生活的社会环境，尤其是引起其做出犯罪行为的相关信息。这些信息一起更能丰富其成长的历程，是全面反映被告人或罪犯作为一个社会人的专业依据。这种调查背后的意义与社会工作尊重案主、社区矫正工作关注人全面发展的哲学基础有很高的一致性。此外，对于法院的量刑考虑，社会调查报告还能作为补充性材料，以直观、真实的方式评估被告人或罪犯对社会的潜在危害性，协助法院的审判人员作出综合性的决定。

社会调查是社区矫正得以开展的一个重要前提，但社会工作者在实际介入的过程中也会遇到一些现实问题。首先，我国针对当前的社会调查还尚未形成一套相对规范的评价标准。《社区矫正实施办法》中规定人民法院、人民检察院、公安机关、监狱均有权委托县级司法行政机关对拟执行社区矫正的人员进行社会调查，而受委托的司法行政机关应当根据委托机关的要求开展调查，并形成评估意见提交给委托机关。虽然明确了相关部门的权责，《社区矫正实施办法》对于具体评估的内容、程序、标准等方面并未作出详细规定，这为各省市的社会调查工作留下了极大的自主执行空间。从调查的内容上看，目前的社会调查基本都能够覆盖到被告人或罪犯的姓名、年龄、户籍、现居住地址、家庭成员等基本信息，以及社区层面比如居委会对执行社区矫正的意见等。这方面的信息有助于为后期的矫正执行链接资源，获取相关组织的支持和协助，但社会调查的目的并非止于此。前面提到，社会调查一个重要价值在于帮助法庭全面了解调查对象的社会背景，尤其是其对其犯罪行为有重要影响的成长经历，这方面的调查由于缺少内容和形式方面的实施办法，所以尚未形成一个相对标准化的撰写依据。由于多数省市的地方文件中未对此作出强制性规定，所以实际中地方司法所对于调查的内容有很大的自决权，自然会出现调查内容不够全面、细致的现象，而与之相关的一个问题是整个过程中调查团队包括社会工作者自身的主观态度和评估没有足够的约束，在评估结果上随意性也较大。

  在西方社会，社会调查一个重要的功能在于协助法庭评估被告人或罪犯的潜在社会风险，是判决其是否适用社区矫正的专业依据。我国当前的社区矫正制度仍处于探索阶段，社会调查整体上也未做到精细化管理，无论在调查评估的中立性还是科学性方面都有很大改善的空间。社会工作者在社区矫正队伍中处于一个相对第三方的角色，本应该发挥其中立的优势，对被告人或罪犯的社会情况作出公平、公正的评估，但这种专业优势并没有得到有效的利用。社会工作者很多时候需要协助司法所等司法行政部门的人员一起实地调查，在评估人员因案情需要回避的场合并不能起到监督作用。在美国，实施社会调查是一个非常专业和严肃的过程，负责的假释官要经过严格的培训，但这方面我国目前还尚未做到。各地的司法所负责组织的社会调查队伍在专业能力、态度等方面都存在很大差异，弱化了社会调查的专业性。另外，由于在全国范围内缺少真正科学、规范的评估工具，当前各地方的社会调查在评估结果和方式也自然存在着不够规范和严谨的现象。这种问题一旦长时间积累不能得以解决，将严重影响社会调查机制在社区矫正中的功能发挥，甚至会使其流于形式。

  与社会调查自身专业性、公正性和严谨性相关的一个重要议题是其应用的实际效果。《社区矫正实施办法》中提到人民法院、人民检察院、公安机关、监狱根据情况需要可以对拟适用社区矫正的被告人、罪犯委托组织社会调查，但并无任何强制性规定，完全是一种自愿行为。在《刑罚》《中华人民共和国刑事诉讼法》《未成年人保护法》等效力较高的法律中涉及社区矫正的内容有限，也未对法院是否必须作出社会调查委托进行规定。因此，法院在实际审理案件和作出量刑考虑时就没有责任一定要参考调查报告的评估结果，而是完全取决于法官对个别案件的理解。我们的调查也发现，法院就社会调查与司法所的工作配合上还存在着很大的提升空间。由于在法律层面未对社会调查的应用作出强制性规定，现实中某些法官对社会调查的重要价值并未引起足够的重视。虽然会执行调查的过程，但最终对于调查的结果进行参考的意愿不强，很难做到认真分析评估报告的具体内容，这无形中浪费了社会调查团队在此工作上投入的人力、物力和时间等资源。当社会调查的评估结果与法院的审判意见不一致时，法院也一般会选择不予采纳评估意见，缺少相关的质证环节。这使得社会调查失去了其应有专业的定位和法律效力，反过来也会影响到调查人员在日后的工作态度。一旦负责社会调查的人员降低了心理预期，产生应付、偷懒等机会主义的心理,最终势必影响到未来调查结果的严谨性和专业性,形成一个恶性循环过程。

  西方的社区矫正一般都会配备一群高素质的社会调查人员,这部分人能够覆盖到各司法管辖区,对社区矫正后期的开展和跟进提供强大的人力资源支持。相比之下,我国目前参与到社区矫正社会调查的人员无论在数量配置还是结构配置上都存在不足,尤其缺少规范化的管理方式。以北京为例,截至2012年,全市范围内的乡镇和街道都成立了司法所,但司法所配备的助理员仅仅为3名,而2012年全市在册的社区矫正对象则有5000余人,这意味着各地的司法所要投入精力开展高质量的社区矫正工作,就必然承担很大的人力压力。为此,北京借鉴了西方国家利用民间力量投身社区矫正的经验,积极招募"40、50"协管员加入到社区矫正的队伍中[①]。通过为这部分已经被企业买断工龄的人群提供一定薪酬和工作岗位,发挥其熟悉社区的自身优势,鼓励其参与到社区矫正的实践中,包括协助开展社会调查。这在一定程度上提高了社会调查队伍的数量,但却也无形中增加了行政成本,且要面对队伍人员素质参差不齐和后续培训开发的问题。北京地区积极引导社会力量的做法也逐渐形成了一定的模式效应,为2014年司法部等部门联合出台《关于组织社会力量参与社区矫正工作的意见》提供了宝贵的实践参考。

  除了基层的司法所,北京各区县的社区矫正工作主要以阳光社区矫正服务中心为平台,提供各类矫正项目和服务方案。每个矫正服务中心一般配备若干名专业社会工作者,以及部分志愿服务者,参与对矫正对象的日常登记和管理等。矫正服务中心在各司法所也会设置工作站,配合司法所的社会调查等常规工作[②]。从实际调研来看,各矫正服务中心配备的社会工作者在数量上还是存在较大差异,由专业社会工作者参与到社会调查的每个环节在目前还不太现实。因此,社会调查的队伍既包括了司法所的工作人员,也包括了社会工作者,甚至还有前面提到的志愿服务者等。从工作内容上讲,司法所本身要处理很多社会调查之外的工作,比如,人民调解和处理社区纠纷、法制宣传和教育、行政执法检查和监督、安置帮教等,这些工作需要大量的时间和精力。因此,有限的司法所专职工作人员

---

 ① 张荆:《北京社区矫正模式特色与问题点分析》,载《中国人民公安大学学报》(社会科学版)2013年第3期。
 ② 司法部基层工作指导司社区矫正处:《中澳社区矫正研讨会在京召开》,载《人民调解》2006年第8期。

很难确保社会调查得以有效开展,而另一方面,专业社会工作者虽然掌握社会学、心理学等交叉学科知识,擅长以个案的方式介入调查对象的生活环境,却在数量上无法做出补充性支持,这样也造成了一些调查、走访的工作无法获得时间和质量上的保障。未来的一个发展方向应该是进一步提升社会调查员队伍的专业素养,让更多的社会工作者参与到这个矫正环节并逐渐成为社会调查的执行主体,这样也节省了司法所等部门的司法资源,使其能分配更多精力和时间在本职事务上。

在对成年犯罪嫌疑人和罪犯开展社会调查的同时,我国各地的司法行政部门也在摸索针对未成年人的社会调查工作,而这也是社会工作目前在社区矫正中相对介入较多的领域。其实,我国对于涉罪未成年人的社会调查早在20世纪80年代就在青少年司法领域开始实施了,只不过当时并未与社区矫正建立联系。随着社区矫正在全国范围内得以发展,《中华人民共和国刑事诉讼法》中对此内容也作出相应规定:"公安机关、人民检察院、人民法院办理未成年人刑事案件,根据情况可以对未成年犯罪嫌疑人、被告人的成长经历、犯罪原因、监护教育等情况进行调查"。

前面提到,未成年人在认知和心理方面还没有完全成熟,所以无法完全运用"理性人"的假设对其犯罪行为和动机进行分析。针对这一事实和未成年人的犯罪特点,国际社会对这个群体的社区矫正多采取了相对宽容的态度。我国在2012年发布的《社区矫正实施办法》中对此也有相应规定,即"对未成年人实施社区矫正,应当遵循教育、感化、挽救的方针。"要求在具体的矫正实施上,未成年人需与成人有所区别,比如两个人群分开执行,针对未成年人进行身份保密,结合未成年人身心发育等情况采取相应的监管,提倡用思想法制、道德教育和心理辅导等容易被未成年人接受的矫正方式,等等。此外,在《中华人民共和国刑法修正案(八)》中也对"教育为主、惩罚为辅"的原则有所体现,补充规定对于被判处拘役和三年以下有期徒刑的未成年人,应该宣告缓刑。

结合前述司法规定中体现出的宽容态度和未成年人自身的特点,社会工作在未成年人社会调查领域也一直尝试探索恰当的介入方式。当然,这一过程同时也暴露出了一些问题。其中部分问题与成年人社会调查领域的情况比较类似,比如调查团队的专业化水平不高,调查内容不够规范,导致调查报告无论在质量还是实际参考价值上都参差不齐。对此,著名学者席小华和徐永祥结合多年在青少年司法社会工作领域的研究经验,从社会生态系统的视角,整理出了一个既关注涉嫌犯罪未成年的个体因素,同时也包含了个体及其环境互动过程在内的社会调查框架。该框架主要从风险性因素和保护性因素划分调查内容,而风险性因素又具体分为个体、社会环境,以及历史性风险三个维度,既覆盖了生理、认知、态度、行为等个体特征,家庭、学校等环境,同时也包含了未成年人重要的生活事件和帮教前后的变化[①]。该框架不仅较为全面地借鉴了已有的社会调查实践经验中的风险评估,同时也创新性地引入了社会联系、人际交往、矫正意愿、积极态度等保护性因素,这样让社会调查人员更好地了解未成年人犯罪嫌疑人或罪犯的处境,对司法所后期的工作开展也能起到协助和推动作用。

本书在第 5 章曾提到过未成年人犯罪的几个特点,包括外来人口比重较高,这在北京这样的大城市尤其明显。我国《中华人民共和国刑法》规定,14 周岁及以上的未成年人就要开始承担刑事责任,但对其犯罪行为应当从轻或者减轻处罚。虽然这个年龄范围的未成年流动人口数量没有官方统计,但北京市统计局 2015 年发布的数据显示,北京地区 15~19 周岁的常住人口为 84.6 万人,这部分人群自然也包括了未成年社区矫正对象的主体。在 84.6 万人中,有户籍的人口为 48.2 万人,这意味着该年龄层的流动人口比例已经达到了 43% 左右。高比例的未成年人口流动对社会调查的开展造成了一定困难,这部分人往往属于人户分离的情况,在北京的住所也很不稳定,一些人甚至跟家人的联系也不多,这使得社会工作者很难开展入户调查,经常花费大量精力寻找调查对象的住所及其了解周围的社会关系,有时甚至要跨省去其户籍所在地进行调查。这也从侧面反映出社会调查对时间、精力、人力和物力都有较高的要求。

10.1.2 社会工作介入考察教育

调研发现,针对未成年人的社会调查不仅应用在严格意义上的社区矫正工作,同时也被部分省市用于考察教育等矫正制度上。以上海为例,考察教育制度主要建立在《中华人民共和国未成年人保护法》《中华人民共和国预防未成年人犯罪法》,以及《上海市未成年人保护条例》等法律基础上,指对"违法犯罪情节较轻的未成年人在经历行政处罚或刑事诉讼时,坚持'教育、感化、挽救'的基本方针,并依据国家法律的有关精神,由司法机关作出实施考察教育的决定,由社会组织、学校、家庭共同

---

① 席小华、徐永祥:《涉罪未成年人社会调查的理论框架及具体内容》,载《华东理工大学学报》(社会科学版)2015 年第 3 期。

落实开展的制度。"在2005年出台的《上海市教委、上海市青保委关于对违法犯罪情节较轻的未成年人实行考察教育制度的实施意见》中特别提出了考察教育的执行团队应该是多方参与,涵盖了教育对象所在学校、校外治安辅导员、居住地公安派出所、检察院、人民法院、监护人、青少年保护办公室等。在执行层面,考察教育具体又包括取保候审考察、诉前考察教育、社会调查以及合适成年人参与等环节①。这里的社会调查与前述内容基本一致,只不过最后形成的评估结果要运用到判断是否适合考察教育的处理结果。

考察教育本身非常强调教育、感化和挽救,所以社会工作在该领域有很多机会发挥矫正和服务的双重功能。在上海,通常一旦由司法行政部门作出诉前考察教育等决定之后,区(县)青少年保护办公室和青少年事务社工站就要负责指派专门的社会工作者对未成年人开展帮教工作。这里的帮教活动因帮教对象的具体情况而异,广泛覆盖了法制教育、情绪疏导、人际交往辅导、学习辅导、就业指导、公益活动等多个方面。这些活动体现了"未成年人的考察教育正从康复型到发展型转变,比如针对考察对象个体兴趣和特长的就业能力发展,或者偏重家庭关系改善的个案辅导,这样的理念与社区矫正的部分工作内容十分相似,目的是希望弱化惩罚的强制性特点和对未成年人的标签化影响,尽量从正面引导其树立正确的人生观和法律意识,使其面对问题时能够以理性的方式解决,减少再次犯罪的可能②。"

我们的调研发现,北京地区近几年的考察教育也在快速的发展和完善之中,并在全市范围内建立了若干帮教基地,用于包括检察院、人民法院等多部门合作参与的帮教工作。尽管各区县的帮教形式有所差别,但在帮教对象的适用范围上都依据《中华人民共和国刑事诉讼法》的规定:如果未成年人涉嫌刑法犯罪的,同时"可能判处1年有期徒刑以下刑罚,符合起诉条件,但有悔罪表现的,人民检察院可以作出附条件不起诉的决定。"在附条件不起诉的考验期内,一般由人民检察院专门办理未成年人案件的部门负责对帮教对象的监督和考察,并组织社会工作者具体开展帮教的相关活动。由于各区县的配套资源存在着差异,所以社会工作者在其中作用的发挥也相应地会受到不同程度的影响。比如北京市西城区检察院从2012

---

① 蔡忠、杨峻:《考察教育制度与社会工作者的角色及任务》,载《青少年犯罪问题》2010年第3期。

② 张昱主编:《矫正社会工作》,高等教育出版社2008年版,第232页。

年开始就尝试在帮教中心引入社会力量，通过与企业的合作培训帮教对象的就业技能，这种组织层面的资源给社会工作的开展提供了强大支持。对于尚未建立帮教基地的区县，社会工作者不得不利用其他一些资源和场所，比如公园、社区服务中心、咖啡馆、高校的心理访谈室等开展各种形式的个案辅导或小组活动。

个案和小组方法是社会工作者在开展帮教时较为常用的专业方法。前者的针对性较强，能通过一对一的面谈对案主的需求进行深入的了解。我们在北京调研的一个社会服务机构就分享了他们在这方面的实务经验：一般而言，个案工作者以开放性的问题为切入点，开始时主要是和案主建立关系、确定目标。接下来每个月要进行一次个案访谈，形式一般以开放性问题为主，主要了解案主最近一个月遇到的问题，在解决问题时遇到的困难，等等，然后社会工作者会跟案主一起探讨解决的途径。相比之下，小组活动的频率就相对灵活一些，活动内容涉及人际交往、自我认知、自我激励等诸多方面，并以"我的五样""滚雪球""不一样的雪花"等为主题开展系列活动。

在与前述机构的接触中也发现，相比之下，未成年人一般更偏爱接受个案形式的帮教服务，因为这样有更多的机会与社会工作者接触并建立信任关系。但社会工作者会结合案主的偏好和实际情况，选择最佳的干预方式，这样往往帮教的效果也比较理想。比如就有这样一个案例：有一对双胞胎兄弟，父亲在他们两岁时去世，妈妈和奶奶不和，后来哥哥跟着奶奶住，而弟弟跟着妈妈生活。他们上小学以后都跟着妈妈生活，家庭条件也相对可以。现在哥哥在一个职业中专上学，弟弟从初中开始就已经辍学并在家闲着。平常这两兄弟就喜欢和朋友一起打架，曾经因为打架也进过派出所。他们犯罪的经过是：一天中午哥哥和几个朋友去网吧玩，一个朋友因为水杯丢了，和网管起了矛盾。哥哥当时在和弟弟视频聊天，弟弟听到了他们在网吧的情况，就说马上过来，到网吧后他们四五个人把网管给打了。网吧的老板报了警，最后网管被鉴定是轻伤。在社会调查中，他们的母亲感觉特别无助，不理解自己辛苦地把两个孩子带大，他们却做出这样的行为。在母亲感到无助的时候，社会工作者一般都耐心听其倾诉，这样下来，她对社工也逐渐信任并依赖，最终和社工建立了很好的关系。社工经过调查分析，逐渐了解到帮教对象的母亲其实是一个很强势的人，从小对孩子的要求也比较严。两个孩子在小的时候特别乖，从进入青春期以后才开始变得叛逆。很多事情跟自己的母亲对着干，比如母亲晚上不让他们出去，他们会等她睡着了偷偷地溜出去。

  根据案情，检察院对两个少年作出附条件不起诉的决定，考察期为六个月。这六个月的帮扶矫正由司法行政部门协调组织，社会服务机构具体执行。当时社会工作者对两人开展了个案辅导和团体治疗，效果比较理想，能看到他们的明显变化。弟弟原来两条胳膊上都有纹身，帮教初期他曾表示要在全身继续纹身。经过一段时间以后，他不仅不再把纹身看作个性的表达，甚至开始穿上长袖试图遮起来，觉得经常露在外面不合适。哥哥则有一次因为在学校打饭，和高年级的同学产生了矛盾。高年级的三四个同学打了他，他不仅没有还手，还帮着打他的同学求情，希望学校不要给予他们处分。可以看出，社会工作者通过专业的辅导，使得曾经因言语不和就会和人打架的问题少年，逐渐开始在思想和行为上变得成熟，甚至在自己挨打之后，还能为对方的利益着想。从多个案例中我们也发现，社会工作者的矫正工作不仅能够帮助未成年人解决行为和心理问题，还能激励他们志愿服务的动机，比如前面提到的两兄弟就经常和社工一起做志愿者活动，还告诉社工随时可以联系他们。

  虽然社会工作者可以结合自己所在机构的资源，灵活运用不同的干预手段对未成年人开展帮教活动。但同时我们也注意到，至少在北京地区，未成年人考察教育面临着强制性不高的问题，这使得部分教育矫正的措施难以落实。前文提到，帮教对象里有很多人属于外地籍的流动青少年，他们在北京打工，且无固定住所，这给帮教的时间和场所安排都造成了很大困扰。此外，与检察院负责组织的法律教育活动不同，社会工作者开展的大部分活动本身偏服务类型，对帮教对象没有强制约束，所以会有帮教对象参与热情不高，甚至以工作时间冲突等理由逃避帮教的现象。现有的法律法规并没有赋予社会工作者采取强制性手段的权力，因此这些问题一旦出现，社会工作者也只能采取鼓励和引导的方式，但实际效果并不明显。这种现象的出现很大程度上与社会工作者在帮教中的法律角色相关，因此未来需要从考察教育的制度建设层面给予解决。

10.1.3　社会工作介入合适成年人

  合适成年人（参与）是社会工作介入未成年人考察教育的另一个重要领域。它主要指在未成年人刑事诉讼中，如果其法定监护人比如父母无法或不宜出庭，需要为未成年人选择符合一定合适条件的成年人出庭，来协助未成年人与司法人员沟通，监督询问和审判的公正性，保护未成年人合法权益。这种制度起源于英国，是一项独特的青少年司法制度。1972年，英国的三名少年在没有成年人在场监督的情况下认罪并作出陈述，最终被法院裁定谋杀并判以重刑。但是，其中一位少年的父亲对结果不满，经过多次上诉最终推翻了原判，而该案件也被认定为冤案。这一事件严重侵害了几名少年的合法权利，引起了司法界对成年人参与未成年人司法过程必要性的讨论，并最终确定了合适成年人制度。

我国的合适成年人制度发展较晚，在2013年颁布的最新《中华人民共和国刑事诉讼法》中规定，"对于未成年人刑事案件，在讯问和审判的时候，应当通知未成年犯罪嫌疑人、被告人的法定代理人到场。无法通知、法定代理人不能到场或者法定代理人是共犯的，也可以通知未成年犯罪嫌疑人、被告人的其他成年亲属，所在学校、单位、居住地基层组织或者未成年人保护组织的代表到场，并将有关情况记录在案。"这里的法定代理人被要求"应当"到场，也说明了合适成年人制度在介入未成年人刑事诉讼中的必要性。我国《中华人民共和国刑法》规定，未成年人从14周岁开始就要对故意杀人、故意伤害致人重伤或者死亡、强奸等情节严重的犯罪行为承担刑事责任，从16周岁开始就要承担全部刑事责任。尽管法律要求这部分未成年人需要面对违法的刑罚后果，但他们毕竟在逻辑思维、言语表达、社会经验方面与成人存在一定差距，如果这些特点不加以考虑，很有可能会造成其在询问和审判阶段的合法权益得不到维护的情况发生。

作为未成年人罪犯或嫌疑人与司法人员之间的中介者，合适成年人往往可以降低未成年人在法庭等场合的恐惧和无助感，帮助其更清晰地陈述犯罪的动机、过程和情境等。如果作为合适成年人的社会工作者在前期介入了其社会调查，就能更好地将两个环节的工作链接起来，为法官的判决提供真实、客观的参考依据。此外，作为第三方的中立角色，社会工作者还能在法律的允许下发挥其监督职能，保证整个司法过程中的公正性，防止刑讯逼供等现象的发生。北京的某法院曾统计过，未成年人的监护人不能或者不愿意参与庭审的比例有10%左右，这给合适成年人工作的开展提出了很高的要求。一般而言，社会工作者因为兼具社会服务经验和专业训练，能够合理运用心理学、社会学、教育学、法学等知识对未成年人的合法权利进行保护。北京目前的多数区县都在这个领域引入了社会服务机构的力量，运用社会工作者的专业优势协助涉诉未成年人的保护工作。以北京市海淀区为例，由区综治委预青组、团区委和区委会联合与北京超越社工事务所合作，形成了一种相对稳定的介入模式。"这一方面有助于社会工作者长期发挥其专业职能，同时也结束了办案人员临时找不到合适成年人的尴尬局面①。"

合适成年人制度适用于公安、检察院和法院在侦查、讯问、审判的各个环节，但在执行的过程中还面临着相关配套法规不明确的问题。《中华人民共和国刑事诉讼法》中虽然规定了合适成年人参与的条件和必要性，但对于应该参与哪些具体环节，以及合适成年人在各环节中的法定责任和权利并未作出进一步的细化。社会工作者目前参与介入的机会多由公检法机关决定，而对于具体哪些讯问才需要社会工作者参与，因为法律法规并没有相关规定，所以社会工作者并没有太大的主动权和决定权。这个问题产生的一个直接影响就是合适成年人在履行其监督职责的时候缺少法律依据，所以导致提出的意见和诉求影响力不够。在个别案件中，社会工作者的合适成年人身份更像一个中立的旁观者，很少有机会打断或干预讯问过程，对于办案人员侮辱或恐吓等违规行为的影响力较小。此外，由于社会工作专业在我国起步较晚，在社会公众和政府部门中的影响力还有限，因此难免遇到司法行政机关的工作人员对社会工作者持有怀疑态度，甚至不认可其专业的工作方法和技能，造成社会工作者参与合适成年人流于形式的现象偶有发生。

合适成年人制度经过近几年的发展，已经在全国范围内逐渐得以推广。2010 年，中央综治委预防青少年违法犯罪工作领导小组、最高人民法院、最高人民检察院等就联合出台了《关于进一步建立和完善办理未成年人刑事案件配套工作体系的若干意见》，其中明确将社会工作者纳入合适成年人的人选范围。从实践层面看，目前社会工作者介入的领域主要还是参与讯问和庭审，并未与前面提到的社会调查、帮教、社区矫正实施等环节充分结合起来。在这一方面，社会工作其实积累了丰富的理论和实务经验，尤其善于从系统的视角去关注案主的需求和问题，提供连续性的干预项目和服务。应该看到，由社会工作者参与的社会调查会对未成年人的心理、认知、社会成长环境等作出综合的评估，而合适成年人参与正是提供了对社会调查评估结果的反馈机会。因此，合适成年人的功能不应该仅仅限于监督司法过程和保护未成年人，而是可以延伸到维护未成年人的合法

---

① 刘瑜：《"合适成年人"北京初长成》，载《民主与法制》2014 年第 4 期。

权益。这种权益的维护主要基于社会工作者对于未成年人各种信息的了解和熟悉,在司法行政机关作出不恰当的评判时,社会工作者可以充分利用其前期社会调查阶段的工作成果,对未成年人的犯罪情况和陈述作出适当的补充和澄清,尤其在未成年人紧张或有表达障碍的情况,这种价值可以体现得更为明显。现有的法律法规虽然对合适成年人、社会调查、帮教、社区矫正等各领域均有所涉及,但相关规定在系统性和整合方面还有很大改善的空间。未来发展的一个方向应该是将社会工作者的角色合理地纳入司法体系的各个环节中,并通过专业职能的发挥将各个环节顺利地衔接起来,力求为案主提供一系列连续性的介入服务。

本书在第 5 章提出了社会工作介入社区矫正的几个重要功能,比如社会工作从尊重案主潜能的角度、结合案主的特点需求提供社会服务,能够帮助其实现再社会化的矫正目的。这些积极功能的实现需要通过具体的介入实践从现实层面使社会工作的专业优势得以发挥。我国早在 2003 年出台的《关于开展社区矫正试点工作的通知》中就开始认可并鼓励社会团体和民间组织发挥在社区矫正中的重要价值,这为社会工作的介入奠定了法律基础。经过多年的探索,社会工作已经逐渐介入到社会调查、矫正帮教、合适成年人等工作中,并与司法行政系统建立了良好的合作关系。但是同时,应该看到社会工作在当前尚未足够的发挥其专业优势和价值,这在一定程度上与有限的介入领域有关。因此,未来的社会工作发展应该考虑立足已有的工作基础,继续拓展参与到社区矫正的更多环节中,从而提高社区矫正工作的专业化水平和工作实效。

10.2 社区矫正社会工作专业队伍发展不足

社会工作能否在社区矫正领域充分发挥其应有的专业优势,很大程度上取决于社会工作专业队伍的建设。这部分内容既涉及国家层面的战略规划和相关规定,也涉及社会工作专业人才的培育发展问题。

10.2.1 社区矫正社会工作的专业定位还不明确

相比西方国家,我国的社会工作发展相对较晚。虽然早在 1921 年,美国的社会工作者埃达·浦爱德(Ida Pruitt)就在北京协和医院创立了社会服务部并开始尝试实务工作。但在"文化大革命"时期，社会工作的发展几乎曾一度中断，直到1987年，民政部举办了首次社会工作教育论证会，才确定了社会工作的学科地位。中国共产党在十六届六中全会上发布的《中共中央关于构建社会主义和谐社会若干重大问题的决定》中首次提出了"建设宏大的社会工作人才队伍"的战略目标，为我国的社会工作人才发展提供了契机。为了加速社会工作人才的职业化水平，提高社会工作人才的专业能力，民政部、人事部（现在的人力资源和社会保障部）于2006年联合发布了《社会工作者职业水平评价暂行规定》《助理社会工作师、社会工作师职业水平考试实施办法》，首次在全国范围内建立了社会工作者职业水平的评价机制，并纳入专业技术人员的职业资格证书制度进行统一规划。这无疑为我国的社会工作人才建设提供了制度性的保障，从专业化和职业化等方面推动着社会工作人才队伍的壮大和发展。

伴随着国家对社会工作专业发展的战略性扶持，社会工作逐渐在社会福利的诸多领域开展介入实践，其中也包括社区矫正。前面提到，在一些与社区矫正相关且法律效力较高的法律法规中，比如《中华人民共和国预防青少年犯罪法》《社区矫正实施办法》都明确提出要鼓励社会组织、社会工作者协助参与社区矫正，也对社会工作者的期望角色进行了粗放式的表述。其中《社区矫正实施办法》第三条就规定"社会工作者和志愿者在社区矫正机构的组织指导下参与社区矫正工作。"这一方面给社会工作专业队伍介入该领域提供了法律依据，但同时也留下了社会工作者矫正角色不够清晰的问题。《社区矫正实施办法》要求由各地的司法所负责社区矫正的日常工作，这意味着司法所的工作人员既要负责矫正对象的登记接收，还要根据其被判处的刑罚种类、犯罪情况、悔罪表现、个性特征和生活环境等情况进行评估，并实施监管、教育和帮扶。

"两高两部"在联合印发的《关于全面推进社区矫正工作的意见》中提出"充实社区矫正机构工作人员，坚持专群结合，发展社会工作者和社会志愿者队伍，组织和引导企事业单位、社会团体、社会工作者和志愿者参与社区矫正工作。"从工作内容上看，基层司法所的工作既有刑罚执行的部分，也有社会服务的部分，且工作量较大。这些工作中其实有些由司法所聘用的专业社会工作者承担，并且也取得了较好的效果，这对平时任务繁重的司法所自身的功能发挥起到了补充性的支持作用。因此，司法所一般也愿意根据实地情况多引入社会工作者等社会力量，但这一过程也存在着一些问题。由于法律上并未对社会工作者的工作范围和权责作出详细规定，所以司法所在实际工作中也很难决定哪些矫正环节需要由社会工作者介入，以及在介入过程中社会工作者是否应该承担本该由司法工作人员承担的与刑法执行相关的矫正活动。

从北京地区目前的经验来看，社会工作者在社会调查、矫正帮教、合适成年人等领域介入相对较多，但在真正能够体现社会工作服务特点的领域，比如职业培训、就业指导、人际关系辅导、家庭关系辅导、经济救助等方面参与介入的空间还相对较小。在这方面，广东地区的一些实践经验值得学习。从2010~2014年，广州市政府在市、区两级累计投入1000万元左右的政府资金，大力推行司法社会工作项目，并在此基础上培育了若干社会工作机构。政府再通过购买服务的方式委托社工机构实施具体的社区矫正，这一方面在政府和社会工作机构之间相对明确了权责，同时也给社会工作巨大的施展空间，使其能够广泛而深入地介入到矫正对象的各种问题中，为其提供专业服务。4年间，全市的社会工作机构面对社区服刑人员、监狱服刑人员和边缘学生等人群共开展了1372个案服务，近200次小组活动、其中面谈服务累计7000小时，热线电话联系服务累计8000余次。这些服务覆盖了矫正对象的"业务培训、释前辅导、评估研究、情绪疏导、改善家庭关系、发掘潜能、就业就学支持、临时困难救助、人际关系改善、认知模式重建、解决问题技巧培训等各个方面[①]。"

基层司法组织一直是社区矫正的实施主体，因此国家也大力加强基层矫正组织的建设。目前全国范围内都逐渐在乡镇和街道级别建立了司法所，负责社区矫正的日常行政管理和矫正执行项目。司法部曾在2009年专门印发《关于进一步加强乡镇司法所建设的意见》，在充实司法所工作力量方面，提出合理运用司法部的专项编制同时继续实施政府购买公益岗位等做法。在近几年，各省市也逐渐引入更多的社会工作专业队伍到司法所，作为社区矫正的辅助工作队伍。以吉林省为例，长春市在2009年和2010年曾两次面向社会公开招聘公益类岗位，全市156各司法所平均配备了3人。这些人多具有社会工作或心理学专业背景，且持有社会工作师职业资格证书。待遇上执行当地最低工资标准、由政府为其办理养老、医疗、失业和工伤保险[②]。这种鼓励社会力量，尤其是社会工作者参与社区

---

① 广州市司法局：《广州司法局每年投入两千万聘社工参与社区矫正》，新华网，2015年4月1日。

② 高向伟：《试论社会力量参与社区矫正工作》；引自司法部社区矫正管理局编：《社区矫正研究论文集》，法律出版社2013年版，第580页。

矫正的做法是对创新社会治理的有益尝试。但在现实中，社会工作者也会遇到各种问题，比如由于法律没有对其工作职责和工作范围进行界定，所以，社工的工作内容大都由司法单位决定，如果司法单位在这方面的经验不足或者对社会工作本身也不够了解，那么就容易出现将行政性或案牍性工作都推给社会工作者，这一方面降低了社区矫正的严肃性，同时也不利于社会工作专业优势的发挥。因此，有必要对社会工作专业队伍的权责进行法律层面的界定，使其能够在与司法行政机关的协作中明确自己的角色，在法律规定的范围内，最大程度地发挥自身优势和专业功能。

10.2.2 社会工作者职业发展条件受限

要充分发挥社会工作介入社区矫正的积极功能，就要从人才使用和职业发展的角度去开拓社会工作的成长空间。民政部在颁布的《社会工作专业人才队伍建设中长期规划（2011~2020年）》中对社会工作人才的战略发展目标作出了详细说明，比如计划"到2020年，社会工作专业人才总量增加到145万人，其中中级社会工作专业人才达到20万人、高级社会工作专业人才达到3万人。"此外，还要将"社会工作专业技术人才纳入国家专业技术人才知识更新工程和高校毕业生基层培养计划，组织实施社会工作服务人才职业能力建设工程"。这无疑对我国未来社会工作专业队伍的整体建设提供了良好的政策环境，使社会工作者无论从数量上还是质量上都得到明显提升。截至2014年，通过全国社会工作者职业水平考试并取得了社会工作专业资格的人数达到了15.9万人，社会工作专业人才总量则达到了40万人，比2010年增长1倍。北京市民政部门的数据显示，北京地区目前持有社会工作职业资格证的社会工作者数量已达1.5万人，居全国首位，而首都经济社会发展规划中也包括了社会工作专业人才队伍建设。

社会工作专业队伍在全国范围内快速壮大，但与此配套的报酬和激励机制建设却步伐缓慢，这在社区矫正领域尤其明显。比如前面提到长春市于2009年和2010年在全市范围内公开招聘了468名公益性质的岗位人员，辅助司法所开展社区矫正，这些人中大部分都持有社会工作师职业资格，但工资待遇上却要参照长春市的最低工资标准。长春市在2010年的最低工资仅为每月820元，这些钱只够勉强度日，因此很难能对所谓的国家专业技术人才产生持续的吸引力。毕竟社会工作者是提供社会福利性服务的职业人，而非志愿者，所以合理的薪资报酬是最基本的专业人才保障和发展的基石。其他省份也面临类似的情况，比如在广西壮族自治区，截至 2012 年，全区共有社区矫正社会工作者 3528 人，其中有事业编制和政府直接社会招聘的仅占了很小的比重，2346 人被划分为其他类。虽然有 2415 人享有"三险"或"五险"一金，但全区的社区矫正社会工作者平均工资也仅仅为 1144.6 元/月[1]。广东省整体经济发达，社会工作者的收入报酬在行业内处于较高水平。据 2013 年的数据显示，广东社区矫正社会工作者的工资基本在 1500~4500 元不等，全省平均收入为每月 2700 元左右。同年，广东城镇非私营单位就业人员的年平均工资为 53318 元，平均下来每月为 4443 元[2]。

可以看出，广东地区的社区矫正社会工作者的收入依然远远低于全省的平均水平。这说明我国的社区矫正社会工作人才队伍建设缺乏合理的保障机制，因此现阶段亟须合理提高社会工作者的收入报酬，健全社工人才激励机制，这是社区矫正社会工作长期、持续地发挥积极功能的保障。

北京地区在这方面已经有所尝试，2015 年，北京市社会建设工作办公室印发《关于进一步规范社区工作者工资待遇的实施办法（试行）》，提出"社区工作者总体待遇水平，原则上按照不低于上一年度本市职工平均工资的 70% 标准确定"，并从职务工资、专业技术等级工资、综合补贴、绩效奖金等多个部分进行了详细规定。此外，还规定将社区工作者退休后纳入社会化管理，参照《北京市基本养老保险规定》具体执行。虽然这里的社区工作者主要指"在社区党组织、社区居委会和社区服务站中，专职从事社区管理和服务并与街道（乡镇）签订服务协议的工作人员"，而并非严格意义上的社区矫正社会工作者，但该文件的出台至少从政策层面完善了社会工作专业队伍的激励报酬机制，这里面的一些规定和激励的理念未来很有可能应用到其他社会工作者群体中。

10.3 社会工作发展的独立性不强

目前在社区矫正领域开展工作的社会工作者主要来自两个渠道：一个

---

[1] 韦启志、吕昌鸿：《社区矫正社会工作者队伍建设问题探析》，引自司法部社区矫正管理局编：《社区矫正研究论文集》，法律出版社 2013 年版，第 563 页。
[2] 李希跃、肖圣军：《社会工作者参与社区矫正的实践与思考》，引自司法部社区矫正管理局编：《社区矫正研究论文集》，法律出版社 2013 年版，第 575 页。

是由基层的司法所从社会上公开招募，少部分社会工作者因此享有公务员或事业单位编制；另一个渠道是专业的社会工作机构雇佣，这多数是通过政府购买机构服务的方式，由机构选派若干名社会工作者参与到社区矫正项目中。第二种渠道在全国的多数省市都有实践，北京就结合各区县的资源，成立了独具特色的阳光社区矫正服务中心。阳光矫正服务中心性质上属于非营利组织，接受司法局的领导，集中了政府部门和社会的资源，负责监督管理、教育矫正、就业培训等各类社区矫正相关的工作。在这种模式下，社会工作者基本要遵守社区矫正服务中心的安排，一般从事的是辅助性和配合性的工作，专业的施展受到限制。

在国家政策的带动下，近几年各省市的社会工作机构得以蓬勃发展，无论在数量还是服务质量上都有了较大提升。在一些社会工作发展相对成熟的地区，比如上海、广东、北京，有一些社会工作机构开始尝试形成自己的专业服务特色，将服务范围聚焦在社区矫正或司法领域。与北京市由政府主导、社会力量参与的模式有所不同，上海市早在2003年就成立市级社会工作机构自强社会服务总社和阳光社区青少年事务中心，两个组织都属于民办非企业单位，前者负责药物滥用领域的宣传教育、社区矫正等，而后者则集中服务于边缘青少年群体，包括失学、失业、失管青少年。两个组织在各个区县都设置了工作站，派有专职的社会工作者负责当地社区的社区矫正等相关工作。2004年，上海市又成立新航社区服务总站，受政府委托专门为社区矫正对象和刑满解教人员提供服务。和前两个组织类似，总站在各街道和乡镇都设立工作站，协助司法所开展社区矫正。这三个社会工作机构共同组成了预防和矫正犯罪行为的工作体系，在协助司法行政部门开展社区矫正中发挥了巨大作用。

上海市这三家机构从成立之初就深受政府部门的影响，这首先体现在资金来源方面。因为资金来源主要是通过政府购买服务的方式，机构日常运作的成本和社会工作者等工作人员的报酬都依赖于政府，这使得社区矫正社会工作者在项目策划、运作和评估环节都要考虑政府购买的意向和偏好，不利于组织按照自己的意愿规划社区矫正服务。我们的调研发现，虽然其他社会工作机构的成立未必由政府主导，但在其发展的过程中还是要依赖于政府资金，缺少运营上的独立性。此外，我国法律规定社区矫正的执行主体是公安机关，而"两高两部"在《关于全面推进社区矫正工作的意见》则提出由"司法行政部门组织实施、指导管理，法院、检察院、公安等相关部门协调配合"。这意味着专业社会工作机构在管理上也要接受各部门的协调领导,因为尚未形成具体规定,各部门之间在分工和权责上有时候也会产生分歧,这难免给机构的战略发展造成了一定的困扰①。

从北京地区的实务经验看,社区矫正首先要考虑到首都的政治功能。无论在司法行政权力的运用,还是对于社区矫正对象的管理上都要确保城市的政治稳定,防止脱管等重大事件的发生。这就意味着北京的社区矫正与上海有所不同,前者并未在全市范围内采取政府扶持发展、购买社会工作机构服务的方式,而是由政府主导进行严格规定,表现了行政强势的色彩②。这种模式有助于政府统一调配资源,能快速对于突发性事件作出反应和处理,但同时也在一定程度上影响了社会力量参与社区矫正的活力。这种影响的一个具体表现就是社会工作介入社区矫正对象的群体有限。整体而言,社区矫正对象的犯罪情节较轻,对社会的潜在危害较小,也有较好的改造动机,但这并不意味着社会工作可以自主地介入到任何一个群体。

调研发现,目前社会工作的主要介入领域还是未成年人社区矫正。这一方面与我国现有法律对于未成年人相对宽容、鼓励社会工作者介入帮教的态度有关。比如前面提到,《中华人民共和国刑事诉讼法》规定在对未成年人附条件不起诉的考验期内,由人民检察院负责对帮教对象的监督和考察,同时还要组织社会工作者具体开展帮教的相关活动。另一方面,社会工作能够较多地介入到未成年人司法领域也是考虑到了未成年人群体相对容易管理和引导,一般不会对社区矫正社会工作者和周围的环境造成安全威胁。相比之下,社会工作要介入成年人社区矫正就要受到较多的限制和要求,基本要接受司法所、阳光社区矫正服务中心的直接领导,这在有药物滥用、精神健康等问题的矫正对象上体现尤为明显。学者郭伟和在梳理社区矫正社会工作者职责的时候提到,社会工作者不仅要负责矫正对象个人、家庭、社会制度等因素方面的调查,综合了解需求并帮助其恢复社会功能,同时还要负责监督控制罪犯的行为表现、保护社会安全,在有药物滥用的社区矫正对象群体上发挥中介的角色③。这说明社区矫正社会工作本身就带有一定程度的危险性。虽然如此,但未来可以考虑借鉴上海地区的做法,逐渐给予社会工作者更多的信任和自决的机会,力求在行政主

---

① 方舒:《我国社会工作参与社区矫正机制的检视与创新》,载《甘肃社会科学》2013年第3期。
② 张荆:《北京社区矫正模式特色与问题分析》,载《中国人民公安大学学报》(社会科学版)2013年第3期。
③ 郭伟和:《社区为本的矫正社会工作理论与实践》,载《社会工作》2008年第3期。

导和激发社会工作活力之间找到一个较好的平衡点。

民政部颁布的《社会工作专业人才队伍建设中长期规划（2011~2020年）》中明确了"社会工作专业人才是具有一定社会工作专业知识和技能，在社会福利、社会救助、扶贫济困、慈善事业、社区建设、婚姻家庭、精神卫生、残障康复、教育辅导、就业援助、职工帮扶、犯罪预防、禁毒戒毒、矫治帮扶、人口计生、应急处置、群众文化等领域直接提供社会服务的专门人员。"这意味着社会工作者有能力介入不同领域的案主需求，也应该被赋予更多独立生存和发展的空间，这样才能充分发挥其在社会福利领域的专业价值。虽然社区矫正社会工作离不开政府层面的支持，但应该合理地对政府的权责界限进行规范，最大程度地引导社会工作机构和社会工作者独立开展工作。只有这样，社会工作者才有机会创新性地将个案、小组和社区等专业方法融合到不同的社区矫正对象问题中，为其再社会化创造多样、灵活的矫正环境。

10.4 本章小结

伴随着社区矫正制度在我国的发展和完善，社会工作也一直积极探索在这一领域的角色和定位，并对遇到的一些问题进行反思和探索。从现有经验看，社会工作已经成功介入了社会调查、考察教育、合适成年人等司法领域，并相应地承担一定的功能，但中间也暴露了一些问题。比如社会工作发展的独立性不强、专业队伍发展不足、介入的矫正环节有限等。

这些问题的解决离不开社会工作专业队伍的壮大和完善，更离不开党和政府对专业社会工作事业的倡导和支持，尤其是把握好社区矫正事业改革方兴未艾的新时代背景，深刻领会我国司法行政体制改革的全新要求，这样才能实现社会工作高效地介入社区矫正。

第 11 章

社会工作介入社区矫正的国际经验

随着刑罚制度的改革和行刑社会化的推进，人道主义论调越来越多地强调关注保护罪犯人权和协助罪犯再社会化，刑罚模式也从监禁矫正单一的模式逐渐转向为监禁矫正和非监禁矫正并行的模式。社区矫正作为实践国际刑法改革理念中的一种非监禁刑罚行刑制度，以追求刑罚的教育目的和实现犯罪人的再社会化为宗旨[①]。社会工作始终秉持人道主义理念和助人自助的核心价值，其专业方法和技巧在协助受助者挖掘潜能、摆脱困境、顺利融入社会等方面发挥着无可替代的作用和优势。因此，在行刑社会化成为了国际社会的主流刑罚模式的时代背景下，如何将社会工作与社区矫正更好地融合，发挥社会工作在社区矫正中的专业价值，成为了现阶段我国社区矫正探索的重要内容。

西方各国经过长期的实践与发展，已经积累和形成了较为成熟的社区矫正社会工作机制和方法。我国社区矫正社会工作还处于起步和探索阶段，各国的社区矫正社会工作经验可以为我国社区矫正社会工作提供有益借鉴，有利于提升我国社区矫正和社会工作之间的契合度，更好地实现社区矫正社会工作的本土化和特色化。

11.1 美国社区矫正社会工作实践

11.1.1 美国社区矫正工作的发展历程

美国的社区矫正工作的发展大致分为三个时期：

---

① 李训伟：《社区矫正的国际经验及其启示》，载《理论导刊》2015 年第 10 期。

（1）萌芽和产生时期：1776年以前美国处于由英国殖民统治时期，这一时期美国的刑罚模式主要受英国法律的影响。当时的行刑惩罚方式主要有流放、肉刑、鞭打、颈手枷示众、死刑等，罪犯被认为是无可救药和难以救赎的。独立战争胜利之后，美国的刑罚观念受到启蒙思想的启发开始逐渐具有矫正意识，即统治者开始逐渐认识到人是有价值的并且是可以改造的。因此，从1773年开始，监狱行刑制度和教养院制度逐渐建立起来。

（2）成熟时期：20世纪20～70年代，尤其是第二次世界大战之后，矫正复归的理念兴起，美国于1954年将"监狱协会"更名为"矫正协会"，这也标志着行刑的理念与实践发生了较大的变化[1]。社区矫正模式在这一阶段随着社会政策和法规的完善逐渐开始成熟，缓刑、不定期刑、假释、中间制裁等形式已经出现，特别是中间制裁包含的家中监禁、中途之家、社区服务等社区矫正形式在美国被广泛推广。

（3）曲折前进时期：由于美国在1966～1976年间取消了死刑制度，20世纪70年代末期开始，美国犯罪率持续上升水平，至90年代监狱关押的罪犯突破百万大关[2]。由此，美国不断创新新兴监狱管理和矫正的形式，扩大缓刑和假释的适用范围，明确非监禁刑和社区矫正作为今后主要的发展方向。至2008年底，美国刑事犯罪人数达到730万人，其中监禁人数有240万人，约占总数的30%，而在社区服刑的人数达到510万人，约占总数的70%，美国社区矫正的适用率大大超过监禁率，成为美国罪犯矫正的主要方式[3]。

11.1.2 美国社区矫正管理体制

美国作为联邦制国家，并没有统一的社区矫正执行机构，各州根据当地的实际情况建立自己的矫正制度体系。美国社区矫正机构分为三个不同层次，即州设立的社区矫正机构（矫正局——负责监狱和社区矫正的管理），地方（通常由法院）主办的社区矫正机构以及由私人管理的社区矫

---

[1] 种若静：《美国社区矫正制度》，载《中国司法》2008年第10期。
[2] Frederick A. Hussey, Duffee, *Probation, Parole and Community Field Service*, New York, Harper & Row Publishers, 1980, P. 150.
[3] U. S. Bureau of Justice Statistics, *Correctional population in the United States*. Washington. DC, U. S. Government Printing Office, 1996, P. 80.

正机构[①]。因此，美国的矫正机构更加多元化和灵活化。

目前，美国的矫正体系（含监狱、看守所和社区矫正机关）共拥有50多万专业人员。美国监狱分为联邦监狱和州监狱，主要关押监禁刑期在一年以上的罪犯。看守所通常由地方执法部门管理，一般是关押等候审判的刑事案件被告人和监禁刑期在48小时以上、1年以下的罪犯。美国的社区矫正工作人员主要是缓刑官和假释官，他们分别隶属于联邦政府和地方政府，社区矫正机关的主要职责是对罪犯进行管理、矫治和服务。在美国，行刑社会化工作往往也由一些民营机构参与矫正管理[②]。这体现了美国社会组织对社区矫正的积极参与，因此可以说美国社区矫正社会化的程度较高。

11.1.3 美国社区矫正工作的种类和形式

根据不同性质的罪犯和犯罪类型，美国社区矫正的工作方法也不尽相同。目前，除了缓刑和假释这两种占据主要地位的矫正方式之外，其他矫正形式也在不断完善，如转处、审前释放、赔偿和罚款、家中监禁/电子监控、中途之家、日汇报中心、社区居住/恢复中心及社区处遇中心等。

（1）缓刑。缓刑制度最早就起源于美国，发展历史已长达百余年，既是一种刑罚方式也是一种替代监禁的制度。缓刑是指将一部分已经被定罪判刑的罪犯，附条件地放在社会上给予监督，暂缓执行监禁刑罚的一种非监禁刑。换言之，也就是给予罪犯一定的宽容度居住在社区，但是同时伴随着附加条件并防止其重新犯罪。根据犯人的犯罪性质和潜在的对社区的危险影响程度，社区缓刑监督大致分为两种：标准缓刑和严格监督缓刑。前者要求犯人进行社区服务，缴纳一定的罚金，接受矫正工作人员的监控和相关矫正项目的治疗，如酒瘾罪犯等群体。后者则是针对犯罪程度较重、潜在危险因子较多的罪犯，有一套专门的监督、咨询和治疗方案对其进行矫正。

（2）假释。部分罪犯在监狱或其他矫正机构执行刑罚期间表现良好，便将被提前释放至社区当中，在社会监督之下执行完剩余刑期的行刑，这便是假释行刑制度，也是最早的社区矫正类型，其功能在于减小长期监禁

---

① 郑杭生、程琥：《法社会学视野中的社区矫正制度》，载《华东理工大学学报》（社会科学版）2003年第11期。

② 刘强：《美国社区矫正的理论与实务》，中国人民公安大学出版社2003年版，第117页。

刑对罪犯回归社会的消极影响。但这并不意味着罪犯就此获得自由，一旦在假释期间有违法犯罪行为，假释罪犯则会面临立即收押的情境。"假释与缓刑最大不同的是其决定权不在法院，而是由司法部下设专门的假释委员会行使，美国各州假释委员会根据本州的立法决定假释条件、程序和相关人员组织结构①。"

（3）转处。转处是指对犯罪情节轻微和危害较轻的犯人采用非刑事方式处置，避免因进入刑事司法程序而被贴上标签。转处主要适用于酒后驾车、家庭冲突等违法情节较为轻微的案件及未成年罪犯，相应的转处方案有：团体治疗方案、家庭治疗方案、庇护之家、儿童/青少年辅导中心等。在这些方案的实施过程中，社会工作者与警察共同协作实现转处的目标。

（4）审前释放。审前释放是指在法院审判前，犯罪人的实际情况表明他所居住的社区内有可靠的基础，根据犯人本人具结的保证书和交付的保释金（有财产做保证）释放，由法院批准释放，同时犯人须承诺在审前释放期间，应法院要求随时到法院报到②。

（5）赔偿和罚款。赔偿是指罪犯对被害人所受伤害的一种弥补，罚款是指交付法院一定的费用。该刑罚方式根据犯人的支付能力和罪行严重程度确定数额，既可单独实施，也可作为附加刑罚。

（6）家中监禁/电子监控。家中监禁一般适用于犯罪情节轻微且拥有一定住所的罪犯，根据法院判处的监禁结果，罪犯被允许在一定时间内外出工作或从事其他正当合法的活动，但是晚上和周末必须待在家里。而家中监禁的实施通常伴随着电子监控的使用，电子监控可以有效地监控罪犯所处地点和状态，随时与罪犯保持动态联系。

（7）日汇报中心。日汇报中心的产生很大一部分原因是因为监狱越来越拥挤，因此出于缓和该困境的目的，高度体系化的非监禁计划——日汇报中心建立起来，主要负责对罪犯进行监督、处罚以及向其提供社区服务，协助罪犯在重新进入社会时经过一个良好的过渡期。在这期间，罪犯要定期定时地以面谈或电话的方式向中心汇报自己的日常活动计划及安排，并参加中心指定安排的计划活动和服务。"中心一般提供的矫正项目有职业工作训练、个人或小组咨询、控制吸毒的教育和矫治、工作安置的帮助、生活技能的训练，等等③。"

---

①② 种若静：《美国社区矫正制度》，载《中国司法》2008年第10期。
③ 曾桂梅：《论美国社区矫正制度》，西南政法大学硕士学位论文，2012年。

（8）中途之家。中途之家又称为中间监所或释前中心，最初带有浓厚的宗教色彩——宗教或慈善组织募集资金，为即将或刚满刑满释放的罪犯提供食宿，使其逐渐适应社会生活而建立起来的过渡性居住机构①。中途之家的帮助对象主要是即将刑满释放或允许假释的人员，对他们的居住安排往往带有强制性的特点，但同时机构也设有专门的矫正工作者协助其建立相应的矫正计划，协助控制部分人员的毒瘾、酒瘾，帮助其习得谋生技能，为之后的生活建立保障屏风，从而能够更好地适应社会的变化和发展。

（9）社区居住/恢复中心。社区居住恢复中心主要是对非暴力犯罪实施24小时监管的居住机构，罪犯的所有工资收入直接上交中心，用作支付恢复的费用。在中心里，社区矫正工作者会向罪犯提供一定的教育和工作机会，协助其进行戒毒治疗和工作技能培训，帮助其能够更好地回归社会，避免不良适应的产生②。

（10）社区处遇中心。社区处遇中心是为那些因嗜毒和酗酒、精神失常及（或）有感情问题的重罪犯和轻罪犯提供治疗的地方，处遇中心的工作人员要定期评估罪犯的行为、态度和进展状况，并将其整理成评估报告提交给审判法官③。

11.1.4 美国的社区矫正与社会工作

自20世纪20年代以来，美国的社区矫正制度长期将危险特质之专业化改造作为自己的目标。所谓危险特质的专业化改造是指，矫正工作应该遵循实证主义的科学范式，根据理性——技术化的实践思路确定案主的反社会人格及其危险性强弱，然后有针对性地选择具体矫正方案，从而恢复或增强案主的社会功能，使其成为复归社会的正常人。"这种模式实际上是以对人的所谓科学认识为前提的，它希望借助于医学、精神病学、心理学等学科提供的科学知识对案主的危险人格做出科学认识和正确归因，从而找到治疗或者矫正的恰当方案④，"这将使社区矫正走上了理性化的道路，与现代刑法的目的理性、刑罚的积极预防理念相呼应。

---

① 翁里：《中美"社区矫正"理论与实务比较研究》，载《浙江大学学报》2007年第11期。
②③ 王秀玲、李菊英：《美国社区矫正制度》，首届法律适用国际高层论坛，北京，2005年。
④ 张鹏：《美国社区矫正模式之发展方向：从危险特质到多元整合》，载《政法论丛》2008年第4期。

但同时也有着较大的缺陷。首先它把人当作可以测量和计算的，当成冷冰冰的客体，而忽略了人的个性、温度和特质，忽略了个体生命的特殊意义。其次它把剑指向个体犯罪者，认为个体的人要为犯罪问题负全责，而忽略了犯罪者所处的社会环境的责任，进而也忽视了个体身上所拥有的支持他在压迫环境下生存的优势。这种模式客观理性但同时也欠缺了些人道主义的情怀，它的目的仅仅是为社会提供规范的合格的正常人。

纵观社区矫正的发展历程，美国已经从单一的以矫正工作专业化、机构化，矫正过程理性化、技术化，矫正观念医疗化等为特点的传统危险特质模式转化为多元的立足优势视角、以案主为中心、社区为本的整合发展模式。

（1）优势为本的赋权取向。立足优势视角的社区矫正社会工作，避免一味地矫治矫正对象的违法行径，强调关注矫正对象的潜在优势，评估其凭借潜在优势发生积极改变的可能性和程度，社区矫正工作者要协助案主汲取自身和周围环境中的资源，用来充实案主的权能，增强案主的能力，更加有效地促进个人社会功能的发挥[1]。案主赋权，是一个由被动改变、自我否定、人际隔离和社会排斥的状态走向积极适应、自我认同、重构人际和社会接纳状态的过程。在这个过程中，社区矫正社会工作者要明确自身的角色和能力，帮助案主建构自我肯定的价值观念和心态，协助其掌握一定的社区资源，不以专家权威的身份自居，扮演好协同者、使能者的角色，为矫正对象营造一个友好、支持的社区环境。

（2）以案主为中心的跨领域协作。此种社区矫正社会工作模式强调专业服务的社会透明度和责任落实，强调专业服务的案主选择和参与，强调专业服务程序的优化和规范，强调专业服务的成本预算和质量管理[2]。以案主为中心开展社区矫正工作是社会工作者以人为本价值理念的体现。社会工作者根据"人在情境中"这一原则，结合矫正对象的现实生活境况，关注案主的个别化差异，因人而异地制定社区矫正项目计划，同时，社区矫正项目的实施必须有矫正对象的自主选择和参与。社区矫正社会工作者要开放自己的专业领域，多方位、多角度、多领域地为案主提供优质高效的服务，切实协助矫正对象顺利融入社会。

---

[1] Karla Krogsrud Miley, Michael O'Melia Brenda, L. Dubois, *Generalist Social Work Practice: An Empowering Approach*. New York: Allyn & bacon, 1995.

[2] 郭伟和：《管理主义与专业主义在当代社会工作中的争论及其消解可能》，载王思斌主编：《中国社会工作研究（第二辑）》，社会文献出版社2004年版。

(3) 社区为本的社会支持网络。人是社会化的生活在社会脉络中的动物，人的一切活动和功能运作都是在与社会的互动中进行且从互动中获得资源和支持，因此，社区矫正社会工作者要集中关注案主的社会人际网络，帮助厘清其社会互动关系，提升其人际互动能力，协助其构建以社区为中心的社会支持网络。

11.1.5　小结

经过体罚为主、矫正运动、感化和教育、社区模式这几个阶段的演化和发展，时至今日，美国已经建立以社区矫正为主的现代刑罚制度，大约33%的犯罪人通过社区进行矫正。现阶段，美国的社区矫正正在从单一的传统危险特质模式向多元整合发展模式转变，矫正开展过程中强调从矫正对象的基本立场出发，同时也越来越重视矫正对象的优势和其所处的社会生态系统。

11.2　加拿大社区矫正社会工作实践

11.2.1　加拿大社区矫正工作的发展历程

加拿大作为英美法系国家，社区矫正起步较早，发展完善，且具有美英两国的特点。1892年加拿大颁布的第一部《刑法典》就有有关社区矫正的规定。

和美国一样，20世纪六七十年代的加拿大由于监狱人口爆棚，政府面临着巨大的财政压力。在加拿大监狱中服刑的人数增长迅速，1989~1990年度比上一个年度增长了12%，1994~1995年度更比上一年度增长了22%[1]。面对这一困境，1988年一份给议会的报告指出："把犯罪人关进监狱改造罪犯并没有什么效果，也不是一项有力的遏制措施，只是起到了暂时保护和有失平衡的报应的作用"。如果说监禁只能在有限的时间内保护民众不受犯罪的侵害，那么改造犯人就显得至关重要了。但是将犯罪

---

[1] 数字引自 John Howard Society of Alberta 网站，http://www.johnhoward.ab.ca/C29.htm，2016年9月1日。

人囚禁于监狱对于改造囚犯而言，一般没有什么实效，因为监狱犯人的累犯率较高。大多数罪犯既不使用暴力也不存在巨大的危险因子，其行为并不会因为被关押在监狱而有所改善。另外，监狱人口的增长导致财政开支和监狱管理方面都出现了严重的问题，对社会的潜在危险也大大增加。况且，由于科学技术的进步，犯罪人在社区中接受矫正刑罚是能够被管控的。因此，采用监禁刑替代措施应该成为必要的发展趋势。除非社区可能遭受威胁，否则犯人的矫正都应该放在社区中进行。由此，应当限制监禁刑的使用①。因此，对过度监禁的关注使得附条件判处监禁这项重要的非拘禁措施迅速提上了日程——1996年加拿大《刑法典》上增加了这一条例。

目前，加拿大主要依据1992年颁布的《矫正和有条件释放法》进行社区矫正，该法是目前指导加拿大成人矫正的主要法规。该法在制定过程中，广泛征求了政府有关部门、律师、法官、警察、公众甚至被害人、罪犯的意见，使该法的出台得到了普遍的认可。该法的第一部分是加拿大矫正局对于监狱矫正与社区矫正的规定；第二部分是对于全国和省假释委员会工作的规定；第三部分即是对于矫正调查者（负责犯人申诉的联邦检察官）和工作人员的规定。除此之外，还制定了实施细则《矫正和有条件释放条例》，它对《矫正和有条件释放法》的有关规定作出了进一步的详细说明。

11.2.2 加拿大社区矫正管理体制

加拿大矫正署（CSC）是加拿大社区矫正的官方机构，依据加拿大相关法律其负责管理加拿大53个矫正机构和90个假释中心，而这些机构和中心则具体负责社区中犯人的社区矫正工作。加拿大的社区矫正人员构成十分丰富，有牧师、个案管理工作者、社区假释官、心理工作者，等等。但社区矫正工作者是社区的刑事执法人员，而不是社会工作者，因为执法人员具备刑事执法方面的知识和能力，这对帮助社区矫正对象认罪伏法、加强矫正工作管理和控制犯罪都是十分重要的。因此对于社区矫正工作者要求较高，一般有本科学历，还必须具有犯罪学、刑事执法、心理学、社会学的专业教育背景。社会工作者参与社区矫正则是根据社区矫正工作的需要，发挥其在对罪犯的矫治、帮扶方面的作用。

---

① ［加］格尔·密克恩：《加拿大量刑中的非拘禁措施》，引自《第六届中国律师论坛论文集》，中国政法大学出版社2006年版。

除此之外，加拿大政府一直积极鼓励公众参与社区矫正，比如私人企业、慈善组织和志愿者。私人企业通过与政府签订协议向社区矫正对象直接提供多种社会服务和人道服务，具体包括经营犯人的"中途住所"，协助开展多样化的矫正计划。慈善组织如颇具影响力的"救世军"，该组织向社区矫正对象提供探视和咨询以及释放后的计划居住等服务，其在矫正领域具有重大影响并做出了重要贡献。加拿大社区矫正领域志愿者人数较多，这些志愿者通过不同的形式为矫正对象提供帮助，加拿大各级政府每年还对志愿者中的优秀者给予精神方面的奖励。

11.2.3 加拿大社区矫正的种类和形式

前面已述，加拿大的社区矫正受到美英两国的影响，具有典型的英美特点。

（1）假释。根据加拿大相关法律条例，犯人被国家假释委员会批准获得有条件的释放，但假释囚犯必须遵守社区的规定，否则仍会面临送回监狱的结果。而"有条件的释放"主要包括六种情况：短暂缺勤——犯人在短时间内可以因要参加社区课程、医疗诊断以及行政、人道等方面的原因短暂离开监狱；工作释放——犯人在刑期1/6或6个月时被允许到社区内从事义务工作或其他工作，但该释放只面向在低度或中度安全戒备等级的设施内服刑的犯人；日间假释——在完全假释前6个月或刑期开始后6个月获得，在社区假释执行官的监督下，犯人摆脱在社区内活动，晚上必须住在"中途之家"等经加拿大惩教服务机构核准的住所，这也是为"完全释放"和"法定释放"做准备；完全假释——在服刑1/3或7年后，犯人可以住在自己的社区中参与正常生活和社区活动，接受社区假释执行官的监督；加速假释——则是只有非暴力且为第一次服刑的犯人在监狱服满1/6的刑期后才能申请，出狱后要在中途之家机构里依照"日假释"的要求服刑，直到服满其1/3刑期时可获得完全假释；法定释放——一般的犯人在服刑2/3时就会被自动释放，除非他们受到羁押，其释放可附带"住所条件"，犯人必须遵守其释放条件，接受社区假释执行官的监督①。

（2）缓刑。与美国不同的是，联邦没有缓刑制，只有省一级才有缓刑制。作为监禁刑的替代方式，缓刑主要针对低风险的容易监控的罪犯，而

---

① 刘武俊：《加拿大社区矫正制度巡礼》，载《中国司法》2008年第9期。

且要满足保持安定、表现良好、遵纪守法、与缓刑官定期沟通报告等条件。

（3）社区服务令。社区服务令作为缓刑的一个补充内容，或单独适用于青少年犯罪人，要求其参与社区服务，接受监督。

（4）条件监禁判决。刑期少于两年的犯罪人必须遵守某些条件，在法官的允许下回到社区服刑，但要接受比缓刑更严密的监督。

（5）社区拘禁。社区拘禁可视为审前羁押的一种替代措施，也可作为提前释放在押犯的一种形式。犯罪人被判处社区拘禁需要在社区服刑，服刑期间必须遵纪守法，如有违规乱纪的行为发生，即会被关押收监。

（6）保释监督项目。被告人在社区中接受社区成员的监督，静候审判。

（7）替代性措施项目。犯罪人由于受到指控，从刑事司法制度中转处到通过签订包含从事社区服务、为受害者提供服务、慈善捐赠、参与咨询等内容的协议，对受害人或为自己的罪行所造成的结果进行补偿。

（8）赔偿/罚款项目。犯罪人依据相关法律条例，向受害人支付一定金额的补偿；抑或是犯罪人根据社区矫正的工作规定，通过参与经过认可的按小时支付一定报酬的社区工作来抵消其罚金。

（9）电子监控。犯罪人在社区内工作或接受教育，需要在犯罪人的手腕或脚腕上装上一种可接送信号的环状物，可保持与矫正工作者的联系，保证矫正工作者对犯罪人的有效监控和管理。

（10）参加活动中心项目。部分暂时可以不去矫正机构的犯罪人可到活动中心，也就是不提供居住设施服务的社区设施，接受定期性的监督，参与社区活动项目。

11.2.4 加拿大的社区矫正与社会工作

加拿大的社区矫正是以保护公众安全为基本出发点，在社区矫正的适用及执行上都以公共安全为首要考虑而不仅仅是着眼于罪犯的重返社会。如作为加拿大社区矫正的主要指导性法律——《矫正和有条件释放法》，其第三条指出：联邦矫正机构的目的就是通过以下行为，为维护社会的公正、安宁和安全作出贡献：

（1）通过安全而人道的监禁及对犯人的监管执行法庭的量刑；

（2）通过监狱及社区提供的项目，帮助犯人改造，使其作为守法公民重返社会。

据此可知，加拿大的社区矫正提供人道化服务的首要出发点是维护社会的公正、安宁和安全，但同时也强调通过提供多元化、个别化的管理和服务项目，来满足罪犯的个人需求，从而增强他们作为守法公民回归社会的能力。

首先，加拿大的社区矫正采取多元化的管理模式。矫正主体通过对犯罪者的心理、人格和行为等多方面特点以及犯罪成因进行全面而深刻的分析，然后根据每个罪犯的具体情况，分别采取严管、中管和宽管的措施，而且不同的管控措施可根据罪犯情况的变化而实时调整。其次，加拿大执行社区矫正的过程，注重一对一教育以及开展多种形式的矫治项目。"矫治项目包括理智处理问题和康复的课程、提高认知的技能、对激怒和情感的控制、重新进入社区的训练、心理辅导和矫治、精神病方面的治疗，另外，还有对滥用毒品、酒精的矫治项目，对性犯罪的矫治项目[①]。"实现多元化的管理和个性化的服务，除了高素质的社区矫正官之外，还离不开非政府企业、志愿者等社会力量的支持，特别是社会工作者的协助。

加拿大的社会工作之所以能够较为系统地介入社区矫正领域，与该国社会工作事业发达，以及拥有较为健全和完善社会保障制度是直接相关的。加拿大在世界上很早就建立了"法律保障、政府主管、社会参与"的较为完备的社会工作体制，社会工作具有较高的职业门槛，要求从业者必须拥有良好的沟通技巧和丰富的专业知识。成熟的社工带动了成熟的应用，在加拿大社区矫正中也就必然少不了社会工作者的身影。

11.2.5 小结

加拿大作为世界上社区矫正制度较为成熟的国家之一，其社区矫正主要有以下两个特点：

第一，加拿大的社区矫正模式属于公众保护模式。即其社区矫正的适用以保障公共安全为第一目标，通过帮助犯人改过自新，预防他们重新犯罪，来维护公共安全和公共秩序。因此，加拿大社区矫正特别强调犯人在社区矫正的过程中要受到充分的监督，其次才是为其提供支持性服务协助其回归社会。

第二，社会力量参与社区矫正积极性较高。公民参与罪犯矫正工作被

---

① 刘强：《加拿大社区矫正概况及评价》，载《法治论丛》2004年第5期。

认为是加拿大社会的传统,这是公民精神的体现。在加拿大,公民参与罪犯矫正工作的积极性很高,每年都有大量志愿者加入到社区矫正工作中来,成为社区矫正专业力量的重要补充,同时也是实现社区矫正工作社会化的有效途径。

11.3 英国社区矫正社会工作实践

11.3.1 英国社区矫正工作的发展历程

英国的社区矫正制度历史悠久,早在19世纪末20世纪初期,英国就已经确立了社区矫正制度,因此它被认为是世界社区矫正和社区服务制度的发源地。

英国社区矫正制度的建立经历了一个悠久的历史过程。在公元940年,英国的亚西路思旦王制定的法律中规定:"应判处死刑的十五岁少年不适用死刑而委托僧侣进行监督,如果再犯时,才判处其死刑"这条法律规定的刑罚理念已逐渐有了刑罚社会化的影子。19世纪初,初次犯罪的少年在特别调查官的监督之下,通过立下誓言而不是执行监禁刑的方式来承担罪责,这一做法构成了社区矫正制度的早期雏形。1879年英国颁布了《略式裁判法》其中规定对罪轻者实行社区矫正,这是其最早的社区矫正法案。1925年《刑事司法法》使社区矫正制度在刑事立法上有了明确的地位和组织,1967年的《刑事司法法》是现代意义上的英国社区矫正理念的最早起源。"1972年《刑事审判法》首次授权法院可以判决罪犯从事时长240小时的社区劳动,这是社区服务令的雏形[①]。"2000年出台的《刑事法院量刑权限法案》,标志着英国社区矫正制度的日趋成熟,因为,此法对社区矫正制度作了明确而完备的规定,包括结合矫正、护理中心、假释、社区服务、保护观察、宵禁、监督、行动计划、毒品治疗与检测、缓刑补偿等一系列社区矫正措施。

英国社区矫正制度的建立,受以下两个历史条件的影响:一是19世纪工业化早期持续快速的经济增长以及人道主义理念的散播,为社区矫正

---

① 潘晓晨:《英国社区矫正制度及其启示》,山东大学硕士学位论文,2014年。

制度的建立打下坚实的社会基础；二是刑罚执行的效益问题逐渐受到重视。由于监狱关押的罪犯过多，致使监狱过于拥挤和政府财政不堪重负，另外监狱矫正的效果也不太理想，矫正对象重新犯罪的比率较高，促使英国转变传统的"重刑惩罚"观念为"重罪重罚，轻罪轻罚"的理念，于是作为轻刑化的社区矫正应运而生。

11.3.2 英国社区矫正管理体制

英国的社区矫正工作主要由国家缓刑局负责执行，国家缓刑局在地方设地方缓刑服务局，地方缓刑服务局接受作为中央一级工作机构的国家缓刑局的指导、管理和监督，而国家缓刑局直接接受内政大臣的领导。除国家缓刑局以外，英国社区矫正工作还由地方假释委员会和全国未成年人司法委员会共同完成。地方假释委员会受缓刑局的管理，并对地方缓刑服务局的工作进行管理和监督，其工作团队由具备一定法律相关知识的、一定社会地位的法官、政府议员和其他人员构成。此外，全国未成年人司法委员会是为了加强对未成年人进行特殊管理而成立的非政府组织，"主要负责对未成人执行社区刑罚以及承担与有关部门组织和社会各个方面的合作有协调工作，组成人员涉及负责缓刑的公务员、教师、警察、卫生部门的工作人员等很广的范围[①]。"由此便构成了既有垂直的缓刑执行管理系统又有几个相关领域横向关联的社区矫正管理体制。

社区矫正机构的主要任务[②]：一是对犯罪人进行量刑前调查和危险评估，在案件判决前对犯罪人的犯罪性质、原因、经济状况、家庭关系、人格情况、一贯表现进行专门调查，并对其人身危险性和再犯可能性进行系统评估，然后将调查和评估报告提交法院，供法院判决时参考；二是监督和考察被判处社区矫正的社区服刑人员，社区矫正机构接受本辖区的社区矫正人员后，要按照矫正对象的类别和特点作出矫正方案；三是充分利用和调动所在社区的资源，为社区矫正对象提供教育、培训、就业指导、娱乐及讨论的场所，提高其社会认知能力和水平；四是有关医疗服务机构、志愿者机构、劳工组织和企业家联合会等相关部门建立联系，为社区矫正对象提供戒毒、心理治疗、家庭问题及学习工作等方面的帮助；五是为社

[①] 潘晓晨：《英国社区矫正制度及其启示》，山东大学硕士学位论文，2014年。
[②] 刘晓梅：《英国的社区矫正制度及其对我国刑罚制度改革的启示》，载《犯罪研究》2006年第3期。

区矫正对象提供劳动技能培训,就业岗位与就业咨询服务,帮助他们获得社会福利与社会救济,提高矫正对象的自我认识能力,增强其自尊心和社会责任感;六是定期将社区矫正对象的表现、情况,提出减刑、定期解除和收监执行的意见和建议,由法官对社区矫正对象实施奖惩和作出解除矫正、收监执行或者变更有关裁定或判决。

11.3.3 英国社区矫正工作的种类和形式

现行英国刑事法律根据刑法适用轻重,将刑法体系分为三个层次,分别是罚款、社区服务和监禁刑。根据英国国家缓刑局的统计数据,2000年英国刑事案件刑法适用比例如下:不起诉的案件占20%,被罚款的占24%,被判社区服务刑的占35%,监禁刑占27%[①]。社区服务刑作为处遇监禁刑和缓刑之间的非监禁刑法,其严苛程度也位于两者之间,主要适用于犯罪情节不至于被判处监禁但又不能以缴纳罚款抵消罪行的罪犯。目前,社区矫正在英国的刑罚体系占据着较高的比重。

英国的社区矫正刑不是单一的刑罚,而是由多个社区矫正令组成的复合型多元化的刑种,司法机关根据罪犯的犯罪情节,有时可判处罪犯一个或多个社区矫正令。根据2000年的《刑事法院量刑权限方案》的规定,"社区矫正刑包括假释、缓刑令、社区服务令、结合令、宵禁令、毒品治疗与检测令、出席中心令、监督令以及行为规划令[②]。"

(1)假释。假释委员会对犯罪人进行裁决,指将执行了一定刑期(所判刑期的三分之一或12个月,取其长者)的犯罪人附条件地从矫正机构提前释放到社区中,使犯罪人在社区工作者的监督管理之下执行完剩余刑期的行刑制度。

(2)缓刑令。缓刑令又称为社区恢复令,对16周岁以上被判处行刑期限为6个月至3年之间的犯罪人,进行改造和恢复,预防其回归社会后再次犯罪的社区矫正刑。社区恢复令要求罪犯在规定的期间内必须接受缓刑官的管理和监督,定期定时与缓刑官会面沟通。缓刑官根据罪犯之前的犯罪情节和性质,评估其可能对社区的潜在的影响,通过危险评估确定罪犯的住所,犯罪情节较轻或表现态度良好的可以住在固定的私人住所,由

---

① 司法部基层指导工作司:《英国社区矫正制度》,载《中国司法》2004年第11期。
② 刘强:《各国(地区)社区矫正法规选编及评价》,中国人民公安大学出版社2004年版,第34~35页。

于家庭环境不利于其改造恢复或是对社会仍存在较大的潜在危险的罪犯则会被要求住在监管中心，并加强对其监督和管理。

在刑罚执行过程中，矫正对象若表现良好改过自新，实现了缓刑令的目标和预期效果，且预计矫正活动即使停止执行，矫正对象也能不再违法乱纪，缓刑官可以提出申请提前终止缓刑令，但最重要的前提是犯罪人必须已经完成全部刑期的一半。

（3）社区服务令。"社区服务令又称为社区惩罚令。法院根据罪犯的犯罪情节的严重程度和犯罪性质，规定其相应地在社区进行无偿劳动的时间（40~240小时）。如果犯罪人实施数个犯罪行为，其中有两个以上的罪，被判处社区服务令，并罚的刑期不能超过240个小时[1]。"犯罪人在行刑期间从事的劳动涵盖范围很广，既可单独劳作也可参与集体劳动。行刑期间，犯罪人的劳动时间和成果均由缓刑监督机构负责管理。

（4）结合令。结合令实质上就是缓刑和社区服务令的结合，是指法庭要求犯罪人（一般是16周岁以上可能被判处监禁刑的犯罪人）被判处缓刑的同时，须向社会提供一定期限的公益性劳动[2]。犯罪人被判处执行结合令的改造时间一般是1~3年，为社区服务的时间不少于40小时也不高于100小时。

（5）宵禁令。宵禁令是适用对象范围最广的一种社区矫正刑罚——10周岁以上的犯罪人（谋杀罪犯除外）。宵禁令规定服刑人员从开始执行法令开始的6个月期间，晚上必须待在家里，严禁去往易发生犯罪事件的酒吧等场所。在行刑期间，服刑人员必须在有专门监督其行踪的工作人员特定的地方待2~12个小时。除此之外，监督者可利用电子监控设备来掌握服刑人员的行踪，以预防其违法犯罪行径的发生。但是对于服刑人员而言，宵禁令并不是限制其一切的人身自由，正当的活动依旧还是可以正常进行的。

（6）毒品治疗与检测令。该社区矫正令开始于1998年试行，2000年才得到立法确认，针对的是16岁以上对毒品依赖严重或有滥用毒品倾向的犯罪人。毒品治疗与检测令包括两项内容：一是治疗要求——强制犯罪人必须接受戒毒治疗；二是检测要求——犯罪人在服刑期间需定期提供检测戒毒成效的血液样本。根据犯罪人的犯罪情节严重程度和性质，犯罪人接受治疗的地点也有差异——指定的医院或治疗中心或家庭。法院定期对

---

[1] 司法部基层指导工作司：《英国社区矫正制度》，载《中国司法》2004年第11期。
[2] 袁登明：《行政社会化研究》，中国人民公安大学出版社2005年版，第67页。

服刑人员的服刑效果和情况进行审查。

（7）出席中心令。出席中心令也可称为护理中心令，主要针对未成年犯罪人。这些未成年犯罪人通常在特定时间段，由警察、监狱管理人员、教师和社会工作者等带领参与有益身心的集体活动，降低社会隔离感，其活动的场所一般是少年宫或学校，使其与服刑人员保持一定的距离。

（8）监督令。皇室法院或少年法院对10~17岁的未成年人罪犯作出监督令的裁量，罪犯（尤其是14周岁以下）交由地方当局或保护观察管理机构进行监督，社会工作者协同管理、教育和辅导。监督令的内容包括：定期且经常性的会面、翔实的会面记录、切实有效且负责的监督行动等。若服刑人员表现良好，监督令可能提前撤销，服刑人员可尽早回归社会，若在监督令执行过程中有违反行为，服刑人员则可能面临更为严苛的管制和约束。

（9）行为规划令。主要针对不满18周岁的青少年罪犯，根据监管人为其制定的行为计划，服从监管人的指示，在规定的时间参加特定的活动或是会见指定的人，定时定点与监管人保持联系，严格遵守监管人的指示计划，为社区提供服务和帮助。监管人主要由缓刑官、社会工作者或青少年犯罪工作组的成员组成。

11.3.4 英国的社区矫正与社会工作

英国社区矫正的发展与成熟也部分地得益于来自该国社会工作最早发展起来这一条件。与社区矫正一样，英国的社会工作也有着悠久的历史。从1912年伦敦大学开办社会行政专科，训练社会工作者，到1970年正式确立英国社会工作的专业地位，再到现今社会工作制度的健全和完善，英国用了100多年时间。社会工作专业底蕴经过长期渐进式积累，推动了专业人才在各个社会服务领域的广泛应用。英国的社会工者超过90%的人被雇佣在地方政府的公共服务部门，为民众提供多元化的福利服务，其中在青少年社区矫正中也扮演了重要角色。

据了解，在英国，青少年初次和二次发生轻微犯罪是不受法律惩罚的，而是由司法部门对其提出"底线警告"即提醒其行为已接近底线，如果发生第三次犯罪，该青少年才会被起诉，由青少年法庭审理。青少年法庭的组成人员包括警察、保护观察者、社会服务和社会工作者等。其中，社会工作者在青少年司法过程中的作用主要有三个方面：第一，对青少

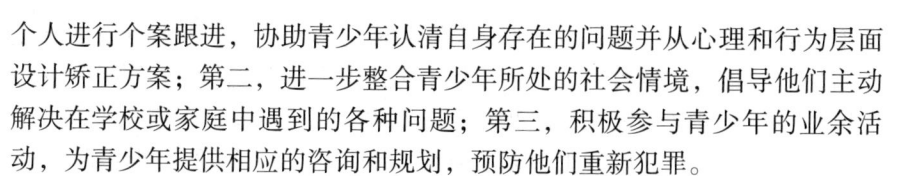

个人进行个案跟进，协助青少年认清自身存在的问题并从心理和行为层面设计矫正方案；第二，进一步整合青少年所处的社会情境，倡导他们主动解决在学校或家庭中遇到的各种问题；第三，积极参与青少年的业余活动，为青少年提供相应的咨询和规划，预防他们重新犯罪。

11.3.5 小结

英国的社区矫正属于刑罚执行模式，已融入其刑罚体系中，很大程度上把社区矫正作为一个刑种予以广泛适用，并不特别强调执行社区矫正要有回归社会的目的。在英国的相关法律中，如规定罪犯可以假释，假释犯必须已经服满其所判刑期的1/3或12个月，取其较长者。对社区矫正官也有较高要求以保障刑罚的有效执行。

而且，英国社区矫正机构与社会福利机构、医疗服务机构、志愿者机构、劳工组织和企业家联合会等相关部门建立联系，为社区矫正对象提供的帮助和服务主要包括：戒毒、精神康复、心理治疗、帮助解决家庭矛盾、子女问题、居住问题及其学业和工作等方面的问题①。这又在一定程度上体现了英国社区矫正所蕴含的福利性追求，这与作为刑罚执行的社区矫正一贯理念，相得益彰、互为促进。

11.4 日本社区矫正社会工作实践

11.4.1 日本社区矫正工作的发展历程

17世纪，萌芽于日本的出狱人保护活动在18世纪后半期发展成出狱人保护制度。日本的社区矫正工作又称为更生保护制度，正是源于出狱人保护制度发展而来。由于初期的出狱人保护活动多由民间的慈善组织或私人团体以慈善救济为宗旨发起的活动，使得后来的更生保护制度有着坚实的民众基础——协助罪犯回归社会的理念被广泛接纳。

19世纪后期，由神职人员开设的感化院便是成年人出狱保护设施的

---

① 刘晓梅：《英国的社区矫正制度及其对我国刑罚制度改革的启示》，载《犯罪研究》2006年第3期。

雏形。明治时期，由于一名重罪犯在被关押的监狱里受到副监狱长的感化和指导，向其发誓表明"从今以后绝不再违法乱纪"。于是被关押了10年的囚犯回到了家乡，发现一切都已物是人非——父母去世，妻子改嫁，邻里隔离。这位囚犯在重新犯罪以改善生活和曾经说过的誓言间纠结挣扎，最后投河自尽。副监狱长在知道这件事后，痛心疾首。于是，他号召当地的民间人士，于明治21年（1888年）共同设立了静冈县处遇人保护公司——日本最早的更生保护设施。由此开始，保护改过自新的出狱者的活动由民间逐渐转交政府官方部门统筹计划。

20世纪初期，日本政府将出狱人保护事业并入了司法省（相当于我们的司法部）。此后，随着《明治刑法典（1907年）》《少年法（1922年）》等一系列法律的颁布，出狱人保护事业迎来了受日本社会各界热烈支持的全盛时期，各种保护团体犹如星火燎原之势竞相发展。

第二次世界大战后至今，日本的更生保护事业在曲折中发展前进。由于第二次世界大战的影响，众多保护团体纷纷瓦解，政府面临着巨大的困难和挑战——重建保护设施、出狱人的安置。因此，"协作雇用主"应运而生——对出狱人进行全面且充分的了解后愿为其提供就业机会的民间企业主，为更生保护事业的发展注入了一股新的力量。除此之外，日本法务省通过开展一系列的引导民众参与"更生保护——使社会更加光明"的全国性活动，有效降低了重犯率，也保障了日本社会的安定。

11.4.2 日本社区矫正管理体制

日本的社区矫正主要由法务省下辖的更生保护局及其所管辖的机构部门负责。保护局下设更生保护振兴科，同时在各地按高级法院的管辖区域设地区更生保护委员会，主要负责假释工作——独立决定和撤销罪犯的假释决定；在各地方法院所在地设立保护观察所，作为更生保护及医疗观察的具体执行机关，负责保护观察、环境调整、更生紧急保护、恩赦请求的提出、犯罪预防以及精神保健观察等日常事务[①]。目前日本全国设有8个地方更生保护委员会、50个保护观察所，以及数名在地区假释委员会秘书处或保护观察所就职的保护观察官、5万名从事更生保护观察的保护司（也就是我们熟知的社区矫正社会工作者）。除此之外，日本还有101个矫

---

① 梅义征：《从日本、新西兰社区矫正制度看我国社区矫正工作的发展方向》，载《中国司法》2007年第9期。

正援助馆——由法务省批准的私营组织来经营,拥有 20 万名志愿者的矫正援助妇女联合会等组织,协助日本的社区矫正工作更好地开展。

11.4.3 日本社区矫正工作的种类和形式

日本更生保护制度既是针对缓刑者或假释者的一种处遇方式,也是对非罪化的违法乱纪者、犯罪青少年的社会内处遇手段,主要有六大制度支撑[①]。其一,住宅侦查制度——不拘禁嫌疑人的侦查制度;其二,起诉便宜主义制度——赋予检察官拥有广泛的自由审查及决定暂缓起诉的权利;其三,缓刑制度——适用于刑期为三年以下的犯罪人;其四,假释制度——适用于具有悔改表现并适应社会复归更新的被判处无期徒刑、有期徒刑或禁锢刑服刑者;其五,少年保护制度——70% 左右的未满 20 周岁的犯罪少年接受保护观察;其六,保护司制度。某种意义上,日本的社区矫正工作,是由国家主导的旨在使实施了犯罪或者非行的人,在平常的社会环境中作为健全的社会人,通过指导,帮助实现更生的活动,具有明显的"官民协作,以民为主"的运作特色。

目前,日本的更生保护事业主要负责三个方面[②]:(1)设置更生保护设施,为保护者提供住宿及必要的保护;(2)不提供住宿,为斡旋回归地、借给钱财、生活咨询等提供临时保护;(3)延伸保护事业、临时保护以及加强为其他犯罪者的更生保护目的相关的事业联系。

在日本,社区矫正工作也就是更生保护工作主要由保护观察所、更生保护设施、更生保护协会、更生保护妇女会、BBS 会、合作雇主等负责。(保护观察所所承担的职责主要与社会工作密切相关,在下面会有提及。)此处主要阐述其余机构的社区矫正工作的内容。

更生保护设施是经过法务省批准由更生保护法人运营的,协助刑满释放或假释但难以自力更生的犯罪人获得短期照顾和就业指导的设施组织,向服务对象提供回归社会所必需的生活指导,帮助其顺利回归。更生保护设施提供的指导和服务是有一定期限的,一般而言不超过 6 个月。更生保护设施虽然是由私人或机构运营,但是所开展的活动和服务仍然要接受保护观察所的指导,并与保护观察所协同实施。

更生保护协会则对保护观察所、更生保护设施及更生保护妇女会开展

[①②] 王钰、鲁兰:《日本更生保护制度》,载《中国司法》2007 年第 11 期。

的活动起到协同帮助的作用,主要体现在收集整理资料、举办相关就业指导培训、筹集资金为经济困难者提供一定的经济资助,以及宣传更生保护和预防犯罪等方面。

更生妇女保护会主要从妇女的角度,通过针对家庭问题、不良行为问题组织社区居民讨论会、对犯罪家庭的子女进行援助和辅导、接纳服刑人员参与社区活动、监督更生保护设施等方式,协助社区预防和犯罪人改过自新的志愿者团体。

BBS会实际上是"大哥大姐运动",主要是协助犯罪少年通过参与集体娱乐活动,了解自我,健康成长。

合作雇主则是前面提到的愿意接纳犯罪者的过去,为其提供就业机会的民间企业经营者。

除以上组织承担的社区矫正工作的职责外,预防犯罪宣传也是日本社区矫正工作的一个重要内容,有助于减小违法犯罪人员回归社会的阻力,增加社区居民对违法犯罪人员的接纳度和包容度,从而更有利于预防犯罪事件的发生。为此,日本将每年7月规定为健康社会运动强化月,该运动的目标则是试图建立一个没有违法犯罪的健康社会,每年参加该运动的国民人数超过450万人。活动内容主要包括:通过制作一系列蕴含本运动宗旨、目的等内容的宣传手册、传单、广告公示牌,将其在公共场合进行发放粘贴;与各地保护观察所联合举办各种民间仪式贯彻宣传活动;各地教育部门积极响应号召学生征集活动宣传标语和口号;等等。7月1号更是被命名为"更生保护日",中央和各都道府县以及街镇都设置了"使社会更加光明实施委员会[①]"。

日本社区矫正主要针对五种类型的犯罪人:(1)由法院判处进入少年教养院假释的年龄不长于20周岁的少年;(2)被家庭法院判处保护观察处分的年龄不长于20周岁的少年;(3)被法院判处缓刑仍被视为保护观察对象的犯罪分子,接受社区矫正的时间不长于缓刑期限;(4)从监狱中假释出来犯罪人,保护观察至刑期结束;(5)从妇女辅导院假释出来的妇女,接受社区矫正的时间同样要完成辅导的时间要求。

11.4.4 日本社区矫正与社会工作

日本社区矫正工作最主要的负责机构是保护观察所,保护观察所的成

---

① 王钰、鲁兰:《日本更生保护制度》,载《中国司法》2007年第11期。

员主要是保护观察官和保护司。保护观察官是法务省的政府官员，隶属于地方更生保护委员会和保护观察所，主要从事并指导保护司对各类社区保护观察对象进行保护观察。某种程度上，从其工作性质和内容而言，保护观察官和保护司就如同我们所熟知的社工督导和社会工作者，他们都必须具有一定程度的社会工作、社会学、心理学、教育学等其他与更生保护相关的专业知识。

保护观察官的主要工作职能主要体现在以下几方面：第一，会见被保护对象，了解其犯罪案件性质和情节、家庭背景条件和社会关系等内容，对其进行评估，为被保护对象选择合适的保护司，与保护司共同协商制定处遇计划，提出矫正目标；第二，定期与保护司沟通被保护对象的变化发展状况，定期考察保护观察场所，与被保护对象保持交流和面谈，指导保护司与被保护对象进行良性沟通和心理矫正；第三，了解被保护对象的人际关系和社会支持网络，与其家人和其工作、学习单位保持良好沟通，减小被保护对象回归社会的阻力；第四，链接社区资源和社会资源，指导保护司联系有关机构、团体，为被保护对象提供职业技能培训、学习教育机会，帮助被保护对象习得回归社会后仍能正常生活的能力；第五，保护观察官要督促保护司定期撰写矫正方案执行进度，并上交进行查阅，以此更好地调整两者之间的协作机制和矫正方案的执行；第六，在保护观察即将结束阶段，指导保护司对被保护对象的社区矫正成果进行评估，以确保被保护观察对象的矫正目标能顺利实现；第七，必要时参与更生保护机构、更生保护协会等组织的工作制度的制定和调整，为更生保护制度的发展提供更好的建议，以便提供更优质的社区矫正服务。

保护司作为社区矫正工作者在日本社区矫正社会工作中发挥着重要的作用，除上述配合保护观察官协助犯罪人改善更生的一系列工作项目外，还要努力开展预防犯罪的宣传活动，净化社区环境，维护个人和社会公共利益。在社区矫正工作过程中，保护司有任何困惑都可与保护观察官沟通交流，获取建议，以便更好地对被保护对象进行生活方面的引导。

11.4.5 小结

日本的社区矫正属于更生保护模式，即社区矫正制度除了有一般社区矫正制度的特点外，更加注重对出狱人进行保护和救济。这主要体现在更生保护活动除了对缓刑者、假释者的保护观察之外，还为其提供出狱后救济、福利支持、安排就业等福利保障。同时还对生活面临困境的出狱者提供福利性援助或生活指导。

目前，通过日本法务省对更生保护事业的具体计划安排，日本的更生保护制度日趋完善，社区矫正工作的发展使得最大限度地减少被判处监禁刑的犯罪者成为可能，罪犯尽可能地回到社区和相关组织中接受监督改造，进行社区矫正。日本社会工作介入社区矫正，大大降低了执行刑罚的成本，减少了罪犯和社会之间的隔阂与摩擦，帮助罪犯重新融入人群，回归社区、社会，同时使得日本长期保持着发达国家犯罪率最低的纪录。

11.5 本章小结

综上所言，目前国际社区矫正工作模式大致分为三种：

（1）以美国、加拿大为代表的"公众保护模式"：社区矫正的适用对象广泛，社区矫正的决定和执行机构统一，法律体系完善且成熟，社区矫正刑罚种类多样，社会工作的参与不仅仅是帮助罪犯重返社会，更多地是以维护社会公共安全为目标，以保护公众安全为基本出发点。

（2）以英国为代表的"刑罚执行模式"：强调社区矫正是作为一个刑种纳入刑罚体系，不像美国、加拿大国家是以特殊保护为目标。社区矫正工作由一系列社区矫正令组成，扩宽了矫正的弹性；同时也符合社会工作个案管理个别化的原则，允许法官根据不同个案的实际情况，选择最适合的某一种或多项社区矫正令，更加有利于罪犯的改造。

（3）以日本为代表的"更生保护模式"：减少监禁机构中的犯罪人数，让犯罪人尽可能地在社区中接受社区矫正，注重出狱人的保护救济。社会工作者在保护官的监管下，帮助犯罪人尽可能地与社会接触，协助其可以较为顺利地开始新的生活。

社区矫正工作由于社会工作的介入，日趋人性化、社会化，已经成为国际刑罚方式的主流措施。社会工作协助社区矫正在缓解监狱人数激增、减少重犯率以及节约司法刑事资源方面发挥巨大的作用。了解国际社区矫正工作的经验，借鉴社会工作介入社区矫正的成效之处，对于发展我国富有特色的社区矫正社会工作有着重要意义。

第 12 章

发展中国特色社区矫正社会工作

现今,社会工作参与社区矫正仍存在不少问题,如职业制度生成空间不足、矫正工作者专业水平低、社区矫正社会工作的法制建设滞后等,影响了社区矫正的实际效果。由此,本书提出可从扩大社会工作参与渠道、完善专业矫正服务机构运行机制、健全矫正社工职业制度和加快社会工作立法等方面,探索构建社会工作参与社区矫正的本土长效机制。

12.1 社会工作在社区矫正领域的角色与作用

12.1.1 专业社会工作者在社区矫正中的角色总结

当下社会工作在社区矫正中发挥着越来越重要的作用,专业社会工作者自身的角色与定位问题却愈加凸显。从专业社会工作的角度来看,社区矫正社会工作是专业社会工作者通过链接社会资源、提供专业服务协助社会失范或越轨人员重新回归并融入社会的过程,是具有福利性质的介入活动。社区矫正中专业社会工作者要运用多种专业技巧帮助罪犯(或具有犯罪危险性的人员)及其家人获得资源支持走出困境,并设法在政策和制度上发挥影响,从而达到预防犯罪的目的。在这一复杂的助人活动过程中,专业社会工作者扮演着多重角色。

(1)矫正教育者的角色。社区矫正作为一种在社区环境中实施的非监禁性刑罚措施,其适用范围是一些犯罪情节较轻、社会危害程度较小、再犯罪概率较低的初犯、轻刑犯、青少年犯以及经改造有悔改表现的罪犯,因此社区矫正措施的惩罚性功能相对较弱,而教育矫正等社会福利性功能是其主要的、处于核心地位的属性①。专业社会工作者开展矫正工作是一个完整的过程，与矫正对象建立专业关系之后，社会工作者需要对矫正对象的问题、需求、能力和社会关系等进行综合评估；之后社工则要依据个别化原则与矫正对象讨论适合其自身的矫正方法，有针对性地制订个案矫正计划，明确各自的任务和职责以及具体的服务或监管的形式、措施等；在执行阶段，专业社会工作者主要是寻求社会资源，在控制服务对象的社会危害的情况下，尽量去支持帮助服务对象恢复个人的人格尊严和责任精神、恢复其社会关系和社会活动、增加社会对他的理解和接纳，以使服务对象能够逐渐成为符合社会规范的社会成员；最后，专业社会工作者是对服务对象的矫正期内的表现和当事人一起进行总结和评估，看案主的改变和康复情况并出具报告给有关部门②。

（2）资源链接者的角色。即社会工作者把有利于矫正对象改变的社区资源和专业资源整合起来，构建成社会支持网络。对于社会工作而言，除了正式的资源，矫正对象的生活环境里也有丰富的非正式资源，如愿意提供指导、支持、安慰、资助的人和家庭，社会工作者可以通过开通电话、组织家属探访、走访矫正对象家庭等方式尽可能调动各种资源，扩大矫正对象与外部社会的联结，帮助矫正对象建立完整的社会支持网络。"社会支持网络中的社会资源或社会资本既可以帮助矫正对象对他人施以更强的影响力，也可以帮助矫正对象自身改善生活环境和工作环境。另一方面，又可以帮助矫正对象在与其他群体互动的过程中提升自我形象，改变对自身群体的不利评价，营造平等的社会环境③。"

（3）服务提供者的角色。即运用专业理论、方法和技术为有需要的个人及其家庭提供多元化、专业化的服务，如为矫正对象提供心理咨询、就业就学辅导、生活辅导、医疗保健转介和物质援助等，众多研究表明，犯罪人员基本上都存在各种各样的问题，如心理问题、家庭问题、社会不适应问题、资源匮乏问题、人际关系问题、社会歧视问题，如果这些问题不解决，社区矫正的目标则很难实现。由于矫正对象的能力和资源都比较有限，因此需要相关人员的协助，而专业社会工作者能够及时回应矫正对象的需求，挖掘和整合社会资源对其提供专业服务，帮助其顺利完成由非完全自由环境向开放社会工作生活的过渡。

---

① 史柏年：《社会工作：社区矫正主体论》，载《中国青年政治学院学报》2009年第3期。
② 郭伟：《社区为本的矫正社会工作理论与实践》，载《社会工作·下半月》2008年第3期。
③ 孙静琴：《试论社会工作介入社区矫正的方式和途径》，载《行政与法》2010年第1期。

除了协助矫正对象解决具体问题，社会工作者还可以通过专业服务对矫正对象进行情绪疏解。矫正对象遇到家庭矛盾、人际纠纷等解不开的疙瘩，就会产生愤怒、郁闷和气不过等消极情绪，如果没有一个情绪消解的渠道，他们一时冲动很可能再做出极端的事情来。社工可以通过建立热线电话等方式，给矫正对象一个自由倾诉的机会，让他们把心里烦恼表达出来，倾诉本身就是其心灵治愈过程。

（4）能力建设者的角色。专业社会工作者通过职业培训、社交训练等措施协助矫正对象提升社会生活的适应能力，从而使得矫正对象实现自立自强，积极促进其回归主流社会，从而实现"助人自助"的目标。

在社区服刑的人员，一方面，走上犯罪道路本身就是因为受教育水平低，综合能力相对不足，因而在争取合理社会资源和社会机会时处于劣势地位，对自我生活缺乏必要掌控。另一方面，在接受教育和矫正之后，这些服刑人员最终还是要回归社会，适应社会需要必要的能力和素质。社会工作在介入社区矫正过程中可以起到能力建设的作用。具体来说，专业方法当中的个体能力评估能够帮助司法人员全面认识服刑人员的能力结构，尤其是社会工作采取优势视角注重挖掘矫正对象潜在的社会功能，通过教育、倡导、矫正提升其社会适应和应对风险的能力，从而使其能够顺利承担社会角色。

（5）政策倡导者的角色。犯罪问题的产生不仅仅是个体的原因，一定程度上也有社会层面的原因，如社会福利政策的不健全、社会分配的不公以及反馈问题的渠道不畅通等，因此专业社工应发挥政策影响人的角色，立足社工的专业理念，将其实际情况反馈给政策制定者或进行政策倡导，进而从政策层面预防和减少犯罪。同时政策倡导可以促进更多人了解或理解矫正对象的需求，从而得到更多社会资源的回应。

（6）管理者的角色。社区矫正过程中专业社会工作者对矫正的实施进行有效控制，同时参与矫正对象相关的资源、专业关系、信息等的安排和处置，建立社区矫正工作档案，为服务的顺利开展发挥作用。社区矫正是一项系统的、涉及面广的综合性工作，因此，其实施过程需要整体规划和管理，来提升其操作性、针对性和实效性。社会工作作为现代社会的专业性助人服务职业，可以在整个社区矫正过程中扮演协调、规划和管理的角色。

12.1.2　社会工作在社区矫正中的功能总结

第一，社会工作在社区矫正中发挥着助人与服务的基本功能。从专业社会工作者在社区矫正中扮演的角色如矫正教育者、服务提供者、资源链接者、支持者、管理者等这些角色来看，社会工作的基本功能是帮助人摆脱困境。专业社会工作者通过对学校、家庭、社区、政府等各方面的资源进行整合，协助解决矫正对象所遇到的各种问题，如情绪心理、社会适应性困难、资源匮乏和支持网络缺失等，为他们顺利回归社会搭桥铺路。

第二，帮助矫正对象实现自身良性发展是社会工作主要功能。社会工作的基本价值是"助人自助"，"自助"是根本目标。社会工作坚信人的潜能和价值，相信人可以通过自身努力实现自我的价值。在社区矫正中，社会工作者从矫正对象发展的角度提供中介服务、认知训练和行为治疗，充分挖掘矫正对象的个人潜能，促进他们的发展，这对于矫正对象个人发展和社会良性运行都有积极的意义。

第三，社会工作具有社会福利输送和传递功能。社区矫正既是一种刑罚形式，同时又具有福利性，既是通过社会控制，同时也是通过提供社会服务来促使犯罪者早日实现蜕变复归社会。社会工作介入社区矫正，一方面的意义在于积极参与国家治理体系创新，加强对犯罪人群的监管防控，同时也以矫正对象的现实需求为依据，依法为其输送社会福利，丰富其自我良性发展的保障与条件。

12.2 我国社区矫正领域社会工作发展的现实问题

12.2.1 专业社会工作者在社区矫正中作用有限

我国社区矫正工作已开展10多年了，但从工作实践中也能发现，理应在其中发挥关键性作用的专业社工，至今作用仍很有限，具体表现在三个方面：其一，专业社会工作者在社区矫正专职人员中的比例不高；其二，现有社区矫正工作队伍内的社工专业水平不高；其三，实际矫正过程与专业知识脱节严重。

比如，自2003年开展社区矫正以来，北京市从司法助理员和监狱、劳教等岗位抽调了逾690名干警，保证每个司法所配备1名司法警察配合开展工作。虽然组织了多层次的培训，"但人员的基础素质、学历水平、教育背景与发达国家相比存在较大差距，短期内很难适应社区矫正的专业化要求[①]。与此同时，北京市还按照1∶20（其中包括5名社区服刑人员和15名刑释解教人员）比例为每个司法所配备社会工作者。可见，北京的社区矫正社会工作职业化走在了全国的前列。然而，当前在其他很多地方，社区矫治工作队伍仍然是"主要由司法所干部、抽调的监狱警察及社会志愿者组成[②]"。又如，上海市刚开始社会招聘时，具有社会工作和法律专业背景的人员仅占一成多，入职的社会工作者就更少。

我国社区矫正人员的专业素质和社会工作者的配备与发达国家差距较大。如美国、加拿大、英国和日本等西方国家对矫正官有比较高的准入门槛。一般要求本科以上学历，具有心理学、社会学、社会工作、教育学和犯罪学等学科背景，经统一考试录用，上岗之前还要经过一定时期的特殊专业培训。另外，在这些国家的社区矫正中社会工作者也保持较高的参与度，社工们通过提供专业化的服务，为社区矫正工作增添了一股强劲的柔性力量。我国近年来社区矫正社会工作者规模虽不断扩大，但专职社工的日常工作却多为非专业性的文书工作所占据，与其专业背景严重脱节，阻碍了其专业化知识的实际应用。

社区矫正对专业性、科学性和规范性的要求非常高，也要求从事社区矫正工作的人员必须具备较高的基础素质和专业素质。但作为社区矫正走向专业化的主导力量，矫正社会工作者功能与作用的发挥仍多受掣肘。

12.2.2 专业社工机构在社区矫正领域发展受阻

经过多年试点，各地司法行政机关创新社区矫正管理和服务平台，因地制宜成立了诸如"阳光中途之家""社区矫正中心""阳光驿站"等工作机构已逾600个，集监督管理、教育矫正、帮困扶助等功能于一体。其中，试点之初，北京市即在18个区县成立了非营利性社团组织——阳光社区矫正服务中心，隶属于各区县司法局，负责招聘、培训社会工作者。上海市最早成立了独立运作性质的民办非企业——新航社区服务总站，并在19个区县设立服务分站，成立之初就招聘了450名社会工作者，下派到司法所从事矫正社会工作。然而，现行的从事矫正社会工作的专业机构却面临着不小的发展困境。

---

① 许冷：《北京市社区矫正的探索与实践》，载《北京政法职业学院学报》2006年第3期。
② 赵丽宏：《构建社会工作视角下的社区矫正模式》，载《学术交流》2009年第5期。

从两地实践看，困境主要来自两方面。一方面，受我国社会组织管理体制影响，社区矫正机构由多头管理容易造成职责不明，当前社区矫正基本形成了公安执法主体、司法执行主体和机构运作主体并存的格局，由于缺乏完备制度规定，相互间权责模糊在所难免。另一方面，机构运作中，行政干预色彩依然较强，政府并未把社团看成是独立运作的机构，"在资金调配、人员招聘、社团及社工的考核评估等方面依然主导社团的运行[①]"，制约了社区矫正社会工作的自主运作。

在社区矫正试点工作实践中，各地之所以以不同方式引入专业机构，理论上是因为，专业机构强调将社会工作价值理念运用到社区矫正中，通过政府引导、专业机构开展矫正服务的方式推动其自主运作，实现社区矫正的社会化管理与专业机构的专门化管理相结合，这符合社区矫正作为一种社会管理手段日益走向社会化的趋势。但现实的发展困境却无法满足社区矫正对这一趋势的适应。

12.2.3 社区矫正社会工作者职业制度缺位

自2003年以来，社区矫正各试点地区对社会工作介入社区矫正均进行了积极探索，制度设置也不尽相同。2008年，全国社工师资格考试制度确立，对介入社区矫正的社会工作者的能力提出了系统要求，是我国社会工作职业化的一大进步。然而，社会工作介入社区矫正的职业制度至今仍未得到全面的规范和完善，教育与培训、工作待遇和评估激励等制度长期处于缺位状态。

北京市和上海市等地规定，各级司法所和矫正机构在进行社会招聘时，要求招聘对象必须具有相关教育背景，如社会工作、心理学和法律等，新入职的社区工作者必须接受时间不等的社区矫正岗前培训。要想通过"速成法"培养出专业矫正社工人才可能性并不大。同时，矫正社工同其他领域的社工一样，其工作待遇与福利普遍偏低，比如试点之初，上海市规定具有本科学历的人员每月工资2000元，大专学历只有1500元（另外每年有"五险一金"福利待遇）。待遇与福利偏低以及司法工作本身的潜在危险性，都可能成为大批社工专业毕业生不愿从事社区矫正事业的主要原因。考核评估方面，比如，上海市司法局和各区县司法局对总站和分

[①] 王李娜：《上海社区矫正的实践与思考》，载《湖北经济学院学报》（人文社会科学版）2008年第3期。

站实施指导、考核和监督，由于缺少专业考核机制，实际工作中多数情况下仅以记录的文档数量为准，与矫正实务脱离。

众所周知，整个社区矫正制度涉及面广泛，包括司法的刑罚制度、公安的执行制度、机构的管理制度和专业社工的职业制度，其中，社会工作参与社区矫正的职业制度，是保障社区矫正效果、促进社区矫正专业化和科学化的重要方面。职业制度不健全、相关机制不协调是制约社区矫正社会工作发展的关键因素。

12.2.4 社会工作参与社区矫正的法制有待健全

依法实行社区矫正，是适应经济社会发展新形势，加强和创新社会管理的重要举措，我国在社区矫正试点工作中始终坚持法规完善与实践创新相结合。2004年司法部印发的《司法行政机关社区矫正工作暂行办法》初步明确了社区矫正工作者的组成包括两部分：专业矫正人员和社区志愿人员。专业矫正人员主要包括司法所工作人员、调解工作人员、公安派出所民警等；社区志愿人员包括社区团体人员及其他参与社区矫正工作的志愿人员[1]。2009年"两高两部"联合颁布的《关于社区矫正全国试点意见》和2012年出台的《社区矫正实施办法》中，都逐步强调了社会工作者和志愿者参与社区矫正的必要性和重要性。

然而，由于我国统一的社区矫正相关法律尚在制定中，未对社区矫正人员的资格、法律地位、权利义务、构成等作出统一规定，即使在现有的法规条例中，"对社会工作介入社区矫正的规定也具有粗放性和模糊性[2]"，导致社会工作参与社区矫正缺乏法律基础。现实中，这表现为，由于社区矫正本质上仍属于一种刑法执行方式，社会工作不具有司法权威性。从很多现实案例看，社会工作者在协助实施社区矫正过程中，因不具有法律权威性，矫正人员不配合、不接受监督的现象屡屡出现，更别提矫正能够产生较大程度上的效果了。

综上，我国现行法规虽然也对社会工作协同参与社区矫正作出规定，但条文粗疏、笼统，而且缺乏可操作性。社区矫正的一项重要的任务是执行刑罚，但社会工作作为现代社会一项重要的专业性助人事业，却不具有

---

[1] 司法部基层工作指导司：《司法行政机关社区矫正工作暂行办法解读》，载《中国司法》2004年第10期。

[2] 张国华等：《试论我国社区矫正制度建设中的若干问题》，载《社会》2004年第10期。

法律的权威性,这就造成了现实的矫正要求和法制不健全之间出现张力,削弱了社会工作对社区矫正的协同参与效果,明显不能适应社区矫正工作快速发展的现实需要。

12.3 社会工作本土化发展的反思与前瞻

12.3.1 社会工作的本土化、专业化和职业化

社会工作作为一项外来专业和职业,很容易产生本土化的问题,再加上目前我国社会工作发展正处于起步和发展阶段,其专业化和学术框架尚未完善,社会工作作为第三部门和政府关系的定位也比较模糊,社会工作在中国大陆的本土化问题一直是相关学者和社工实务工作者讨论的热点,在这样的背景下探讨社会工作的本土化问题需要有着多方面的考虑。

社会工作本土化最早是在1971年联合国第五次国际社会工作培训调查时提出的,其定义为"将社会工作功能和教育与某个国家的文化、经济和社会现实结合起来的过程"。王思斌认为社会工作本土化是社会工作进入某一社会文化区域发生的适应性变化,是外来的社会工作同本土性社会工作的互动过程,这一过程的特点和进程与二者之间的亲和性有关。在意识形态、工作模式、工作方法与技巧层面上二者的亲和程度决定着二者之间的共生或融合,也决定着社会工作本土化的进程[1]。在20世纪80年代后期,专业社会工作在我国重建之前,社会主义中国采用具有革命色彩的措施应对社会问题,政府一方面力图通过发展经济和相对平均的分配来解决突出的贫困问题,另一方面用革命战争时期形成的、以精神鼓舞为主的方法去应对困难。相对于专业化社会工作,这种传统的服务模式可称之为行政性、非专业的社会工作。因此,专业社会工作在我国的进入被称为嵌入式,即专业社会工作从其恢复重建始就落入传统社会服务模式占统治地位的时空之中,而且至今这种格局并没有发生本质性的改变[2]。

另一种本土化模式是原有行政性助人工作向专业社会工作的转变。由于当前我国国家和社会的关系界定模糊,国家或者说政府在很大程度上承

---

[1] 王思斌:《试论我国社会工作的本土化》,载《浙江学刊》2001年第2期。
[2] 王思斌:《中国社会工作的嵌入性发展》,载《社会科学战线》2011年第2期。

担了社会的职能，挤压了社会发展空间，导致两者发展不协调，公民社会和民间组织发展不充分，群体公民意识薄弱。因此这种形式的本土化多由政府自上而下主导，以行政命令的形式通过培训等加强干部人员专业化能力，学习国际专业社会工作的知识和经验，在此基础上促进专业性与本土性的兼容，实现优势互补。

专业的发展和本土化的过程离不开政府的认可与支持，随着经济体制和政治体制改革深入，新常态下社会治理模式创新社会力量愈加受到政府重视，为社工留下一些福利和服务的空间，政府、市场、社会互补构建完整国民保障体系的趋势出现。然而我国的社会工作发展刚刚起步，内部治理和外部发展环境建设尚未完善，本土经验积累有限，民间力量和组织尚未充分成长，这样的背景下我国社工的本土化发展需要在争取进入"体制内"，即纳入国家体制以维护并确认社会工作的专业性，使社工的发展与国家立法相结合，从而获得制度保障，从而依托政府政策支持和组织体制寻求自身专业化和职业化的发展，使社会工作在国家法律保障下获得参与资源再分配和社会机制改革的社会位置与行动力，这对于社会工作获得社会认可、提升学科专业建设有重要影响。这种被政府体制的吸纳，并不意味着就一定会丧失专业自主权，而是希望依托政府资源谋求专业更好发展的一种现实选择。在当下我国社区矫正专业社会工作在不断提升专业自身对解决社会问题的行动力和专业性的前提下，积极参与政府活动和立法工作的倡导，努力争取政府的认可和支持，从而获取其本土化发展的有力支持。

一门专业的本土化是一个连续的系统，因此社会工作的本土化应该体现在多个方面。首先，社会工作教育应注重对本土实务经验的讲解，强调教师在中国的社会文化背景下解读西方社工理论和实务技巧，减轻社工教育与社工实务需求的脱节；其次，确立社会工作认证制度，进一步加强和完善社会工作职业标准认证、培训和考评制度，通过准入制度扩大其在提升社工专业地位、树立专业权威和社会认可、形成社工服务规范等方面的作用和影响；最后，社会工作发挥作用需要有成熟的职业环境和选择，这就需要社会工作建立自己的社会和政策支持系统，实现社会工作教育与市场人才需求之间的链接。此外，成系统的法律保障下社会工作学会和专业组织的充分运作可以为社会工作本土化规范、伦理的产生和发展发挥作用，同时这些专业组织又可致力于社工专业交流、研究发表、行业自律等活动，争取社会对社工认可的提升。①

12.3.2　社会工作服务机构的发展与介入问题

当今经济快速发展，人类社会物质文明高度繁荣，人的更高层次的需求暴露，社会问题越来越纷繁复杂，无法单纯用警察、法律、教育来解决，而需要更个别化、人性化和柔软的方式来解决。然而受当下我国社会组织管理体制的影响，社会工作服务机构在介入社区矫正中缺乏明确的权责，并且一定程度上受到政府主导，无法真正发挥自身的自主性和专业性。同时，社会工作和社会工作服务机构也需要拓展涉及更多领域和方面，用不同方法去介入和应对社区矫正中繁冗复杂的社会问题和需求，在介入社会问题中寻求多元化发展，致力于社会多元文化的本质，了解接纳社会地位、民族、地区、家族、传统、性别、性倾向、生理等不同而产生的异质的个体或群体，走出社会工作固有领域，将不同发展层次的个体和群体纳入社工介入对象，改变原有行政统一思想，关注个别化原则。

近年来我国社会工作服务机构发展迅速，活跃在包括社会福利、社会救助、慈善事业、社区建设、婚姻家庭、精神卫生、残障康复等诸多领域，所服务人群更加多元化，同时不断对现有社会工作相关制度进行反思和改进，呈现出具有朝气的发展态势，这是值得鼓励的。

不同于社会工作发达的国家和地区社会力量自发性对社会工作本土化的推进，我国社会力量相对薄弱，政府在社会工作和提供社会服务方面起着主导作用。目前我国对于非营利组织实行双重管理，即对非营利组织的登记注册管理及日常性管理实行登记管理部门和业务主管单位双重负责的体制。这一体制有利于政府对非营利组织的监管和引导，但更多研究则显示这一管理体制将组织成立、管理、运行的各个环节都纳入政府管理体系，限制了更多社会组织的增加和其作用的发挥，并削弱了非营利组织的自治性，不利于民间机构和社工力量的发展，同时，我国社会工作服务机构还面临着公民社会发展不充分、民间力量薄弱等现实。争取政府行政力量的支持以提升自身专业自主能力便显得尤为重要。

最后社会工作服务机构应关注我国所处社会转型这一加速变迁期的特点，特别是社会的解构与重建、文化断层下行为失范、阶层流动固化

---

①　寇浩宁：《简论台湾社会工作专业化历程》，载《台湾研究集刊》2012年第2期。

等原因复杂、类型多样、解决困难的问题，回应社会变迁所带来的需求和挑战，对因违法犯罪而正常秩序受到影响的个人、家庭、群体给予合理帮助。

12.3.3 政府购买社区矫正社会工作服务的机制

政府购买服务与社区矫正的结合，是社区矫正工作形式的创新性探索。它是由政府相关职能部门制定社会工作政策、设立执行岗位，以政府购买服务或相关服务岗位的方式，通过社会非营利机构，根据社区矫正对象等具体情况在基层司法所配备专职社工配合司法所和派驻到社区的司法干警开展矫正工作的一种创新形式。

政府购买服务与社区矫正结合主要有两种方式，政府购买社会非营利性组织的服务，或者购买服务性岗位。购买服务的核心是政府实行管办分离，不再直接提供服务，而是出钱向民间社会组织购买服务，由这些组织为公众提供更加广泛和专业的社会公共服务，政府则主要承担政策制定和监督管理的职能。

上海市是首先将社区矫正与政府购买服务结合的地方。由上海市司法局社区矫正工作办公室领导和监管，引入政府购买社团和社区服务，采用社工的价值理念及工作手法以更好地提高矫正效果，更好地帮助矫正人员回归社会的一种执行主体和工作主体适当分离的工作。随后，深圳市、宁波市、广州市海珠区等各地的社区矫正试点工作中也开始引入政府购买服务，并取得了一定的成果，积累了一定的经验[①]。

虽然政府购买社区矫正服务有诸多好处，既能推进政府职能转变、加快建设服务型政府、增强政府的社会管理能力，也能节约财政支出，同时还能提高社区矫正服务的效率与质量。但是目前我国政府购买服务仍处于初步探索阶段，社区矫正也是在实践中摸索，将不成熟的二者结合的尝试不可避免地会存在一些问题，主要体现在政府购买服务制度化水平低、社会组织专业性发挥不足以及缺乏相应的评估和监督机制等方面。

第一，政府购买社工服务的制度化水平低。主要体现在两个方面：一是政府购买社工服务缺乏专门的行政管理制度。大多地区都是根据政府采购、部门预算和国库集中支付等相关制度来保障。例如，国内大部分地区

---

① 刘洁莹：《创新社区矫正构建和谐社会》，载《法治论坛》2010年第3期。

受制于经济发展水平，没有形成明文规定来保证政府购买社工服务行为的专项财政支出。由于没有统一的管理规范和采购标准，导致采购部门在购买服务时各行其是，操作十分混乱。二是缺乏政府购买社工服务的法律法规。这不仅使政府购买社工服务丧失了法律上的正当性，而且也会导致程序上缺乏规范性，操作更加随意。目前大多地区都没有相应的条例法规，都是依靠规范性文件来进行。即使地方有相关的指导性意见、实施办法，其规定在具体实施中也缺乏可操作性。

第二，社会组织专业性发挥不充分。目前我国的矫正型社会工作机构和社会组织发展刚刚起步，内部专业性成长和外部发展环境建设尚未完善，存在诸如制度不健全、管理不规范、专业人才缺失等问题，社区矫正的民间力量和组织尚未充分成长；此外，我国现在尚处于社会结构转型期，社会组织和机构力量薄弱，普遍缺乏自主开辟发展空间的能力，特别是在现有双重管理体制下，社会组织和机构成立、管理、运行的各个环节都被纳入政府管理体系，其发展必须依托政府在资金和行政管理上的支持，对政府有很强的依赖性。在其提供服务时，政府通常会倚仗自己的强势地位，把出资购买服务异化为购买对其的支配权，导致其缺乏独立性。由于在提供服务时要受制于政府，降低了其专业水平发挥的能力。

第三，评估和监督机制不健全，政府购买社工服务开展社区矫正是典型的委托——代理模型，政府委托社会组织提供社区矫正服务，并支付报酬。社会组织作为代理人，在不受约束的情况下，很可能通过提高价格和降低质量来追求自身利益最大化。实践中，政府购买社工服务后，普遍缺乏科学系统的评价体系和强有力的监督体系，同时缺乏相关专门人员对服务提供过程中的技术问题进行督导。大部分政府购买服务项目在评估社会组织的服务时还是采用传统的行政化的方法，如不定期检查、提交报告书等，缺乏科学性和系统性[①]。而有些可以量化的指标，如相关项目方案执行过程与结果评估、项目执行效率评估等尚未进行。政府在评估、督导与核算的缺失，将直接影响社区矫正政府购买服务的实施效果。

在我国的政治传统和现行财政体制框架下，政府购买公共服务确实是各级政府创新行政、社会管理体制的有效途径，我国内地开展政府购买社区矫正服务取得了一定成就，但同时我们也要理性应对其中暴露出的问题，一方面要支持各级政府在社会建设领域进行的购买公共服务创新实

---

① 檀娟：《政府购买社区矫正服务探究》，载《时代金融》2013年第11期。

践；另一方面要总结经验教训，健全相关法律法规与政策规范，用健全的法制保证政府购买公共服务健康发展。

12.4 中国社区矫正制度与政策的改革与创新

12.4.1 我国社区矫正的发展与成效

在西方国家，社区矫正在减少犯罪机会上的效果是有目共睹和卓有成效的，相比较欧美等发达国家和地区社区矫正社会工作的发展，我国的社区矫正社会工作起步较晚。21世纪初，在世界范围的刑事司法制度改革潮流的影响下，在"以人为本"的科学发展观指导下，"社区矫正"作为一种理念和制度被提上了我国刑事司法观念和制度改革的议事日程。2000年9月上海女子监狱对罪犯试行半监狱刑的探索；2002年8月，上海市正式在普陀区曹杨街道、徐汇区斜土街道、闸北区宝山街道启动社区矫正试点工作；2004年8月，社区矫正模式推广到整个上海市。2003年7月，最高人民法院、最高人民检察院、公安部、司法部联合发出《关于开展社区矫正试点工作的通知》，并确定在北京、天津、上海、江苏、浙江、山东6省市范围内开展社区矫正的试点工作，试点期间，第一批试点省市已有35个区（县）、310个街道开展了社区矫正工作。2004年8月，河北、内蒙古、黑龙江、安徽、湖北、湖南、广东、广西、海南、四川、贵州、重庆12个省（区、市）被列为第二批试点省份开展社区矫正工作。社区矫正工作的试点规模和范围已经扩大到全国一半以上的省（区、市）。在4年时间的社区矫正试点工作实践过程中，各试点省（市、自治区）特别是全国首批试点的6个省（市）在社区矫正的组织管理、队伍建设、制度创建以及社区矫正监督管理、教育矫正、奖惩考核和帮助服务的手段、方法与措施等方面进行了积极探索，初步形成了社区矫正试点工作模式。这一过程体现了政府对社区矫正事业的大力支持和推进，也体现了社区矫正这一初具规模的非监禁执行活动的试点工作对我国刑罚执行人性化、开放化及相关法制改革的重要意义。

2014年最高人民法院、最高人民检察院、公安部、司法部联合召开全国社区矫正工作会议并出台《关于全面推进社区矫正工作的意见》以来，通过政府购买社区矫正社会工作岗位、培育扶持能够承接矫正服务的社会组织和社会工作服务机构、组建社区矫正社会工作者队伍，推动社区矫正社会工作发展不断取得新进展。截至2015年2月底，社区矫正工作已在全国所有省、地、县、乡四级全面开展，初步形成了社区矫正的组织体系；结合试点地区工作与后期推广经验，各级司法部门不断出台相关规范政策，社区矫正法律制度不断健全完善；截至2015年5月底，全国各地累计接收社区服刑人员242.9万余人，累计解除矫正169.6万余人，现有社区服刑人员近74万人，社区矫正工作成效明显。社区矫正工作在法制化规范化建设、机构和队伍建设、保障能力建设、社会力量参与、社区服刑人员教育改造以及矫正场所设施建设等方面取得了重大进展[1]。总体来看，我国社区矫正在10年的探索实践过程中，形成了相对完整的社区矫正理论体系、制度体系、服务保障体系，建立了相对稳定的社区矫正工作人员队伍和运行机制，降低了罪犯的再犯率，促进了社区建设和社会法治建设进程。

12.4.2　我国社区矫正制度与政策面临的问题

相对于欧美国家而言，社区矫正在中国起步较晚。虽然中国的刑罚、刑事诉讼法和其他相关法律法规都有明确的规定，即对被处管制、缓刑、假释、剥夺政治权利和暂予监外执行五种罪犯使用社区刑罚，但作为一种刑罚理念和刑罚制度的社区矫正始终没有发育成熟[2]。一方面，由立法和司法主导的社区矫正难以改变法律在缓刑、假释、监外执行等的对象及条件上规定的较苛刻的限制，使得社区矫正的适用数量很少；另一方面，公安、司法机关、专业社会工作人员等相关方分工模糊、职责不清，社区矫正作用发挥十分受限。2003年7月，最高人民法院、最高人民检察院、公安部、司法部联合下发了《关于开展社区矫正试点的通知》。此后，通过分批试点，我国的社区矫正工作于2009年在全国范围内正式施行。从实行目的看，此项制度的推进有助于整合社区资源，对社区矫正对象进行再社会化教育和管理，以使其获得良好的恢复和发展机会。从实行结果看，社区矫正的实施已在我国司法和社会管理领域取得了明显的效果和积极的

---

[1]　此处数据均来源于司法部社区矫正管理局网站：http://www.moj.gov.cn/sqjzbgs/node_30068.htm，2017年12月12日。
[2]　王思斌主编：《社会工作概论（第二版）》，高等教育出版社2006年版，第310页。

影响[1]。但由于试点阶段缺乏经验，目前的社区矫正工作仍存在许多问题：

社区矫正工作中存在政府"一家独大"的局面，缺乏多元的行为主体，我国当下的刑罚执行由司法和公安机关分别行使监禁刑罚的执行权和非监禁刑罚的执行权，这种"双主体"模式在工作职能上的重复劳动使得工作效率、效益较为低下，造成司法行政资源的大量浪费。而《关于开展社区矫正试点的通知》的出台并没有从实质上改变我国《刑法》和《刑事诉讼法》确立的公安机关依法行使非监禁刑执行权的主体地位，社会力量介入社区矫正仍十分有限。

社区矫正的社会认可程度有待提高，将罪犯置于社会上予以矫正的刑罚措施在广泛推行和应用的前提是社会公众的认可和接纳。从刑事立法和司法实践的现实来看，我国目前还处于以报应为目的、以监禁为主体的刑罚制度阶段，司法界认识对于提高社区矫正措施的适用范围和比例存在种种疑虑，担心社区矫正对象重新犯罪会招致社会对司法工作的不满和指责；社会公众对社区矫正也存在种种认识上的偏差，认为罪犯被判刑后不关押而放到社区中没有受到应有的惩罚，担心这样做的结果会使更多人因为没有了对刑罚的恐惧而走向犯罪；社区居民更表现出对社区矫正的排斥，担心罪犯放回社区会使得生命财产安全没有保障，社区参与的广度和深度十分有限，以上种种"标签"和污名化与我国目前的法律教育和公民教育的缺乏有密切关系。

社区矫正工作形式简单化的状况有待改进，我国社区矫正试点工作规定的矫正范畴有管制、缓刑、假释、监外执行和剥夺政治权利五种，但是《刑法》和《刑事诉讼法》对于这五种矫正对象分别采取什么样的社区矫正措施没有明确规定。之后2003年由最高人民法院、最高人民检察院、公安部、司法部联合下发的《关于开展社区矫正试点的通知》也没有明确提出具体的处遇方式和措施，在这样的立法和制度框架下社区矫正缺乏有针对性的多样化的措施和手段。

专业人才缺失，社区矫正工作的开展需要大量的社会工作者参与，但当前我国专业的社区矫正工作者十分匮乏，基层司法人员职能繁重但人员不足，且专业社会工作者在社区矫正专职人员中的比例不高。而在社会组织中，则存在专业人才和经营管理人才缺乏的问题，难以达到政府要求的资质提供符合政府目标的社区矫正服务；此外，我国尚未形成统一完备的

---

[1] 张丽芬、廖文、张青松：《论社会工作与社区矫正》，载《社会》2012年第1期。

社区矫正人才教育、职业准入与审核制度，社区矫正人员数量和专业水平难以保证。

12.4.3 社区矫正制度与政策的改革与创新

实现我国社区矫正制度的改革和完善首先要明确我国社区矫正制度的目标，从司法角度来说，社区矫正通过社区监管保证刑法的顺利实施，解决监狱拥挤状况，降低监狱行刑成本并改善监狱行刑的实际效果[①]；通过多种形式的矫正，改变矫正对象的不良行为和心理，同时发挥社区预防犯罪的功能；为社区矫正对象提供就业、生活、心理等方面的支持，以利于他们顺利适应社会，回归正常生活。从社会福利的角度来说，社区矫正是为部分有越轨及失范行为的公民提供的专业化的社会服务，以满足其基本的公民权利和需求，促进社会问题的解决和社会公平正义的实现。社区矫正使罪犯在不与社会隔绝的环境中实现其再社会化，充分体现法律的人文关怀和刑罚的人道价值。社区矫正制度建设必须紧紧围绕有利于罪犯的再社会化这个主题，落实人性化矫正管理措施和教育改造方法。

第一，建立完善的社区矫正政策法规和配套措施。作为国家或社会主体活动的司法实践——社区矫正从某种意义上也可以称之为一种无形方式对国家法治和社会法治产生影响的软权力。社区矫正的功能关涉的作为社会主体对社会法律现象的主观把握，对社会法治系统和社会整体法律文化所具有的渗透力和整合力，其不仅体现在法治建设中的心理依归功能，更体现在法制运行、实施和法律制度建构中。法律存在不仅是作为权威的象征意义，更重要的在于其依据自身的规则在社会场域有效地运行，从而使预设的目标得以实现。法律运行需要国家特定操作系统推动控制并由社会公众普通遵行，借助社会主体的法律行为，转化为社会现实生活中的法律关系、法律秩序，而法治资源的有效整合便是实现法律运行内在和外在产生的关键因素。

从社会存在决定社会意识的角度看，中国社会的法治实践作为一种特殊存在的社会活动，不仅受制于一定的历史条件，而且经历了漫长的发展阶段。传统的封建社会是建立在宗法血缘纽带基础之上的"礼俗社会"，伦理道德代替了法律原则。近代以来社会的转型与人的现代化使法治实践

---

① 郭建安、郑霞泽：《略论改革和完善我国的社区矫正制度》，载《法治论丛》2003 年第 5 期。

成为历史发展与时代演进的催化剂,我国社区矫正制度的司法实践根植于社会主义法治国家的建设中也必将在国家法治现代化的进程中得到提升与升华①。

第二,推动社会力量参与社区矫正,构建多元社区矫正机制。在推进社区矫正体制改革、创新社会管理的进程中,社区矫正的行为主体要突破"政府独大"的局面,推行社会管理体制创新,引导社会力量等多元化、多样性的行为主体共同参与。在治理日益成为全球性话语的情况下,社会组织将在社区发展中扮演重要角色,构建一个建立在科学分类和分层基础上,包括备案注册——登记认可——公益认定的三级民间组织准入制度,并通过政府监督、社会监督、民间组织之间的监督和制衡等方式引导社会组织参与社区矫正的健康发展。

社会工作是推进社区矫正服务的重要载体,是实现社区参与的重要途径,是提升社区社会资本的重要纽带,发挥其在社区矫正中的作用,在社区矫正工作制度中应明确社会工作在社区矫正中的地位,将社会工作纳入社区矫正制度规范,提升专业社会工作者在社区矫正专职人员中的比例,同时对社会工作方法的工作流程及运用原则加以规范。同时鼓励和吸纳社会志愿者的广泛参与以及募集社会资金支持等,形成多方力量协调共同促进社区矫正良好发展的运行模式。

第三,提升公民意识和社会参与,发挥社区在矫正中的社会整合和支持功能,推动社区矫正中的社区参与。社区作为一定地域中居民生活的共同体,是群众参与社会生活的重要场所,而在社区矫正的过程更需要依托社区,结合组织、动员、教育等手段,在广大社区居民的支持下,充分利用和挖掘社区资源,在社区之内解决矫正中的问题和困难。这就需要不断在社区中推行司法宣传和公民教育,引导社会参与意识,推动社区建设,提高社区居民的法律意识和接纳程度,使矫正对象在专业社会工作者和社区居民的帮助下形成健全人格,实现增权赋能。

矫正对象作为社会人,不能脱离社会生活,将矫正对象置于一个良好的社会群体中是促进其社会化的最根本的途径,社区矫正着眼于矫正对象的改善更生,回归社会,具有良好参与意识的社区更易为矫正对象创造正常的社会环境,让矫正对象能保持、发展与自由社会的联系,矫正对象不脱离家庭共同生活,参加工作,参与社会生活,在这种常态的环境下,矫

---

① 李晓莉:《中国社区矫正制度协同创新的路径选择》,载《兰州学刊》2015年第4期。

正对象在社区参与下更易重新融入社会。同时，许多国家的经验表明，在社区矫正中引入民间力量可以减轻矫正对象对国家强制性权威的敌视，促进其同社会的亲和力①。因此，从为矫正对象恢复社会功能，成功回归社会的角度来看，社区矫正和社区参与具有内在的统一性。

第四，完善个别化与多样化的社区矫正形式。由于社区服刑人员的人身危险程度及改造需要程度各有不同，因此，必须强调矫正工作的个别化原则。当前我国社区矫正的手段比较单一，主要有思想汇报、不定期的讨论交流、参加公益劳动等，不能满足矫正对象的个性需要。应尝试建立社区服刑人员的分类管理体系和个性教育模式，加强对罪犯的特点的全面分析，如犯罪的类别、罪犯的性别、犯罪的原因，是否有滥用毒品、酒精的问题，是否有一些特殊的问题，同时考虑罪犯的工作情况、教育背景、心理需要及个人成长经历，还包括是否存在精神方面的问题，注重开展一对一的教育，适用有针对性地管理和矫正手段，以取得最好的矫正效果②。

有针对性地设置轻重不同的刑罚矫正方式，如家中软禁、电子监控、中途训练、社区服务等，可以针对不同的矫正对象采取不同的矫正处遇和措施。如借鉴西方国家的社区服务刑，即依法判处矫正对象无偿地在一定时间内从事社区内的公益劳动，或者为社区成员提供特殊服务的一种刑罚方法。社区服务在西方一些国家经过几十年的实践，其做法日渐完善，它对于教育矫正犯罪分子、维护社会秩序的积极作用也受到了越来越广泛的关注③。从而不断发展完善我国现有刑罚制度，达到社区矫正与预防犯罪的目标。

第五，建设专业社区矫正人才队伍，发挥专业社会工作者在社区矫正中的作用，是促进社区服刑人员顺利回归、融入社会的保障之一。社区矫正是一个复杂的过程，需要社会学、犯罪学、心理学等多学科的基本理论和知识运用，而当前我国的社区矫治工作队伍主要由司法所干部、抽调的监狱警察及社会志愿者组成，缺乏专业的心理康复知识和工作技巧，工作的行政性和强制性较强，难以满足社区矫正的需要，引进各类专业人才、

---

① 李金众：《社区矫正中的社区参与问题研究》，国防科学技术大学硕士学位论文，2006年。
② 曹怡：《论我国社区矫正制度的建立和完善》，对外经济贸易大学硕士学位论文，2006年。
③ 郭建安、郑霞泽：《略论改革和完善我国的社区矫正制度》，载《法治论丛》2003年第5期。

发展专业矫治方法的需求较为迫切。

政府部门应建立社区矫正工作者统一的聘用、监督、培训、晋升等政策法规，实现社区矫正工作者的专业化、职业化；社会组织应建立人才培养体系和人才引进计划，增强机构自身的专业力量和管理能力；在社会工作教育上，要加强专业矫正社会工作领域的研究与教学，为开展社区矫正社会工作储备和输送人才；同时，专业社区矫正工作者也要不断学习提升，不断完善自我、提升自我以满足社区矫正工作的要求。

作为社会福利意义下的社区矫正体现着社会制度的完善程度和社会的发展目标，涉及人的权利和需求，其功能和效力影响着家庭、市场和政府等系统，对国家和人类社会的发展起着至关重要的作用。社区矫正制度与政策的改革与创新是一个漫长的过程，不管是培养专业化的社区矫正工作者还是完善社区矫正相关法律政策都不可能一蹴而就，而在这个过程中通过自助、互助、他助增强人与人的和谐，促进社区资源网络的构建以及社会利他主义的发展无疑是推动社区矫正进步和社会公平正义的重要因素。我国社区矫正发展还处在初期，专业社会工作介入社区矫正在构建自身的专业机制方面面临着巨大的挑战，我们一方面需要不断在本土实践中积累经验，另一方面积极在国际化视野下寻求自身可学习借鉴的优秀经验，探索出社区矫正在我国的本土化发展适合的路径。

12.5 构建社会工作参与社区矫正的本土长效机制[①]

12.5.1 拓宽多方协调的社会工作参与渠道

在我国香港特区，接受教育感化是一项系统性的社区矫正工作方式。根据香港地方法规，法庭可判令犯罪者受感化，期限为1~3年不等，感化主任是受政府聘请并受过专门训练的社会工作者，负有对受感化者劝告、帮助和辅导职责，在感化期内定期探访受感化者，提供督导和个别辅导。同时社会福利署招募市民义工，与受感化者密切联系，提供意见和帮

---

① 方舒：《我国社会工作参与社区矫正机制的检视与创新》，载《甘肃社会科学》2013年第3期。

助，协助感化主任的工作①。类似的社会多元力量积极参与社区矫正，专职矫正社工加义工的参与方式，很多国家和地区均已形成了比较成熟的渠道和机制。

社会工作职业制度较为发达的国家和地区，社会工作介入社区矫正的方式虽然各异，但目的都是在既定制度框架下尽可能发挥社会工作的功能与作用，助力社区矫正。由于我国社区矫正试点工作已开展多年，各地也形成了不同的地方模式，所以，扩大社会工作对社区矫正的参与渠道势在必行。总的来说，必须通过"招录、招聘、招募"等多种方式，建立由社区矫正执法工作者、社会工作者、社会志愿者组成的专群结合的社区矫正工作队伍，切实加强社区矫正机构和队伍建设，为推进社区矫正工作提供组织和队伍保障。具体说来，渠道可有如下借鉴。

第一，可以将北京社区矫正试点的做法继续扩大。在司法行政部门中设立社工岗位，积极进行社会招聘，主要针对具有社会工作专业教育背景的大学毕业生，扩大社区矫正工作者队伍中的社会工作者力量。第二，设立社区矫正机构，积极吸纳社会工作者，实行政府购买服务，这是从上海社区矫正实践中分析得出的经验。在国外，社区矫正机构（中心）提供一系列的院舍服务，通过向矫正对象提供住宿、寄宿和训练等机会，使他们掌握正常生活的技能从而顺利回归社会。第三，积极招募志愿者，与专业机构合作。社区矫正运用人际关系网络和各种社区资源，避免监禁刑造成犯罪者与社会的疏离，顺应了刑罚执行的社会化趋势。因此，除了社区矫正中心，还应该以项目方式与专业机构形成长期合作机制，同时发动各类社会团体和志愿者参与其中。通过上述三方面努力，才可能形成矫正执法者、矫正社工和社会义工多方协调、广泛参与的制度和机制。

12.5.2 推进社会工作服务机构参与机制创新

西方国家早已形成了规模较大的社区矫正机构，社会工作专业服务机构在其中也为数不少。比如，到 20 世纪末，美国社区矫正机构已达 2931 个，其中缓刑办公室有 812 个，占 27.7%，假释办公室有 486 个，占 16.6%，缓刑和假释合署办公的机构共有 1633 个，占 55.7%②。我国各

---

① 陈伟道：《香港对青少年罪犯的判罚与矫治社会工作特质》，载《青少年犯罪研究》2002 年第 6 期。

② 刘强：《美国社区矫正的理论与实务》，中国人民公安大学出版社 2003 年版，第 321 页。

地试点形成了如"北京模式""上海模式"和"江苏模式"等凸显地方特色的社区矫正模式，对社会工作及其专业机构的重视，是它们的共同点之一，只是因现阶段法律、制度和机制的空缺，其发展出现了不同程度的困难。所以，面对我国社区矫正试点中涌现的如北京的"阳光中途之家"、上海的"新航社区服务站"和江苏的"社区矫正管理教育服务中心"等经验，应大力宣传推广。

值得注意的是，虽然社区矫正中专业机构受到行政性指令干预，缺乏独立运作的空间，但这是多头管理、盲目干预的结果，并不代表任由社工机构运作而不问。事实上，对民间组织的必要引导既是政府履行社会管理职责的体现，又能对民间组织的健康发展指明方向。但它们发展的关键问题在于，厘清权责界限和管理职责，减少不必要的盲目指挥，从宏观方向上加强引导，为民间组织的健康发展创造一个适度而良好的社会氛围，使其为社会稳定与发展发挥功能。

具体而言，在司法行政系统业已设置专门社区矫正执行机构，实施各级社区矫正日常管理的基础上，政府应创新社会治理体制机制、扩大分权，积极培育社区矫正的专业社会工作服务机构。由于社会工作主要以直接提供服务为己任，现阶段应以基层社区矫正主管部门与这些专业服务机构的合作为重点，通过委托、购买或全额支持等形式，积极探索和完善以民间组织为主的社会工作机构参与社区矫正的运行机制。

可喜的是，2012年11月，由民政部和财政部联合印发的《关于政府购买社会工作服务的指导意见》明确规定，社区矫正人员今后将被纳入政府购买社会工作服务的购买范围，体现了政府对社区矫正人员这一特殊群体的关爱与扶助，也在制度层面为我国社区矫正社会工作快速发展提供了经费保障。

12.5.3 健全社区矫正社会工作职业制度建设

截至目前，我国各地社区矫正工作推进的经验证明，职业化、专业化的社区矫正社会工作职业制度建设，是决定社区矫正工作成败的关键。

第一，完善矫正社会工作者的资格准入制度。2008年，全国社会工作者职业水平考试是我国第一次全国范围的社会工作者资格认证。虽然考试是有效的职业资格认证制度，但是，社会工作者在受聘就职于社区矫正时，还应该着重强调行为和心理矫正知识、专业实务技巧，以及社会政策分析能力等要求。上海市规定,矫正工作者通过招聘正式上岗前,必须接受 120 课时的集中式业务培训,学习法律知识、社会工作理论与实务、矫正业务与流程等课程。

第二,健全矫正社会工作者职业培训制度。职业培训制度主要针对已经入职的矫正社工人员,由于社会变迁快、情况复杂,社会工作者的素质和能力必须跟上时代发展。我们必须充分发挥大专院校、科研机构的作用,一方面以熟谙社区矫正知识的专家和实务经验丰富的工作者作为社工职业培训的主导力量;另一方面与专业科研机构合作,加强矫正社工及其所在机构与专业培训机构间的良性互动。比如,上海市规定,社区矫正社会工作者每人每年至少要进行 48 小时的继续教育培训,就值得推广。

第三,加强矫正社工考核评价制度。当前,我国社区矫正工作者的考核评价工作是由行政部门主管来实施的,在强化指导和管理的同时却缺少专业水准。因此,对矫正社工的考核评价应以加强专业水准、提升社会效应为导向。一方面,应该以司法部门为主,聘请专家、学者和实务工作者组成专业考评委员会;另一方面,充分利用社会资源和人力资源,争取实现更广泛的多方支持、社区参与和社会监督,尽快建立居民、群众参与社区矫正社工考评的机制。

12.5.4 以社区矫正立法推动社会工作参与协同法制化

一些发达国家的社区矫正立法都已完成,如德国有《不剥夺自由刑罚执行方案》,日本有《缓刑执行保护观察法》《犯罪的预防更生法》。然而,我国大陆地区的社会工作和社区矫正均系"舶来品",所以既要做好社区矫正的立法工作,也要做好社会工作的立法工作,最终实现二者互动基础上的协同立法。

从社区矫正来看,应加快《中华人民共和国社区矫正法》的制定工作。通过立法,"可以进一步明确和完善社区矫正的性质、社区矫正的对象、社区矫正的经费来源等问题"[①]。同时为了充分发挥社区矫正的功能,使社区矫正真正成为与监禁刑相辅相成、相互补充的行刑方式,因此尽快完成社区矫正立法,增加社区服务刑,并规定由社会工作者对社区服务刑

---

① 任焕:《中美社区矫正比较》,载《法制与社会》2009 年第 1 期。

的规划、监督和评估职责。

　　社会工作的发展也应尽快走向法制化轨道。一些比较发达的西方各国，均制定了一系列比较完备的社会工作法律体系，"反观中国，社会工作立法尚属空白，对社会工作者的规范刚刚起步[①]"。我国从2006年开始，已陆续出台了社会工作者的"职业水平评价暂行规定"和"职业水平考试实施办法"等规范性文件，2011年出台的《民政事业发展第十二个五年规划》，也明确要求制定"社会工作者条例"，将社会工作者立法列为"十二五"时期民政事业发展的一项重要任务。

　　在立法工作过程中，我们应该注意两个问题。一方面，由于我国各地情况不一，故还应因地制宜地给地方留有空间，制定出合适的关于社区矫正的实施细则；另一方面，制定中的有关社区矫正的法律法规，必须相互协调，避免出现相互冲突的地方，使社区工作实际开展起来无所适从。

[①] 竺效、杨飞：《境外社会工作立法模式研究及其对我国的启示》，载《政治与法律》2008年第10期。